何賢桂——

著

靈魂的拷問
為中國文化做隻啄木鳥

推薦序
「鐵屋子」裡讀何賢桂
《靈魂的拷問》有感

北京大學中文系教授　錢理群

　　何賢桂老師是我沒有見過面的朋友。我有為數不多、但也不算少的朋友，沒有見過面，或者僅見過一兩面，卻「一見（或未見即）如故」，自有一種心靈的感應。平時沒有什麼來往，但需要交流時，電腦裡、電話中說幾句，就立即接通。這回，賢桂寄來他的新作，我一讀就有許多話要說。

　　先說讀了賢桂的〈後記：我的閱讀歷程〉的一個發現：原來我們之間有三次對話與溝通。一次是一九九八年，大陸思想界出現了一群「黑馬」，許多人都認為我是他們的「後臺」，其實我只不過表示欣賞與支持而已。而且我也自有理由：在一九八九年以後，包括北大在內的中國思想文化界、學術界和教育界有過「沉默的十年」，這是我極為痛苦的。因此，當在幾匹「黑馬」這裡終於聽到了年輕一代覺醒的聲音時，我驚喜難言，義不容辭地要把他們推出，藉以推動期待已久的新的思想啟蒙。而此時正在浙江讀高中的賢桂，立即被「黑馬」的「另類思想」打動，由此而開始了他的獨立閱讀與思考的人生。我們大概就在那時有了通信來往，可以說，

我和賢桂（或許還有他們那一代人）是因一九九〇年代末、二十一世紀初「再啟蒙」的時代要求相識相知的。第二次相遇，是十年之後的二〇〇八年，賢桂回憶說，他從這一年開始，「把目光投向教育」。而我早在二〇〇〇年就從編《新語文讀本》入手開始介入中小學語文教育改革，而且從不諱言，這是我找到的，可以操作的「新啟蒙」之路。我相信，賢桂的參與教育也是出於同一理想和追求。而且他也找到了自己的路，即更關注幼兒教育和家庭教育。這正是我也想做而沒有做的；因此，二〇一一年他總結自己的教育實踐經驗，寫出《陪孩子一起快樂成長——父母與老師溝通之道》一書交由商務印書館出版時，我也欣然推薦，說「這是一本可以讓我們感受和孩子一起成長的快樂的書」。後來聽說他的這本書被多所幼兒園及學校列為親師溝通的必讀書目時，我也為賢桂高興。但我也隱隱覺得，賢桂的關注可能不止於教育，他似乎還有更大的視野和思考。果然，又有了二〇二〇年這第三次相遇。我一讀他的新作就明白，賢桂和我一樣，都是喜歡「想大問題」，做「大思考」的。而此時的我，也正為撲面而來，躲也躲不掉的時代「大問題」所苦惱，陷入深深的思考中。這就是說，從一九九八到二〇〇八，再到二〇二〇年，我和賢桂二十多年三次相遇相交，都發生在時代和我們個人生命中的關鍵時刻，這本身就有些意味深長。

　　我這次是因突發的瘟疫被封閉在養老院裡，讀賢桂的書的。應該說明，賢桂這本書是在瘟疫突發之前寄給我的，書中自然也不會對這次瘟疫直接發言。但我注意到，賢桂早就因讀美國作家塔勒的書而關注被稱為「黑天鵝」的「不可預測的重大稀有事件」的隨時可能發生，並預言「每一次『黑天鵝』來的時候都給我們提供反省自身的機會」，提醒說「我們不能將『黑天鵝』看作一場意外災難，而要將它看作一次教訓。因為它的到來不僅打亂了我們的生活

狀態，也改變了我們對未來的預測。因此我們要在『黑天鵝』的基礎上尋找防範未來災難的方法」（〈在災難反省中審視未來〉）。那麼，我下面由直接面對終於到來的「黑天鵝」而發出的種種反省和思考，大概不至於遠離賢桂的本意，就把它看作是我和賢桂之間就這一次「黑天鵝」事件展開的討論吧。

　　首先要說的是，賢桂書中有兩處深深觸動了我。一篇文章的題目〈鐵屋中困獸的悲鳴〉，就讓我觸目驚心。我突然明白了自己此時此刻的真實處境：所謂「史無前例」的「封城」，不就是把我們每一個都關在「鐵屋子」裡嗎？出不去，進不來，自己也不能動彈，只能一切聽命於權力的安排，不就是魯迅說的，坐著等死，「悶死」，「從昏睡入死滅，並不感到死的悲哀」嗎？即使幸而有微信發出點聲音，不也就是「困獸的悲鳴」？賢桂另一個判斷和描述似乎也在直指當下：「任何一個沉重的時代，每一個生命都會變得壓抑苦悶愁苦沉重，每一個生命都在變小變謹慎變空虛。只有他們的代言人在變高變大變得瘋狂，顯得肆無忌憚」（〈靈魂你們能交回嗎：三十六，沉重時代〉）。近兩個月來，我們天天面對的，就是這樣的中國歷史上罕見的「沉重時代」：「我們每一個人」從來沒有像今天這樣「壓抑苦悶」，這樣「變小變謹慎變空虛」；權力的掌控者則是前所未有的膨脹（自塑「高大」），「瘋狂」而「肆無忌憚」。

　　這個問題，賢桂早有關注和討論。他一針見血地指出，根本問題在「罪責意識的匱缺」。他提醒我們注意：「在一個愚昧落後的國度裡，在一個以吃人血饅頭治病的社會中，在一個沒有記性、遺忘成災的人群裡」，「他們會美化每一場災難，他們可以把災難推到別人的頭上，甚至把災難當作飯後茶餘的談資」，「唯一不想說，不敢說的是他們自己對災難的責任」，「結果，我們迎

來的是一場又一場的災難。災難開始了，就流血；血跡乾了，就會
覺得非常幸運，心造一個歡樂欺人的環境」。如一位學者所說，
「我們生活在一個有罪惡，卻無罪惡感意識；有悲劇，卻無悲劇意
識的時代。悲劇在不斷發生，悲劇意識卻被種種無聊的吹捧，淺薄
的訴苦，或者安慰所沖淡。悲劇不能轉化為悲劇意識，再多的悲劇
不能淨化民族的靈魂，這才是真正的悲劇的悲哀！」（〈悲劇何以
重演〉）。而我們今天所面臨的問題的嚴重性，在於這樣的「罪責
意識的匱缺」發生在權力的掌控者，而且表現得前所未有的瘋狂：
就像賢桂筆下的「用謊言包裝起來的大師」那樣，不僅「死不認
錯」，面對國內外一切質疑，總能「坦然應對，化險為夷，將謊話
說圓，將壞事說成好事」。如賢桂所分析，這背後有著中國傳統的
「流氓文化」的支撐（〈余秋雨為何飽受爭議〉）。我要強調的，
這更是中國現行體制所致：這是一個「既不認錯，也無糾錯機制」
的體制：問題的根本及嚴重性正在於此。

　　在我看來，當下處於病疫與政治瘟疫交織之下的中國，正面
臨兩大危機：體制的危機、統治的危機，以及人的生存危機、民族
的危機，用賢桂的話來說，「現在，中國文化病了，民族性病了」
（〈為中國文化做隻啄木鳥〉），關鍵是民族精神的危機。而體制
的危機與民族精神的危機兩者是相互影響的。體制是民族精神危機
的制度根源，民族精神的弊端又反過來支撐著體制。儘管這一回體
制的問題暴露得如此明顯，但總有相當數量的國民（包括知識分
子）為之辯護、叫好，這個危機重重的體制是有一定群眾基礎的：
這是我們必須正視的現實。原因自然很複雜，顯然有巨大的利益驅
動，但也有由衷支持的：絕不要低估建國七十年的「思想改造」，
「黨文化」的薰陶、浸透下，所形成的「新國民性」的頑強存在，
和對體制的支持作用。賢桂將他的新作命名為《靈魂的拷問》，是

自有良苦用心的。

因此，當下中國需要的是兩個拷問：對體制的拷問，和對民族靈魂的拷問。在某種程度上，這是又一次啟蒙，按賢桂的說法，就是要進行「災難的反省」，從中尋找中國未來之路（〈在災難反省中審視未來〉）。

正要結束本文，又在網上看到武漢大學前校長、著名教育家劉道玉先生的文章，呼籲「有關部門和同胞，覺醒起來，有必要就疫情進行一次全國啟蒙，吸取教訓，擦乾眼淚，繼續前進」。這自然是我所贊同和期待的。但我似乎更要悲觀一點。我始終記著魯迅的話：「時光」將「沖淡苦痛和血痕」，「天下」依舊「太平」（《野草》），要走的路還很長很長。但我也並不消極，我對自己，對賢桂和年輕的朋友的期待只有兩點：一要有記性，永遠記著這一切；二要有韌性，繼續思考、反省這一切，把探索堅持下去，永不停息。

二〇二〇年三月四──五日　於北京

推薦序

誰在吶喊

北京大學哲學系教授　閻國忠

　　到臺州學院結識了不少年輕學生，何賢桂是其中一位。他給我的印象是孤獨、內向、好學，心靈中似乎有一種說不清的迷茫，但卻不甘落寞，不停地在尋問，在爭持。初次見他，是二〇〇一年春季，他帶著一肚子的疑惑來找我，我像接待其他學生一樣接待了他，談了談到臺州學院後的感受和讀書的一般經驗。他全神貫注地聽著，不時地默默點點頭，但我知道他不滿足。之後，他又找過我多次，我雖然很忙，但總是耐心地回答他各種提問，傾聽他各種表白。我試圖進入他的心靈，但總是徘徊在他的心靈之外，只能一次次看著他悵悵地離去。

　　過了三年，已經畢業的他突然帶著兩位學友來到我住處，告訴我他們結識了一個詩社，每週末有一次聚會，其中一位叫胡冠軍的同學還帶來一本他寫的詩集。我知道這位不甘落寞的學生已是更加不甘落寞了。出乎意料的是，前幾日何賢桂又將自己撰寫的一大本文集交給了我。當時，我真是為他們的勤奮和執著所感動了。他請我為之寫幾句話，隨便什麼話，我答應了，雖然我知道這又可能讓他有一種失望或失落（不滿足）。

　　匆匆讀過他的集子，感到這不是一般的議論是非、評價得失的文集，其中每一篇文字，甚至是每一個文句都發自一個孤獨者兼追尋者的心靈，都像是向世人發出的吶喊。它使我看到了一個真正屬當代的年輕學子的博大、沉鬱、苦悶而倔強的心靈。我注意到文集中出現頻率較高的一些辭彙：荒原、孤獨、苦悶、憂患……我在想，為何一個風華正茂的年輕學子的心裡藏有這麼多的悲涼？我注意到文集中反覆提到的一些名字：叔本華、尼采、克爾凱郭爾、杜斯妥耶夫斯基、海德格爾……我在想，為何一個生長在正在實現偉大復興的國度的年輕學子偏偏對存在主義之類的西方哲學感興趣？我還注意到文集中處處流溢著的宗教情結，對個體意識、「十字架」、上帝之愛的呼求與呼喚……我在想，是什麼驅使一個充滿理想與激情的年輕學子去苦苦追尋冥冥中的力量而不是歷史的邏各斯？我知道何賢桂不僅僅是他自己，在他身上背負著千百萬人類的苦難，他代表了千百萬人類向這個「荒原」發出了吶喊。但是，我相信他自己也非真正認為他所面對的是完全的荒原，因為如果那樣，他的吶喊便是無味的，徒勞的。既然還有人吶喊，「荒原」就不僅僅是荒原，它必定蘊藏著一種生命，一種力，一線希望。

　　誰在吶喊？一個不甘落寞的年輕學子在吶喊。這是文集給予我們的敬重的啟示。

目次

第三輯　靈魂的拷問

第四輯　教育的芻議

第七輯　未來的猜想

第一輯　學人的風骨

胡適的胸襟

> 這個為學術和文化的進步，為思想和言論自由，為民族的尊
> 榮，為人類的幸福而苦心焦思、敝精勞神以致身死的人，現
> 在在這裡安息了！我們相信，形骸終於要化滅，陵谷也會變
> 易，但現在墓中的這位哲人所給予世界的光明，將永遠存在！
> —— 臺北胡適墓碑文

二〇〇五年九月，李敖到大陸進行「神州文化之旅」訪問，曾
表示願意捐出一百五十萬新臺幣（約三十五萬人民幣），在北京大
學給胡適立一座銅像，他說：「胡適在我年輕窮困之際，曾給我一
千元臺幣，今天我要用一千五百倍的人情報答他。」就在胡適去世
時，據說自發送葬者達到三十萬人，沿途居民燃香路祭。

學者朱學勤認為：「胡適始終以一種從容的態度批評著那個時
代，不過火，不油滑，不表現，不世故。仔細想想，這樣一個平和
的態度，竟能在那樣汙濁的世界裡堅持了六十年，不是聖人，也是
奇蹟。胡適的性格，與這一性格生存的六十年環境放在一起，才會
使人發現，也是一件值得驚訝的事。」正因為這種樂觀豁達溫和的
性格，使得他能夠從容地周轉於嚴酷的環境，為爭取國家的民主和
自由贏得了時機，也為眾多文化界人士的生存創造了有利的條件。
在那樣的時代裡，若無胡適，中國社會怕是還要黑暗得多。

大好人

誠然，胡適是這個世界的好人──的的確確的大好人。胡適自己說：「我一半屬父母，一半屬朋友。」這都是因為他有寬闊的胸襟，寬闊的胸襟幫助了一大批患難中的人們。

一九一九年，林語堂帶著新婚的妻子到美國留學，他是半公費生，在美國生活相當拮据。偏偏在哈佛大學專心求學時，他的半公費獎學金又突然被停了。在他走投無路的時候，想起了一位並不太熟悉的朋友──胡適。林語堂在萬般無奈中給胡適拍電報，請他代向北大校方申請預支一千美元。過了不久，錢竟然寄來了。後來，林語堂得到哈佛大學碩士學位後，轉入德國萊比錫大學攻讀博士學位，又向北大借了一千美元。

林語堂學成回國，如約到北大任教，去向校長蔣夢麟歸還二千美元的借款。蔣夢麟查詢財務，發現並無此筆支出。蔣校長恍然大悟，告訴林語堂說：「那是胡適個人的錢。」林語堂深為感動。如此不留姓名地救人於困，試問當時中國有幾人能如此慷慨！

胡適與沈從文的故事，可以稱之為千古美談。一九二八年春天，胡適應邀擔任上海中國公學的校長，從此開始了他的校長生涯。這所學校成立於一九○五年，是由中國留日學生創辦的。一九○六年到一九○九年，胡適曾在這裡讀書，並在這裡度過了難忘的學習時光。

胡適上任後，受到師生的熱烈歡迎。胡適對學校事務採取「無為而治」的態度，聘請了許多文化界的名人擔任學校教師。沈從文是其中一個，他是由徐志摩介紹來的。胡適欣然同意聘用沈從文為中國公學講師，主講大學部一年級現代文學選修課。論資歷，沈從

文只有小學畢業，就寫過幾篇白話文小說，竟被聘為大學的教師，實在是一種大膽而開明的決斷。

沈從文第一次登臺授課，慕名而來的學生甚多，教室裡擠得滿滿的。他抬眼望去，只見黑壓壓一片人頭，心裡陡然一驚，竟呆呆地站了近十分鐘。好不容易開了口，一面急促地講述，一面在黑板上抄寫授課提綱。預定一小時的授課內容，在忙迫中十多分鐘便全講完了。他再次陷入窘迫，無奈拿起粉筆在黑板上寫道：「我第一次上課，見你們人多，怕了。」下課後，學生們議論紛紛。消息傳到教師中間，有人說：「沈從文這樣的人也來中公上課，半個小時講不出一句話來！」議論傳到胡適耳裡，胡適微笑著說：「上課講不出話來，學生不轟他，這就是成功。」

更出乎人意料的是，沈從文居然愛上了自己的學生張兆和。這位年輕的文學老師開始天天寫情書，把情書一封封寄出去，以打動對方的心。張兆和把它們一一做了編號，卻始終保持著沉默。後來，學校裡起了風言風語，說沈從文因追求不到張兆和要自殺。張兆和情急之下，拿著沈從文的全部情書去找胡適校長理論。胡適看了沈從文的情書，微笑著說道：「他非常頑固地愛你。」張兆和馬上回他一句：「我很頑固地不愛他。」胡適說：「我也是安徽人，我跟你爸爸說說，做個媒。」

胡適的縱容，使得沈從文又開始了他馬拉松式的情書寫作，到最後成就了這一對美麗的婚姻。

營救不同政見者

胡適一生倡導自由主義，為中國民主和自由而奔波。他供職於國民黨政府，卻始終與政府保持著距離。

一九三一年，左翼作家胡也頻遇難，沈從文通過胡適參與營救未遂。胡適日記一九三一年一月二十日記有：「沈從文來談甚久。星期六與星期日兩日，上海公安局會同公共租界捕房破獲共黨住所幾處，拿了廿七人，昨日開訊，只有兩女子保釋了，餘二十五人引渡，其中有人為文學家胡也頻。從文很著急，為他奔走設法營救，但我無法援助。」（《胡適的日記》（手稿本）第十冊，臺北：遠流出版公司，一九九〇年）

兩年之後的一九三三年五月，丁玲被綁架囚禁。沈從文便在胡適主持的《獨立評論》第五十二、五十三期合刊（六月四日出版）上登出〈丁玲女士被捕〉一文，公開營救丁玲。當年六月四日，沈從文再次寫信給胡適：「先生提倡人權多年，且因提倡人權，每當說過了些比較公平的話時，就吃過政府的小虧，在這件事情上還盼望能主持公道，說幾句話，提醒一下政府。政府既盡做糊塗事於前，就不能禁止年輕人做糊塗事於後，恐怕作家盡全力提倡被治者與被虐待者用暗殺來對於政府行為做報復時，政治上將更多一重糾紛，中國也更多一種壞習氣，有了這種糾紛，已發生這種壞習氣，以後要和平處置，也就不大容易處置了。」胡適頂著當局的壓力，極力營救丁玲。丁玲與胡適的信仰不同，所走的道路也不一樣，但胡適卻能在丁玲患難的時候伸出營救之手，可見他的胸襟之寬闊。

普通人的朋友

正是這樣的胸襟，讓他與普通百姓拉近了距離。在胡適晚年的孤寂境遇裡，有一位賣芝麻餅的小販竟做了他的朋友，給他帶來一點意外的安慰和快樂。小販名叫袁瓞，他做餅賣餅之餘，還愛讀一點書，喜歡與人討論英美的政治制度。

　　一九五九年十月，袁瓞貿然寫了一封長信向大學者胡適請教。
胡適接到這封信，知是一位賣芝麻餅的小販，竟能在業餘勤奮自
修，關心國家大事，便親筆寫了一封回信。信中說：「你提出的
問題太大，我很慚愧，我不能給你一個可以使我自己認為滿意的
解答，我只能說，你說的英國制度和美國制度其實沒有什麼大分
別。你信上敘述的那個『杜魯門沒有帶走一個人』的故事，也正和
邱吉爾在一九四五年離開頓寧街十號時沒有帶走一個人，是一樣
的。……我還可以說，我們這個國家裡，有一個賣餅的，每天背著
鉛皮桶在街上叫賣芝麻餅，風雨無阻，烈日更不放在心上，但他還
肯忙裡偷閒，關心國家大計，關心英美的政治制度，盼望國家能
走上長治久安之路——單只這件奇事，已夠使我樂觀，使我高興
了。……如有我可以幫你小忙的事，如贈送你找不著的書之類，我
一定很願意做……」從此，小販袁瓞便成了胡適的知心朋友。

　　胡適的胸襟不是天生的，而是在後天真正理解了人生後修煉而
成的。這樣的胸襟需要洞悉人間的光明和黑暗，人生道路的平坦和
困頓，方能真正懂得如何用自己的胸襟去包容世人，包容宇宙。

天真到老金岳霖

金岳霖先生是一位邏輯學家。張申府曾說：「如果中國有一個哲學界，金岳霖先生當是哲學界的第一人。」但人們不稱他為「金哲學」，而只稱他為「金邏輯」。這或許跟金先生長期所教授的課程及他的邏輯思維對後人的影響有關。

天真「忘我」

金岳霖先生一生樂觀豁達，天真得像一個剛落地的嬰孩，沒有一點雜質。可以說，在中國現代文化史上，像金岳霖這樣的怪人實為少見。當年就讀於西南聯大的汪曾祺這樣描述道：

> 金先生的樣子有點怪。他常年戴著一頂呢帽，進教室也不脫下。每一學年開始，給新的一班學生上課，他的第一句話總是：『我的眼睛有毛病，不能摘帽子，並不是對你們不尊重，請原諒。』……他後來配了一副眼鏡，這副眼鏡一只的鏡片是白的，一只是黑的。……他身材相當高大，經常穿一件煙草黃色的麂皮夾克，天冷了就在裡面圍一條很長的駝色的羊絨圍巾。

這一造型，常常讓人忍俊不禁。更有意思的是，他有時候竟會將自己的名字都忘記了。據冰心回憶，有一回，金岳霖先生給陶

孟和打電話，陶家的傭人問：「您哪位？」他張口結舌答不出來，又不好意思說忘記了，只好說：「你不要管，請陶先生接電話就行了。」但那個傭人說不行。他便又請求了兩三次，還是不行。於是他跑去問給他拉洋車的王喜。誰想王喜也說不知道。他急了，問：「你有沒有聽別人說過？」王喜這才想起：「我聽見人家都叫金博士。」這麼大的人，居然把自己的名字都忘得一乾二淨，真可謂世間的奇人。

西南聯大的八年時光，讓金岳霖先生度過了舒適的老頑童時光。他無兒女，但過得怡然自得。他養了一隻很大的鬥雞，這隻鬥雞能把脖子伸上來，和金先生一個桌子吃飯。他到處搜羅大梨、大石榴，拿去和別的教授的孩子比賽。比輸了，就把梨或石榴送給他的小朋友，他再去買。

有一回，金岳霖先生被沈從文拉去給少數愛好文學的學生講課。他講的題目是《小說和哲學》。大家以為金岳霖先生一定會講出一番道理。不料金先生講了半天，結論卻是：小說和哲學沒有關係。有人問：那麼《紅樓夢》呢？金先生說：「《紅樓夢》裡的哲學不是哲學。」他講著講著，忽然停下來：「對不起，我這裡有個小動物。」他把右手伸進後脖頸，捉出了一個跳蚤，捏在手指裡看看，甚為得意。

濃霧裡的太陽

在西南聯大時期，金先生還開了一門「符號邏輯」的選修課。結果，選這門課的學生很少，教室裡沒有幾個人。學生裡最突出的是王浩。金先生講著講著，有時會停下來，問：「王浩，你以為如何？」上課就成了他們師生二人的對話。還有個學生就是殷福生，

後來去了臺灣，改名為殷海光。殷海光對這位恩師記憶猶新：

> 在這樣的氛圍裡，我忽然碰見業師金岳霖先生。真像濃霧裡
> 看見太陽！這對我一輩子在思想上的影響太具決定作用了。
> 他不僅是一位教邏輯和英國經驗論的教授，並且是一位道德
> 感極強烈的知識分子。昆明七年教誨，嚴峻的論斷，以及道
> 德意識的呼喚，現在回想起來實在鑄造了我的性格和思想生
> 命。……論他本人，他是那麼質實、謹嚴、和易、幽默、格調
> 高，從來不拿恭維話送人情，在是非真妄之際一點也不含糊。

一九四九年以後，殷海光成了臺灣青年的思想導師。金岳霖先生知道後，對於這位早年的得意弟子，在口頭上依然持批評的態度。他說：「殷福生這個人，我非常不贊同他，他為什麼要反對中國共產黨，逃到臺灣？」但是，在聽說殷海光去世的消息之後，金岳霖先生不禁感到驚愕、悲傷。

政治天真客

金岳霖先生是一位「隨便」的人。他的學生、中國國家圖書館館長任繼愈說：

> 他隨便得很，教授沒有像他那麼隨便的，他有時候在講壇上
> 走來走去，這個不說了，有時候就坐在教桌上面對著大家，
> 在那裡講課。他還有個特點，他不寫字，很少在黑板上寫字，
> 也帶枝粉筆，不過沒什麼用。

　　他有政治熱情，但他又與政治保持著距離，他將更多的時間用於自己的學術事業。他曾說：「與其做官，不如開剃頭店；與其在部裡拍馬，不如在水果攤子上唱歌。」他又說：

> 有這種人去監督政治，才有大力量，才有大進步，他們自身本來不是政客，所以不至於被政府利用，他們本來是獨立的，所以能使社會慢慢地就他們的範圍。有這樣一種優秀分子，或一個團體，費幾十年的功夫，監督政府，改造社會，中國的事，或者不至於無望。

　　金岳霖先生不僅對生活過於天真，而且對政治同樣報著天真的想法。一九五五年，金岳霖調任中國科學院哲學研究所副所長。另一位副所長告訴他應該坐在辦公室辦公。他在辦公室待了一上午，也沒弄明白如何「辦公」。他說：

> 他們說我應該坐辦公室辦公。我不知「公」是如何辦的，可是辦公室我總可以坐。我恭而敬之地坐在辦公室，坐了整個上午，而「公」不來，根本沒有人找我。我只是浪費了一個早晨而已。

最後，他跑回家去看書了。
　　在這之後的大大小小運動中，金岳霖也難於倖免。在批鬥會上，他多次澈底否定了自己在解放前所取得的學術成就，他說：

> 在解放前，我沒有搞過什麼政治，那時我似乎有自知之明。我在解放後是不是失去了這個自知之明呢？解放後，絕大多

　　數的人都心明眼亮起來了，難道我反而糊塗了？我也沒有變
　　成糊塗人。事實是既有政治，也是「政治」。

其實，金岳霖先生清楚自己的處境，多數人放棄了獨立性，自己還
能堅持多久？金岳霖先生在晚年的時候，深居簡出。毛澤東曾經對
他說：「你要接觸接觸社會。」於是，金岳霖先生就和一個三輪車
夫約好，每天坐著三輪車到王府井一帶轉一大圈。

　　這樣看來，金岳霖先生的天真是福還禍呢？還是當年在西南
讀書的何兆武先生說得好：「我想，幸福的條件有兩個，一個是你
必須覺得個人前途是光明的、美好的，可是這又非常模糊，非常朦
朧，並不一定是什麼明確的目標。另一方面，整個社會的前景，也
必須是一天比一天更加美好，如果社會整體在腐敗下去，個人是不
可能真正幸福的。」

「硬人」張奚若

　　張奚若（1889-1973），原名熙若，陝西朝邑（今屬大荔）人，現代政治學家，西方政治思想史學者。這位連蔣介石都敢罵的大學者，為中國的自由和民主引領了時代風騷。

「硬」的人

　　張奚若是一位很有個性的學者，這個個性在於他能保持獨立人格，敢於堅持自己主張，批判社會的不正常現象。

　　徐志摩認為「奚若這位先生……是個『硬』人」。「他的身體是硬的，他的品行是硬的，他的意志，不用說，更是硬的」，「他的說話也是硬的，直挺挺的幾段，直挺挺的幾句，有時這直挺挺中也有一種異樣的嫵媚，像張飛與牛皋那味道」。

　　古人云：「達則兼濟天下，窮則獨善其身。」張奚若的「硬」就在於他在學問方面的「達」。辛亥革命前夕，張奚若到上海求學，很快投身革命，奔走各地，購買軍火、發動起義。辛亥革命後，張奚若看到革命黨人雖有一腔熱血，但在治理國家和建設國家方面卻先天不足。滿懷「學些實在的學問，回來幫助建設革命後的新國家」夢想的張奚若去了美國留學。這一去就是十二個年頭，張奚若不僅獲得了美國哥倫比亞大學碩士學位，還去德國科隆大學進修，考察了歐洲各國民主制度的由來和發展，從而確立了自己的學術追求和人生道路。然而等到他回到祖國，卻發覺國內的政治與自

己追求的政治理想完全不同。

政治學系不做官

　　一九二九年，張奚若受聘至清華大學任教，教授西方政治思想。在西南聯大時期，張奚若出任政治系主任。在當時，有人把大學裡的政治系譏稱為「升官系」。因此，時任政治系主任的張奚若執意把政治系定位為政治學系。

　　在當時，報考政治學系的人很多，一次迎新會上，張奚若向新生大潑冷水：

> 如果你們來政治學系目的是想做官，那你找錯了地方。國民政府不大喜歡西南聯大的政治學系。如果你來此的目的是想當一個學者，我可以老實告訴諸位，四年時間培養不出一個學者來。你在此讀四年書，可以獲得一些基本知識和讀書方法，畢業後你可以繼續獨立鑽研。

對畢業班的學生，他照樣澆冷水：

> 畢業後希望你們能繼續研究政治學。為了生活自然要找工作，那麼可以教教書。最不希望你們去做官。

當年就讀於西南聯大的何兆武先生回憶，張先生有時候發的牢騷挺有意思，最記得他不止一次地感慨道：「現在已經是民國了，為什麼還老喊『萬歲』（指『蔣委員長萬歲』）？那是皇上才提的。」

不黨不私，特立獨行

　　也許是所學的和所教授的專業都是政治學，他特別關心時局動態，尤其是國內的民主政治和百姓民生問題，動不動就要痛罵政府。一九四六年初政協開幕前夕，張奚若在西南聯大圖書館前的草坪上做了一次大為轟動的講演。他說：「假如我有機會看到蔣先生，我一定對他說，請他下野。這是客氣話。說得不客氣點，便是請他滾蛋！」他還說：「現在中國害的政治病是——政權為一些毫無知識的、非常愚蠢的、極端貪汙的、極端反動的和非常專制的政治集團所壟斷。這個集團就是中國國民黨。」

　　抗戰期間，張奚若以無黨派知名人士身分被聘為國民參政員。有一次國民參政會開會，他當著蔣介石的面發言批評國民黨的腐敗和獨裁，蔣介石感到難堪，就打斷他的發言：「歡迎提意見，但別太刻薄！」張奚若一怒之下拂袖而去。等到下一次參政會開會，政府給他寄來開會路費和通知，張奚若當即回電一封：「無政可參，路費退回。」

　　「大躍進」前夕的一九五七年，張奚若在一次座談會上發言，總結了十六個字：「好大喜功、急功近利、鄙視既往、迷信將來。」他解釋道：「第一是好大喜功，總誤認為社會主義就是大，不管人民的生活和消費者的需要如何，只要組織規模大才過癮。第二是急功近利，表現為強調速成，把長遠的事情用速成的辦法去做。第三是鄙視既往，許多人忽視了歷史因素，一切都搬用洋教條，把歷史遺留下來的許多東西看作封建，都要打倒。第四是迷信將來，認為將來一切都是好的，都是等速發展的。」

　　張奚若以其高貴的人格捍衛了自己的參政尊嚴。

關於記憶和失憶的寓言

> 什麼是真理呢。真理就是實話。我相信，說實話是今日人類第一急務。……我更相信：說破人心裡的情實，是改造世界的第一個根本手段。
>
> ——張申府

　　大多數人都知道哲學家張岱年，但對他的兄弟張申府卻知之甚少。一九七九年至一九八四年，美國著名歷史學家舒衡哲教授在北京王府倉胡同二十九號對張申府先後進行了七十多小時的採訪。聽完張申府的故事，舒衡哲教授說：「越聽張申府講故事，越核對他與同時代知識分子的文獻和回憶，就越覺得這位傑出的哲學家竟然在現代史上被忽略了這一點是多麼不可思議。對我來講，張申府的一生，是一部關於記憶和失憶的寓言。」

時代的「弄潮兒」

　　張申府（1893-1986），原名張崧年，出生在河北獻縣，其父張濂為清末進士，曾任翰林院編修、民國時期的眾議員等職。一九一三年，張申府以優異的成績考入北京大學數學系，但他對哲學卻又深感興趣，就在數學與哲學間搖擺不定。他回憶說：「到了數學系，我又不能忘情哲學。所以對數學正課常用心理會，而縱情讀哲學書，尤其邏輯書。」一九一七年，張申府畢業後，留校任數學助

教，依然難捨哲學，在哲學上似乎更用功更勤奮。

　　張申府的人生轉折點是從五四新文化運動開始的。與魯迅、胡適、梁漱溟等人一樣，張申府正好趕上五四時代，成了五四時代的風雲人物。張申府很早就與李大釗相交。陳獨秀執掌北大後，《新青年》也隨之遷到了北大，張申府成了雜誌的編委。一九一八年秋，張申府和陳獨秀、李大釗聯手創辦了頗具影響的雜誌《每週評論》，他是主要撰稿人。

　　國難當頭，眾多知識分子背負著拯救民族危難的責任，他們很難成為純粹的學者。在那樣的時代裡，眾多知識分子紛紛走出書齋，走向廣場，以自己的才智來拯救民族危難。張申府以他的才情與遠見，批判現實社會，描繪未來中國。一九一九年七月十三日，他在《每週評論》上發表了〈自由與秩序〉一文，說：

　　　　吾們期望自由，……古人不能束縛吾們，今人也不能束縛吾們。習慣、迷信、成見、偏執，都是應當極力排斥的。吾們只求的是真，吾們只認得的是實。

不但如此，張申府還將一些西方著名學者邀請到中國講學，以此來傳播思想。

　　在短短的幾年時間裡，張申府邀請了羅素、羅曼·羅蘭、羅丹等人。對於這段歷史，他曾驕傲地寫道：

　　　　有些現代的新學說新人物都是我第一個介紹到中國來。有些名字也是我第一個翻譯的，後來都流行了。特別是羅曼·羅蘭、羅丹、羅訥、巴比塞、伊本訥茲等等都是。以後大大同情中國的羅素尤其是一個。這是我對於國家的一種貢獻，我

　　深自引為光榮。

　　在五四時期，張申府的出名還在於他的「退黨事件」。一九二
〇年十月，張申府與陳獨秀、李大釗等人組建了共產黨的第一個基
層組織——北京共產主義小組，他成為這個共產黨前身的最早創始
人之一。一九二一年，張申府又在巴黎創立中共小組，是唯一的小
組負責人。按理說，張申府是不可能提出退黨的。問題就出在中共
第四次黨代表大會上，張申府與張太雷等發生衝突。衝突的原因是
張申府反對共產黨員加入國民黨後，接受國民黨的領導。晚年的時
候，張申府在接受美國學者舒衡哲採訪時說：「我當時怒不可遏，
走出會場。周恩來在大堂過道截住我，跟我說他贊同我的觀點，但
請求我不要脫離黨。以後幾個月在北京，趙世炎設法改變我的主
意，但我不為所動。這是我的脾性：寧折不彎……這或者是我的缺
點。」

被歷史塵封的思想家

　　張申府是一位被歷史塵封了的思想家。在他的文字背後，我們
看到的是一位思想家的睿智和真誠。當美國學者舒衡哲採訪時，張
申府表示：「我們必須坦誠地談，因為對我來說，講實話的時間已
經不多了。」

　　張申府真正走上學術的道路是從研究西方科學開始的，又是從
閱讀羅素開始的。一九一四年，張申府在北大圖書館偶然讀到羅素
的《我們的外界知識》一書，立即被其吸引，由此對羅素發生了濃
厚的興趣，開始大量閱讀羅素的書。這年，他就看到了羅素的《數
學原理》，他說：「從一九一六至一九一九年這三年中，我讀盡了

羅素的所有著作——書籍、雜誌,任何的東西……先是數學,然後是邏輯。」一九一九年至一九二〇年間,張申府先後翻譯了羅素的〈我們所能做的〉、〈哲學之價值〉、〈夢與事實〉、〈民主與革命〉等文章,還撰寫了許多介紹羅素的文章,發表在當時的《新青年》和《每週評論》上。一九二〇年十月,羅素應梁啟超所辦的「學術講演會」來北京大學講學,張申府親自前往上海迎接。

張申府受羅素的思想影響比較大。羅素是從數理方面研究哲學,張申府走的是羅素的道路。所以,張申府很早就看出了中國最缺的是「科學精神」,他認為「西洋文明,自古及今,最大特色,一言蔽之,不外乎邏輯」。後來,張申府在清華大學開設了「邏輯」課程,對數理哲學情有獨鍾。一九二七年,張申府將奧地利哲學家維特根斯坦的巨著《邏輯哲學論》譯成中文發表,題為《名理論》,為該書英、德文對照本出版後的第一個其他文字譯本,震撼了整個學術界。

哲學本身就是追求智慧,使人獲得最高境界的精神自由。張申府非常重視個體的自由與團體的自治。張申府在介紹羅素的哲學思想、社會觀點時,對羅素的「個人主義」極為讚賞:「他(羅素)最重視個人,個人的自由,小團的自治,與他哲學裡的重視個體與主張絕對多元,實不無關。」在張申府的思想裡,我們能體會到他的理想社會:「如何可以自由?自由在個人主義。如何得個人主義?得個人主義在知有人,亦不知有人。知有人,不以己害人。不知有人,不以人礙己。個人主義之極致,即是大同之極致。大同之極致,即是個人主義之極致。故此個人主義為大同個人主義。解群己之糾者,在於是。」在張申府看來,「個人」與「群體」是和諧統一的,而且兩者相輔相成。張申府一生都在堅持這個主張,甚至到晚年的時候都相信「自由之要義在獨立」。

「人民公敵」

追求個體自由的張申府終於出事了。一九四八年十月二十三日，張申府在儲安平主辦的第五卷第九期《觀察》雜誌上發表了〈呼籲和平〉。面對時局的混亂，張申府是很想呼籲國共雙方停止戰爭。張申府發表這一文章，多半是受羅素影響的結果。但就是這一篇文章，結束了他個人的政治生涯。一九四八年十一月十五日，在香港的民盟總部召開第四次擴大會議，開除了曾是創始人的張申府的盟籍，原因是「張申府之言行已走上反人民反民主的道路」。同年十二月十六日，解放區的《人民日報》發表文章，「痛斥叛徒張申府的賣身投靠」。出乎意料的是，十天之後，連他的妻子劉清揚在《人民日報》也刊出離婚啟事，並宣布與張申府一刀兩斷，其原因是「張申府背叛民主為虎作倀」。此時的張申府成了「人民公敵」，以致其在共和國成立後坐了二十年冷板凳。張申府用生命捍衛了真理，卻換來這樣的下場，這是一個思想家的不幸。

晚年的張申府重新被歷史想起，成為「出土文物」。一九八六年六月，張申府去世。七月，《人民日報》刊發訃告，給予他最後的評價是「著名的愛國民主人士」和「中國共產黨的老朋友」。

縱觀張申府的一生，我們可以看到其一生的辛酸史。在這一辛酸史中，我們深深地感到：做一個講真話的思想家是多麼地不容易。張申府說：「凡是嚷精神文明的，凡是要精神文明的，都是因為沒有物質文明的緣故，都是因為物質文明倒塌了的緣故。」在物質文明日益發達的今天，作為一個被人們遺忘多年的思想家，我們有必要重新打撈他的思想，包括他的歷史。

惜為官場誤半生

　　葉公超（1904-1981），名崇智，字公超，從政後以字行，廣東
番禺人。早年留學美國和英國，歸國後任北京大學、清華大學、西
南聯大等校教授，是「新月派」的代表人物之一。葉公超桃李滿天
下，如吳晗、梁遇春、錢鍾書、卞之琳、季羨林、穆旦、辛笛、楊
絳、楊振寧等都是他的學生。

　　葉公超本可以在文學上獲得長足發展，卻陰錯陽差進了政治領
域。葉公超晚年的時候說：「若沒有抗戰，我想我是不會進外交界
的。現在，我倒有些後悔沒有繼續從事文學藝術。」他的朋友「九
葉」詩人王辛笛說：「在舊日師友之間，我們常常為公超先生在抗
戰期間由西南聯大棄教從政，深致惋歎，既為他一肚皮學問可惜，
也都認為他哪裡是個舊社會中做官的材料，卻就此斷送了他十三年教
學的苜蓿生涯，這真是個時代的錯誤。」葉公超那一代知識分子與傳
統文化靠得比較近，向來有古代知識分子的風骨，文人從政也是意料
中的事情，比如當時的羅隆基、胡適、張申府等人都從政了。

文人入仕

　　二十世紀四〇年代，是葉公超人生的轉折點。抗日戰爭爆發
後，葉公超在西南聯大教授「英美文學」。他的上課是欣賞性的，
平常從不涉及時政。但有一次是例外，在談到日本侵華與國家存亡
時，他便說：「日本蠢動一開始，那它便是自挖墳墓了，不管平時

破破爛爛，大家四分五裂，對外戰爭一開始，大家會拋棄成見，混聚在一起救亡圖存，擬訂方案。中國太大了，要吞，誰也沒有本領吞下去。」葉公超為保護毛公鼎趕到上海，被日本憲兵逮捕下獄三十九天，這一經歷改變了葉公超後半生的命運。

一九四一年，葉公超被中國國民黨中央宣傳部選派到馬來亞任外交專員，一九四二年二月，葉公超又被委任為國民黨中央宣傳部國際宣傳處駐倫敦辦事處處長。一九四七年三月，葉公超任國民政府外交部參事兼歐洲司司長，同年七月升任為外交部常務次長。一九四九年五月，葉公超正式擔任外交部部長。

葉公超出任外交職務後，並沒有淡忘文學，一直熱心關注文壇的發展。一九四六年九月，儲安平創辦《觀察》週刊，葉公超被列為《觀察》的「特約撰稿人」，一九四九年，雷震草擬的「自由中國社」發起人名單上也有葉公超的名字。他雖沒有直接寫文章，但卻以他的名聲影響著文壇，這個作用也是不可磨滅的。

一九四九年，葉公超隨蔣介石去了臺灣。到臺灣之後，葉公超於一九五〇年二月任「行政院」政務委員兼「外交部」部長和「僑務辦委員會」委員長。作為外交家的葉公超很有氣派，許多熟悉葉公超的人都說他「方面大耳，頭髮溜光，個兒高，背微駝，肩胸寬厚西裝挺，口銜一個栗色大煙斗，一派英國紳士風度」。他的朋友陶希聖也說他是「文學的氣度，哲學的人生，國士的風骨，才士的手筆」。

這個外交家到底是文人外交家，依然有文人的血氣。朱自清曾說：「他是一位極不容易被瞭解的人，喜怒無常、狂狷耿介，……他常罵人，但被罵的人並不懷恨，而且感激。」畫家陳子和說：「他看不得別人有錯，有錯就當面指責。」葉公超常常目中無人，連蔣介石等都敢得罪。一九五〇年，國民黨退到臺灣之後，開始反

思在大陸失守的原因，在臺灣搞了一個「革命實踐研究院」，國民黨要員陳誠親自擔任主任。但葉公超對於這個研究院並不看好。有一次吃飯時，他當面對陳誠說：「研究院是做官的『終南捷徑』，受過訓的人除了多一件護身符外，看不出什麼效果。」這一說把陳誠氣得半天說不出話。還有一次，葉公超被邀請去聽蔣介石的報告，他覺得無聊，就無所顧忌在下面跟同事發牢騷：「兩個小時可以辦許多事情，卻一定要讓我來浪費。」

一九五五年，記者樂恕人曾與葉公超在日本有過一席長談。葉公超說：「我是做的中華民國的『外交部長』，不是做的哪一個人的『外交部長』。我執行政府的『外交』政策，在運用和決斷上，我有我的自由，某某也干涉不了我。」這個「某某」當然是指蔣介石，這也是葉公超一貫的風格。當記者樂恕人問可否引用這句話時，葉公超無所謂地回答：「你引用好了，我不在乎。」

葉公超的「外交」生涯並不長。一九六一年，聯合國討論蒙古入會問題，時任臺灣「駐美大使」的葉公超，沒有聽從蔣介石的命令投票。這之後，葉公超奉命回臺述職。這一回成了他與「外交」生涯的永別。據說，葉公超回臺見蔣介石，又一次頂撞了蔣介石。他當著蔣介石的面說：「別的您懂，外交您比不上我懂！」當記者問他感想時，他憤然說：「葉公超死了，以後別來找他！」葉公超被免職，終日待在家中，不准去美國和親人團聚，「我會被困死在這個島上。」

歸隱江湖

一九六二年春天，葉公超的朋友英千里、梁實秋等人邀請葉公超到臺大、師大兼任教授，開現代英美詩選等課。臺大學生聽說葉

公超要來開課，教室內外常常都擠滿了人，場面之熱烈前所未有。但好景不長，國民黨當局一直監視葉公超的上課。結果，葉公超只教了一個學期，就被迫永遠離開了講臺。

中國古代文人在政治上失意之後，大都選擇了歸隱。宋代蘇軾在遭貶之後，靠遊山玩水、作畫賦詩以治療心靈上的創傷。葉公超離開臺大之後，便在家中作畫賦以消遣，大有古代文人風度。他曾賦閒後自云：「怒而寫竹，喜而繪蘭，閒而狩獵，感而賦詩。」經過幾年的努力，葉公超的繪畫形成了自己的風格。在一九六六年和一九七七年，葉公超的書畫作品先後兩度在香港展出，一時轟動香江，獲得很多畫界人士的讚譽。

晚年時的葉公超被困孤島，晚景淒涼。他曾承認自己「一輩子脾氣大，吃的也就是這個虧，卻改不過來，總忍不住要發脾氣」。一九七七年十二月，有人向蔣經國進言：「現在要修訂僑教標準課本，要與美國僑教主持人及大學中文研究所會商檢討修訂，可否派年事已老而學養豐富的葉公超出國作為代表，既可消除他多年的沉悶，又可讓他與美國老友見見面，藉以證明我政府開明作風。」蔣經國當即表示：「只要擔保他按時返國，似無不可。」葉公超才有機會再次踏上美國那塊自己熟悉的土地。時在美國的蔡孟堅打電話要去拜訪葉公超，他直言：「我這次能來，等於火燒島犯人的早晨『放風』，必遵限期歸國，否則擔保人受連累。請你不要費車程一兩小時來看我，有話返臺灣面談。」

一九八一年十一月十八日晚上，葉公超在病榻上對記者于衡說：「我希望能再活個三年五載，整理一些少年時寫的作品。」就在他去世的同一天，他的絕筆〈病中瑣憶〉在《聯合報》上發表，文中最後不無沉痛地說：

生病開刀以來，許多老朋友來探望，我竟忍不住落淚。回想
這一生，竟覺得自己是悲劇的主角，一輩子脾氣大，吃的也
就是這個虧，卻改不過來，總忍不住要發脾氣。有天做物理
治療時遇見張嶽公，他講「六十而耳順，就是凡事要聽話」。
心中不免感激。

葉公超逝世後，國民黨中央評議委員程滄波曾這樣挽葉公
超：「學術擅中西，零落山丘同一哭；達官兼名士，蒼涼身世又誰
知。」這個學貫中西的文人本該在文化事業上做出巨大貢獻的，卻
誤入了官場，拖累了自己的後半生，這又是怎樣的悲劇呢？臺灣報
人陸鏗說：「一個彌漫著假道學氣氛和充滿勾心鬥角的中國官場，
怎能容得下真正的人才，何況葉公超是天才。這不是葉公超的悲
劇，而是中國的悲劇，時代的悲劇！」

孤獨的「五四之子」

殷海光，又名殷福生，一九一九年十二月五日，出生於湖北黃岡一個農村傳教士家庭，一九六九年九月十六日病逝於臺灣。在半個世紀裡，他引領了整整一個時代的青年，被李敖稱為「五四之後中國最後一個知識分子」。

才子少年

殷海光七歲入學，中學時期開始對邏輯和哲學發生興趣。當時，思想家張申府主編的《世界思潮》很受青年學生歡迎，殷海光受其影響，醉心於西方學者的思想，對邏輯學產生了極大興趣。在閱讀了金岳霖先生的《邏輯》講義後，殷海光直接寫信給金岳霖，諮詢讀書一事。金岳霖給他介紹許多閱讀書目，這下讓殷海光大開眼界。一九三五年，十六歲的殷海光買到查普曼和罕勒合著的《邏輯基本》，仔細讀完這本書後，決心把它翻譯成中文。經過半年的努力，殷海光將此書翻譯成中文，並下了「譯者引語」，由金岳霖推薦發表於張東蓀主編的《文哲月刊》發表。一九三七年，他的書由正中書局出版。殷海光高中畢業，在金岳霖的幫助下，考進了西南聯合大學文學院哲學系，正式師從金岳霖。

殷海光在西南聯大度過了美好時光。他後來回憶說，那時「我們剛從北平搬到昆明，上一代的文化和精神遺產還沒有受到損傷；戰爭也沒有傷到人的元氣。人與人之間交流著一種精神和情感，叫

人非常舒服。」西南聯大的自由精神，造就了殷海光的一生。

殷海光在學習之餘，常在深夜與同學探討學問之事。由於他的說話聲音洪亮，常常驚動了周圍睡覺的學生，使很多人慕名前來傾聽。當時，殷海光最愛朗誦李白的那首〈行路難〉。他的同學傅樂成回憶道：「大概是民國三十一年的寒夜，在昆明西南聯大學生宿舍裡，海光兄倚案獨酌，曾用他洪亮的湖北腔，長吟著這首詩。當時我已就寢，朦朧之際，正聽到前面的四句，聲調蒼涼悲壯，頓時使我睡意全消，鬱悒不能自已。」這足見青年殷海光的氣魄與理想抱負，也為他後來的人生之路奠定了基礎。

投筆從「戎」

殷海光在西南聯大期間並沒有全心於學問，而把更多的精力放在了社會活動上，成了學校政治活動的活躍分子。他曾感慨道：「當時在昆明西南聯大校園內，真是『各黨各派』，『異說爭鳴』。我當時幾乎事事反應，簡直靜不下心來苦攻學問。現在回想起來，我當時是一個浮動分子。」一九四四年底，已在讀研究生的殷海光在蔣介石的號召下，毅然投筆從戎。抗戰結束後，殷海光沒再回學校求學，而是去了《中央日報》，擔任主筆之職。殷海光憑著他的政治熱情，寫下許多有影響力的時政評論。他的同學傅樂成回憶道：「他寫的文章，對政府時做尖銳的批評，甚至對他從前所最崇敬的人，也有微詞。」最著名的是在一九四八年十一月四日，殷海光寫下〈趕快收拾人心〉一文，對國民黨的統治提出了疑問，認為國民黨應對百姓的疾苦負責，他呼籲「趕快收拾人心，只有這一個機會了」。殷海光也因此遭到蔣介石的怒斥，差點丟了職位。

一九四九年三月，《中央日報》撤到臺灣，殷海光也隨之來到了臺灣，仍任該報主筆、代總主筆，同時又兼任《民族報》總主筆。殷海光依然寫評論抨擊國民黨統治，又一次遭到了蔣介石的批評，受到國民黨的批判和圍剿，最終被迫離開了《中央日報》。

一九四九年八月，殷海光轉入臺灣大學任講師，主講邏輯學和分析哲學。到臺大之後，殷海光很受青年學子歡迎，一時成了時代偶像，是「臺大校園裡的一塊精神磁石」（張灝語）。他的學生劉福增回憶說：

> 一講到三十多年來的臺大，第一個常被提到的人，不是傅斯年，就是殷海光。但是，如果從學術思想的內涵、學術批評精神和風範的樹立，追求真理精神的光輝，以及感動和影響青年學子思想精神和學術情趣等方面來看，殷海光，無疑的，是臺大三十多年來的第一人。

在臺大，殷海光招收了一些入門弟子，如張灝、劉福增、林毓生、李敖等，後來都成了很有名氣的知識分子。殷海光每次登臺演講，都擠滿了人，是臺大校園內難得的風景。

殷海光的政治熱情並沒有隨著校園教書而消減，他秉持著「五四精神」，成為《自由中國》雜誌的編輯，寫下了許多精彩的評論，影響了一大批青年學子。此時，殷海光對國民黨統治大為失望，並對臺灣前途感到迷惘，寫下了大量的批評文字。作家聶華苓回憶，當時編輯部裡的殷海光主張批評和抗議，少壯派的都站在殷海光一邊。「有時候殷海光講到國民黨某些腐敗現象，雷先生還有些忐忑不安的樣子，彷彿兄弟不爭氣，恨鐵不成鋼。」

一九五七年八月，《自由中國》進行改版，推出了「今日的

問題」這一討論欄目，旨在批判檢討臺灣的政治、經濟、社會、文化等問題。此時的殷海光一改幾年前的沉寂，走到了《自由中國》的最前臺。他發表了〈是什麼，就說什麼〉一文，指出知識分子的責任：「近代的自由思想者是本著剛健的精神積極奮鬥才開出民主自由的花朵。今日之勢，不做自由人，就得為奴隸。除了這二者以外，真是再沒有第三條路可走了。」一九五八年一月十六日，殷海光又在《自由中國》發表〈我們的教育〉一文，批評國民黨破壞教育，他指出：

> 今日臺灣的教育，細細觀察，不僅不及民國初年，而且不及滿清末年。那時的教育，是逐步向一「開放的社會」發展；今日臺灣的教育，則是向建立一個「封閉社會」之途邁進。

從一九五七年八月到一九五八年二月，《自由中國》共計提出十五個問題作為「今日的問題」，給國民黨的統治以猛烈抨擊。

孤獨的「五四後期人物」

　　《自由中國》的幹勁越來越大，影響範圍也越來越廣。一九六〇年九月四四日，《自由中國》雜誌主編雷震被捕入獄，雜誌被查封，殷海光由此被軟禁了十一年。

　　軟禁中的殷海光，無疑是孤獨的。作家聶華苓回憶道：「他有老朋友來了，也不一定邀客入室，只是靠著野草蔓生的木門，三言兩語，一陣哈哈……有時也請人坐在臺階上，一人捧一個烤紅薯，談邏輯，談數學，談羅素，談他最近在外國邏輯雜誌上發表的論文……」一九六六年十二月一日，殷海光在給學生林毓生的信中不

無悲傷地寫道：

> ……「五四」以來的自由知識分子，自胡適以降，像風捲殘
> 雲似的，消失在天邊。我從來沒有看見中國的知識分子像這
> 樣蒼白失血，目無神光……在這樣的氛圍裡，懷抱自己的想
> 法的人之陷於孤獨，毋寧是時代的寫照。生存在這樣的社群
> 裡，如果一個人尚有大腦，便是他不幸之源啊！

　　一九六九年九月十六日下午五時四十五分，年僅五十歲的殷
海光停止了呼吸。臨終前，殷海光與眾弟子相見，對自己未完成的
理想深感遺憾：「我並不怕死，只是覺得責任未了。我自己知道得
很清楚，我的學問算不了什麼，但我有超越時代的頭腦與寶貴的經
驗……」

　　誠然，殷海光是孤獨的「五四之子」，他的一生都在追尋自由
主義思想，也為這一理想付出了昂貴的代價。殷海光非常清楚自己
所走過的道路，在他臨終前，在給學生張灝的信中這樣說道：

> 近年來，我常常要找個最適當的名詞來名謂自己在中國這一
> 激盪時代所扮演的角色。最近，我終於找到了。我自封為「a
> post-May-fourthian」（「五四」後期人物）。這種人，being
> ruggedly individualistic（堅持獨立特行），不屬任何團體，任
> 何團體也不要他。這種人，吸收了「五四」的許多觀念，「五
> 四」的血液尚在他的血管裡奔流，他也居然還保持著那一時
> 代傳衍下來的銳氣和浪漫主義的色彩。然而，時代的變動畢
> 竟來得太快了。「五四的兒子」不能完全像「五四的父親」。
> 這種人，認為「五四的父親」淺薄，無法認真討論問題，甚

至被時代的浪潮沖褪了色，被歲月磨掉了光彩。而「五四的父親」則認為他是一個「欠穩健的時代叛徒」，有意無意的和他 alienate（疏遠）起來。下一輩人呢？絕大多數和他分立在兩個不易交通的「心靈世界」裡。他們和他具有不同的價值取向，不同的情結，和不同的展望。他們是失落了。但是，他們的失落和他的大不相同。保守人物呢？毫無問題，視他為禍根。於是，在這一時代，他像斷了線的風箏。這種人，註定要孤獨的。

一介書生傅斯年

　　傅斯年（1896-1950），字孟真，山東聊城人，民國時期的重要文化人，他是著名的歷史學家，又是一位實幹家。胡適曾這樣評價道：

> 孟真是人間最稀有的天才。他的記憶力最強，理解力也最強。他能做最細密的繡花針功夫，他又有最有膽的大刀闊斧本領。他是最能做學問的學人，同時他又是最能辦事、最有組織才幹的天生領袖人物。他的情感是最有熱力，往往帶有爆炸性的；同時他又是最溫柔、最富於理智、最有條理的一個可愛可親的人。

反思「五四」

　　一九一六年十二月二十二日，北大新校長蔡元培到任，邀請了陳獨秀、胡適、黃季剛等名人到北大任教，進行了大刀闊斧的改革。陳獨秀還將《新青年》雜誌搬進了北大校園，這對活躍學術氣氛，開闊學生視野，無疑起到了很大的推動作用。

　　此時，傅斯年已是校園裡的一顆璀璨明珠，連胡適都常跟人提及傅斯年的學問比老師還大。據說當胡適到北大教書時，由於講課方式異於其他老師，曾遭到一些學生的反對，甚至有學生想讓胡適「下課」。幸運的是，傅斯年卻是胡適的追隨者，他以自己的影響

力說服了一些反對者。後來，胡適想起往事，不無感慨地說：「我
這個二十幾歲的留學生，在北京大學教書，面對著一班思想成熟的
學生，沒有引起風波，過了十幾年以後才曉得孟真暗地裡做了我的
保護人。」

　　一九一九年五月四日，五四運動爆發。傅斯年是北大學生遊
行的主要組織者之一。當天上午，傅斯年在北大主持籌備遊行示威
的會議，發表了慷慨激昂的演說。等到下午兩點半左右，北大學生
遊行正式開始，傅斯年親自扛起大旗，走在隊伍的前列。一路上，
遊行隊伍情緒高漲，有學生高喊：「到外交部去！」「到賣國賊的
家去！」傅斯年聽後，怕大家情緒失控，便勸說同學要理智文明遊
行。但是，遊行隊伍終究因為高漲的憤怒情緒，紛紛衝向趙家樓曹
汝霖住宅，痛打了章宗祥，火燒了趙家樓。

　　待運動第二天，傅斯年退出遊行隊伍。此後，傅斯年便不再
參與學生會活動。傅斯年沒有像其他學生那樣沉浸於五四運動的狂
歡中，他開始反思這場運動。一一九一九年九月，傅斯年藉〈《新
潮》之回顧與前瞻〉一文肯定了五四運動對中國社會的貢獻，但他
更期望青年學生潛心讀書，積蓄力量，他說：

　　我希望同社諸君的是：一、切實的求學；二、畢業後再到國
　　外讀書去；三、非到三十歲不在社會服務。中國越混沌，我
　　們越要有力學的耐心。

可見，傅斯年已是一個非常理性的青年學生。

　　一九一九年十二月二十六日，傅斯年赴歐洲留學，直到一九二
六年冬才歸國。

掉腦袋也不信任

　　傅斯年是一位學者，但終究是牢騷滿腹的書生。傅斯年除教書、做學術研究以外，還時常發表一些政治言論，也贏得了「傅大炮」的美譽。一九三一年，「九一八事變」爆發，傅斯年在北京圖書館召開的座談會上，慷慨激昂地提出了「書生何以報國」的議題，令在座人士十分感動。

　　一九三二年五月二十二日，傅斯年和胡適、丁文江等人創辦《獨立評論》週刊。胡適認為：

> 我們叫這刊物做《獨立評論》，因為我們都希望永遠保持一點獨立的精神。不依傍任何黨派，不迷信任何成見，用負責任的言論來發表我們個人思考的結果：這是獨立的精神。

這符合傅斯年的意願，從一九三二年到一九三七年間，傅斯年為《獨立評論》撰寫了大量文章，發出了知識分子的獨立聲音。

　　此後，傅斯年因名聲漸大，於一九三八年被國民政府聘為國民參政員，但一直保持獨立風格。傅斯年進入國民政府後，發覺行政院長孔祥熙有腐敗跡象。為此，傅斯年斗膽給蔣介石寫了兩次信，居然沒引起蔣介石的重視。於是，傅斯年暗中收集孔祥熙的貪汙腐敗資料。

　　程滄波回憶說：「在重慶時期，有一次在參政會開會前，我好幾次到聚興村他住的房內，看他拿著一小箱子，藏在枕頭下面，寸步不離。我問他裡面是什麼寶貝，他很緊張地說，這是他預備檢舉某大員的證件。」

　　果然，在一九四三年的那次國民參政院大會上，傅斯年痛斥說：「抗戰以來，大官即是大商，專門發國難財。我們本是勢力國而非法治國，利益之到手全不管一切法律，既經到手則又借法律名詞如『信用』、『契約』等以保護之，這裡面實在沒有公平。」這之後，蔣介石非常緊張，還約請傅斯年吃飯，不想將孔祥熙之事鬧大。據說在宴會上，蔣介石曾這樣問傅斯年：「你信任我嗎？」傅斯年回答說：「我絕對信任。」蔣介石又說：「既然你信任我，那麼就應該信任我任用的人。」傅斯年斬釘截鐵地對蔣介石說：「委員長我是信任的，至於說因為信任你也就該信任你所任用的人，那麼砍掉我的腦袋我也不能這樣說！」

　　最後迫於輿論的壓力，蔣介石只好免去孔祥熙的職位，並由宋子文接替。傅斯年並不因為宋子文是一位剛上任的官員而格外信任，他依然以自己的眼光判斷這位新官。沒過多久，傅斯年便發現宋子文種種腐敗劣跡。一九四七年二月十五日，傅斯年在《世紀評論》上發表〈這個樣子的宋子文非走開不可〉，各大報紙紛紛轉載，一時引起了轟動。一週後，傅斯年又發表了〈宋子文的失敗〉一文，直言孔、宋家族將「斷送中國的經濟命脈」。最後，宋子文在傅斯年的「炮轟」下，黯然下臺。

　　早在一九四六年，蔣介石曾任命傅斯年為國府委員，但他堅決請辭，並說道：「如在政府，於政府一無裨益，若在社會，或可以為一介之用。」與此同時，傅斯年還多次勸說胡適不要被政府同化：「我們是要奮鬥的，唯其如此，應永遠在野，蓋一入政府，無法奮鬥也。」

臺大的好校長

　　早在西南聯大時期，傅斯年與身患眼疾的陳寅恪同住一棟樓。那時，日軍飛機常來轟炸，只要警報一響，全校師生便紛紛鑽進防空洞。傅斯年的第一反應不是自己先跑，而是急匆匆地跑上三樓把陳寅恪扶下樓來，一同跑進防空洞。

　　一九四九年一月，傅斯年準備趕赴臺灣大學就任校長之職。那時，胡適正好準備去美國任職，在為夫人無人照顧而發愁。傅斯年知道後，表示可以把胡夫人交給他帶到臺灣大學，還說道：「局勢如何演變，我不敢預言，但我們會盡力照顧胡太太，吃不飽大家喝稀飯。」因為這句話，胡適很放心地將夫人交給傅斯年「託管」。

　　傅斯年到臺大任職後，肩負起整頓和改革臺大的使命。

　　傅斯年自然想起北大老校長蔡元培先生：「試想當年的情景，北京城中，只是些北洋軍匪、安福賊徒、袁氏遺孽，具人形識字者，寥寥可數，蔡先生一人在那裡辦北大，為國家種下讀書愛國革命的種子，是何等大無畏的行事。」

　　有了這個決心之後，傅斯年開始以現代大學的要求改革臺大，他認為：「大學的任務，本來是三項：一是教育的，二是學術研究的，三是事業建設的，三者有不可分性。」傅斯年堅持大學保持獨立姿態，保障了教授治校、學術自由的空間。

　　一九四九年四月六日，臺大部分學生因「張貼標語、散發傳單，煽惑人心，擾亂秩序，妨害治安」而被國民黨警備司令部逮捕。傅斯年為了保護學生安危，親自跑去談判營救。傅斯年這一舉動，可以說是當時讀書人的一貫做法，是一個難得的傳統。

　　一九五○年十二月二十日，傅斯年身著單薄的西裝，前去臺

灣農復會參加會議，其中有一個議題是關於臺大保送臺大學生出去
深造。在會議上，傅斯年與議員郭國基有過爭論，但他一心以學生
為重，當他說完最後一句發言：「我們辦學，應該先替學生解決困
難，使他們有安定的生活環境，然後再要求他們用心勤學。如果我
們不先替他們解決困難，不讓他們有求學的安定環境，而只要求他
們用功讀書，那是不近人情的……」傅斯年走下講臺，突然臉色蒼
白，昏厥過去，從此再也沒醒過來。

　　傅斯年去世後，遠在美國的胡適悲痛地說：「傅斯年去世，中
國失去了他最忠實的愛國主義者。」傅斯年以其風骨和氣度影響了
後人。至今臺大校園裡依然每天都響起「傅鐘」，從不間斷。

特立獨行的藝術家

　　徐悲鴻（1895-1953），江蘇宜興縣屺亭橋鎮人。徐悲鴻原名徐壽康，因幼時家境貧寒，衣著儉樸，也沒有進過正規學校學習過，常遭到別人的冷落，甚感前途渺茫，世態炎涼，不禁悲從中來，猶如鴻雁哀鳴，遂改名為「悲鴻」。

　　徐悲鴻的人生轉機是從認識康有為先生開始的。康有為一生桃李滿天下，壯年時培養了梁啟超、譚嗣同、林旭等一批維新志士；晚年又培育了藝術大師徐悲鴻、劉海粟、王蘧常等人，留下了不少佳話。康有為因為徐悲鴻的一幅畫而讚不絕口，多次邀請徐悲鴻去辛家花園康公館，暢敘人生。康有為甚至鼓勵他去歐洲留學，對徐悲鴻說：「你一定要出國，去西洋，去看看人家的繪畫！」自一九一九年八月起，徐悲鴻在康有為等朋友的資助下，先後在法、比、德等國留學。八年後，他以優異成績畢業於巴黎高等美術學校。那時，徐悲鴻憑藉自己過人的畫藝在歐洲大陸名聲大噪。一九二六年，學業有成的徐悲鴻從法國回到自己的祖國，開始了他的藝術之路。

　　俗話說：「藝高人膽大」。徐悲鴻有句座右銘叫：「人不可有傲氣，但不可無傲骨」。好友徐志摩先生這樣評價他：「你愛，你就熱熱地愛；你恨，你也熱熱地恨。崇拜時你納頭，憤慨時你破口。」徐悲鴻就是這樣一個個性鮮明而耿直之人，是一位鐵骨錚錚真漢子。徐悲鴻的夫人廖靜文女士回憶說：「悲鴻就是這樣『獨持偏見，一意孤行』，他不依附什麼權貴，更不會屈從。」一九三二

年，徐悲鴻入住南京傅厚崗六號後，為其公館取名「危巢」，並以泰山經石峪字「獨持偏見，一意孤行」集聯懸於畫室。

據後人回憶，徐悲鴻的「一意孤行」連當時的蔣介石都感到難堪。一九三五年，蔣介石五十壽辰，國民黨中宣部副部長張道藩想請徐悲鴻為蔣介石畫像。張道藩是徐悲鴻的留法同學，他親自來到了徐悲鴻的家裡。一見面，他便從公文包裡取出一張蔣介石的照片遞給徐悲鴻，開門見山地說：「悲鴻，蔣委員長快過五十大壽了，想請你這枝生花的妙筆為他畫一張肖像。這可是千載難逢的好機會啊！」徐悲鴻兩道又黑又粗的眉毛緊緊地擰在了一起，一聽要為蔣畫像，便冷冷地說：「原來是這麼回事。我從學畫以來，還沒有對著照片畫過人像。畫這類畫，上海城隍廟不少店鋪畫得又像又快，你往上海跑一趟，肯定會使你滿意的。」張道藩一時尷尬，結結巴巴地說：「你，你居然，敢不給蔣……蔣委員長畫……」徐悲鴻堅定地說：「我就是不畫，你把照片拿去吧！我從來是一意孤行的，你難道不知？」張道藩怒氣沖沖地站起來，說：「老同學，你不畫，後果是難以想像的！這可由不得我。」徐悲鴻並沒有因為張道藩是他的老同學而給他面子，更沒有因為蔣介石是國民政府的領袖而給他作畫。

徐悲鴻的這種人格令人想起唐代大詩人李白的詩句：「安能摧眉折腰事權貴，使我不得開心顏。」魯迅先生認為：「真的知識階級是不顧利害的」，「他們對於社會永不會滿意的，所感受的永遠是痛苦，所看到的永遠是缺點，他們預備著將來的犧牲。」一九三六年，徐悲鴻到廣西後，竟在《廣西日報》上撰文公開斥責蔣介石「無禮、無義、無廉、無恥」。一九四五年二月二十二日，徐悲鴻在〈重慶文化界對時局進言〉上簽名，蔣介石惱怒，把當時的國民黨中央文化運動委員會主任張道藩罵了一頓。張派人找到徐悲鴻，

要他登報聲明自己沒有參加簽名。徐悲鴻不屑一顧地回答道：「我對我的簽名完全負責，我絕不會收回我的簽名。」徐悲鴻的這種俠骨足以令後人敬佩不已。

徐悲鴻在行為上「一意孤行」，卻是一個熱心腸的人。徐悲鴻留學回國後不久，許多國內青年慕名前來求教。一天，在黃警頑的介紹下，徐悲鴻接待了一位剛二十出頭的年輕人──蔣兆和。徐悲鴻看了年輕人的畫，讚歎不絕：「現在許多畫畫的人脫離現實，像你這樣從現實生活出發的人，在中國很少見。」徐悲鴻一聽蔣兆和的身世，尤其感動，從這個年輕人身上似乎看到了自己當年的影子。此後，蔣兆和經常登門求教，徐悲鴻對他關懷備至。後來，蔣兆和成為了一位著名的畫家，深情地寫道：「知我者悲鴻，愛我者悲鴻。」

畫家傅抱石常對人說：「沒有他徐悲鴻，就沒有我傅抱石。」傅抱石在年輕的時候窮困潦倒，作畫全靠自學，後在小學代課。一九三一年，徐悲鴻率學生去江西廬山寫生歸來，途經南昌。一天，一位衣衫破舊的青年持自己的作品靦腆地來求教。打開一看，那些山水畫別具一格，一股清新之氣撲面而來。翌日，徐悲鴻冒雨到那青年家中。雖僅一面之交，徐悲鴻卻勸他出國留學，慷慨為他籌措經費。後來，傅抱石學業有成，最終成為中國著名的山水畫大師。一九四五年九月十七日，徐悲鴻五十壽辰，傅抱石精心繪製了一幅《仰高山圖》，以表達對恩師的崇敬之情。

此外，受過徐悲鴻雨露滋潤的還有吳作人、呂斯百、黃養輝、王臨乙……他為中國培養的不只是一代，而是延及數代的藝術人才。

不但如此，徐悲鴻還關心民眾疾苦，為民眾疾苦而奔波。一九三八年，正值抗日戰爭爆發，國內民眾陷入水深火熱之中。當時，

印度詩人泰戈爾邀請徐悲鴻去印度訪問。徐悲鴻攜帶了大批作品離開重慶，一路在香港、新加坡、吉隆坡、檳榔嶼等地開籌賑展覽會，南洋各地僑胞對徐悲鴻籌賑畫展給予了熱情的支持。徐悲鴻將他在印度和其他國家舉行畫展所得金額約十萬美元，全部捐出，用於抗日救亡。

　　一九三五年初，徐悲鴻在歐洲諸國舉行中國繪畫展覽後載譽歸來，聽說好友田漢被國民政府逮捕，在獄中病得很重。他焦急萬分，四處奔走，但營救無效。最後，由徐悲鴻、宗白華兩人出具保證書，以田漢治病為由將其保釋出獄。

　　抗戰以後，國民政府南遷，許多國立學府隨政府遷來重慶，僅沙坪壩就有國立中央大學、國立重慶大學、四川省立教育學院、國立中央工校等學校。沙坪壩學校雖多，但卻沒有一家像樣的書店，當時有個名叫陳汝言的江蘇人，想順應民心，辦一個「正風出版社」，但苦於缺乏開辦經費。李公樸教授給陳汝言獻上一計，說：「要錢只有找徐悲鴻。他的畫是熱門，一匹『馬』就賣了五百元。」陳汝言深知徐悲鴻的為人，便去找徐悲鴻。徐悲鴻聽完這個小同鄉的坦誠之言，沉思片刻後說：「你想辦個出版社，我支持。我雖不是富翁，但出點錢是辦得到的。不過要辦就得辦出自己的特色，應多出版些世界名著和國內的好作品。你回去找中央大學的一些知名教授擔任編委，他們答應了再來找我要錢。」幾天後，出版社編委會一事完成了，陳汝言又來找徐悲鴻，徐悲鴻立即拿出二千元交給陳汝言作開辦費，並說：「這是我賣的兩匹『馬』的價錢。」不久，「正風出版社」就在沙坪壩正式開張了。

　　縱觀徐悲鴻一生，雖「一意孤行」，但卻是一位敢為蒼生說話的藝術家。

第二輯　精神的路標

穿越黑夜的精靈

一

　　尼采的晚年是在孤獨中度過的。病床上的哲人，看到窗外的那
一線光芒，激動萬分：「在這完美的一天，一切都臻於成熟，不僅
葡萄變成褐色，同時一線眼光投射到我的生命之上：我顧後瞻前，
我從未一下子看到過這麼多的美好事物。」那一天，他重新感受到
了生命的氣息。超越漆黑，超越一切心靈中的漆黑，靈魂在此獲得
新生。

　　或許，這只是一線的陽光；或許，這只是剎那間的感受，但對
一個生命來說，這已經是永恆了。

　　詩人巴爾蒙特深情地說：「為了看看陽光，我來到這世上。」
為了看看這世上的陽光，我的生命也就知足了，詩人很簡單。在
這個時候，陽光超越了一切世俗。任何的欲望、道德、權力、法
律……都是毫無意義的。

二

　　第歐根尼是古希臘著名的哲學家。

　　一次，正當第歐根尼正待在自己所住的酒桶裡曬太陽的時候，
國王亞歷山大慕名而前來拜訪這位特殊的人。國王為了表示自己對

哲人的關心，就對他說：「我可以滿足你的一切要求，你有什麼願望就告訴我。」

哲人想了想，就毫不客氣地說：「我唯一的願望就是請你退到一邊，因為你遮住了照到我身上的陽光。」

我們可以理解國王的一片好意，他的確是想讓哲人過得好一點。但哲人有著自己的想法，他需要的是世上最質樸的東西——陽光。

我們可以理解，精神上越是強大的人，越是需要最為自然的東西。

三

海明威是一位公認的硬漢。

海明威的寫作是一種良知的寫作，他的筆成了反對戰爭的號角。

「人可以被毀滅，但不能被打敗！」這是人的聲音。任何一個人都有遭遇困境的時候，但人絕不能因此而萎靡不振。

一九四二年八月，德國侵入了蘇聯。詩人愛倫堡曾這樣寫道：「在法西斯主義發動的這個大規模的、席捲全歐洲的爪達拉哈拉戰役之後，我希望能遇見海明威。我們應該保衛生活——這是我們這不幸的一代的使命。如果我和我們中間的許多人未能親眼看見生活的勝利，那麼誰又不會忘記那個腿部受了傷、躺在卡斯蒂利亞的道路上的美國人臨終時的情形，以及那支小小的機槍和一顆偉大的心魂呢？」

一個硬漢，一顆偉大的靈魂。

四

二戰留給後人的卻是永遠的傷痛。

二戰後，一個納粹戰犯被處決了，他的妻子因無法忍受眾人的羞辱，也自殺身亡了，留下的是一個兩歲大的孩子。第二天，窗口傳出了孩子的哭聲。

鄰居知道那房子裡還有小孩活著，但卻沒有一個人敢去救他。人們在寂靜聲中等待著奇蹟的發生。

這時，一個叫艾娜的女人不顧一切地向樓上跑去。她把孩子救了下來，並收養了他。不幸的是，女人的丈夫曾因幫助猶太人而被孩子的父親殺害。附近的鄰居因此而不理解她的行為，甚至有人建議艾娜把孩子送到孤兒院或乾脆扔掉。小孩在一天天地長大，但艾娜自己的孩子也不理解母親的行為，還與一群孩子用石頭扔那個可憐的孩子。艾娜並沒有因此而放棄了收養孩子，她常對那孩子說：「你是多麼淘氣啊，你是個小天使。」

隨著孩子的長大，人們並沒有遺忘他父親所犯下的罪行，常有人叫他「小納粹」。附近的孩子都不喜歡跟他交往，鄰居偷偷地把孩子送到了十幾哩外的孤兒院。艾娜一看孩子不見了，便急著去找。

半個月後，艾娜總算把孩子找回來了。她面對著來圍觀的鄰居，斬釘截鐵地說：「孩子無罪！」

仇恨是心靈的疾病，它毒害的是心靈的光明。我們不能將仇恨一代一代地遺傳下去，那只會使這個世界充滿仇恨，更多的心靈在仇恨中死去。

哲學家史懷哲說：「這時候，善就是：愛護並促進生命，把具

有發展能力的生命提升到最有價值的地位。惡就是：傷害並破壞生命，阻礙生命的發展。」

我們需要的是善，而非惡。

五

電影《神鬼戰士》中的凱薩曾說過：「當死亡向我們微笑，我們唯一能做的就是以笑容面對。」

「輕輕地我走了，正如我輕輕地來。」死亡是必然的事情，也是生命的最後一件事情。只要在生活中有過瞬間的美麗，也能成就永恆的輝煌。

對於死亡，懼怕是正常的心理，我們所能做的也就讓自己平靜地走向天堂。

魯迅說：「創作總根於愛。」

沒有了愛，世界也就如荒漠一種乾枯。

愛是心靈的陽光，正是眾多久浸於黑暗中的人們所需要的。

創作是指向心靈的鑰匙。

六

我熄滅房間的燈，我用心靈照亮整個世界。

博大的愛，博大的心靈，博大的精神世界，正是那一把穿越漆黑夜晚的劍。

七

　　用仇恨的眼光去看待這個世界，不如用愛的心靈來包容這個
世界。

　　用仇恨建立起來的世界，終將毀滅於仇恨。

　　與世界決裂，不如與自我決裂，與心靈中的漆黑決裂。

八

　　為了世界的愛，我來到了這個世界。

　　為了心中的善，我來到了這個世界。

　　為了這些質樸的元素，我寧願是黑夜裡的精靈。

孤獨的夜鶯

　　《人‧歲月‧生活》是前蘇聯著名作家愛倫堡的長篇回憶錄，從中我們能看到前蘇聯作家和詩人的真實面貌，在非常時代中的不屈和抗爭。這絕非一部簡單的回憶錄，它展現的是一位作家的良知和品格。

　　他們是一群特殊的人，一群有敏銳眼光的詩人。從這本書中，我們看到了前蘇聯時代詩人的真實面貌。

　　伊利亞‧愛倫堡（1891-1967），前蘇聯作家。他一九一〇年開始文學創作，在第一次世界大戰期間任戰地記者，十月革命後就參加了蘇維埃政府工作。一九二一年後，以記者身分去德、法、比等國。在國外十多年中，寫了許多作品。一九六〇年，蘇聯《新世界》雜誌開始連載愛倫堡的長篇回憶錄《人‧歲月‧生活》。不久，這部作品便在蘇聯國內外引起強烈反響和激烈爭論，成為蘇聯「解凍文學」最著名的代表作和「歐洲的文藝史詩」。上世紀七〇、八〇年代，其節譯本在中國大陸曾被列為內參資料，流入民間後被圈內人士私下傳閱，影響了一代知識分子的成長。

　　《人‧歲月‧生活》回憶的是愛倫堡的朋友，這些朋友當然也是文學上的朋友，尤其是回憶了大批詩人。茨韋塔耶娃、杜維姆、布洛克……這群孤獨的流浪者漫步於漆黑的廣場上，他們用歌聲喚醒了沉睡的人們，用歌聲點燃了黎明的曙光，用歌聲譜寫了人類的正義、人道和民主。

　　茨韋塔耶娃是一位非常特殊的詩人，天生就有一副桀驁不馴的

模樣，她常仰著頭，前額很高，清澈的雙眸泛著點點迷惘。愛倫堡說：「她的頭髮剪成短短的娃娃頭。不知是像一位嬌小姐呢，還是像一個鄉下小夥子？」詩人是孤獨的，她的孤獨正源於這樣一種性格。對於這個世界，詩人有著自己的看法：「我愛上了自己生活中的一切事物，然而是以分別，而不是以相合；是以決裂，而不是以結合去愛的。」詩人是高貴的，她拒絕一切荒唐、醜惡、暴力和專制。

一九三九年，茨韋塔耶娃帶著十四歲的兒子回到了故鄉俄羅斯。在俄羅斯生活期間，她親眼目睹了法西斯德國的暴行，激憤萬分地寫下了一首抗議法西斯暴行的詩歌：

> 我拒絕——存在
> 在惡人的瘋人院裡
> 我拒絕——生活
> 跟廣場上的惡狼在一起
> 我拒絕——哀號……

詩人憤怒了，這種憤怒緣於她對世界的愛。為了心中的愛，她拒絕與一切的卑汙存在，甚至拒絕生活在這個世上。這是作為一個人的尊嚴所在，這是作為一個詩人的高貴所在。在漆黑的夜裡，詩人就如流星般燦爛美麗。

詩人似乎都是時代的異己者。茨韋塔耶娃曾一度僑居國外，當她興致勃勃地將自己的作品寄給僑民辦的刊物時，結果沒人願意刊載她的作品。她的一篇關於馬雅可夫斯基作品的評論，竟被視為「叛徒」之作。於是，她在一封信中寫道：「在僑居國外期間，他們起初（憑一時的熱情）還刊登我的作品，後來頭腦冷靜下來，便

不再理會我，他們嗅到了異己的氣味：那邊的氣味。內容似乎是我
們的，而聲音卻是他們的。」作為異己者的茨韋塔耶娃，所遭遇的
是時代的冷漠。可以想像，僑居國外的那段時間，她就如沙漠中的
一匹桀驁的馬在荒寒中尋找自己的故鄉。詩人馬雅可夫斯基死後，
茨韋塔耶娃大為震驚，她這樣寫道：「作為一個人而活，作為一個
詩人而死……」不久，她便以自殺的方式離開了這個世界。

　　杜維姆是一位非常善良的詩人，他的善良就如夜空中月光那樣
潔白無瑕。然而他生活的時代卻是一個恐怖難堪的時代，與杜維姆
同時代的另一個詩人蔓德爾施塔姆曾在詩中這樣描述道：

> 時代像一隻捕狼的大獵犬撲向我的肩頭
> 但就血統而論我並不是狼
> 倒不如把我當作一頂帽子
> 塞進西伯利亞草原熱乎乎的皮大衣的袖筒。

　　就是在這樣的一個時代裡，杜維姆對底層的人們充滿了悲憫和
憐惜之情，他希望這個世界能夠陽光普照，讓所有被飢寒困擾的人
們不再受苦受難。他有一篇詩，描寫的是一個窮苦的猶太人孩子站
在窗下唱著悲歌，他在詩中希望哪一位老爺會扔給他一個銅幣。他
還想將自己的心給那孩子，和他一起到別人的窗外去唱悲歌。對於
時代的冷漠，杜維姆這樣感慨道：「在人的世界上唯獨沒有一個地
方收容唱瘋人歌曲的流浪漢。」

　　一九二七年，愛倫堡認識了法國詩人羅貝爾・德斯諾斯。「他
從來不是我的朋友，但他的熱情以及他的溫和與人道主義吸引了
我──他身上沒有一絲職業文學家的氣味……在他的詩作中以及他
本人身上，有什麼博得了我的好感呢？我用艾呂雅的話來回答：

『在我所認識的所有的人之中，德斯諾斯最天真、最自由，他是一個靈感不會枯竭的詩人，他能說出別的詩人不大寫得出來的話。他是最勇敢的一個……』」

一九三九年，法西斯即將開始橫掃整個歐洲。當愛倫堡與德斯諾斯談及會不會爆發戰爭的問題時，德斯諾斯憂鬱萬分。法西斯戰爭爆發後，德斯諾斯就參加了反法西斯抵抗運動，一九四四年二月二十二日，他不幸被捕。德國法西斯分子把他帶到了保安局所在的索塞大街，一個年輕的法西斯分子屬聲呵斥道：「把眼鏡摘下來！」德斯諾斯明白這將意味著什麼，便說：「我和您的年紀不同。我不願挨耳光——您用拳頭打吧……」後來，他被送往了奧斯威辛集中營。在獄中，德斯諾斯並沒有喪失鬥志，而是以更加樂觀的態度面對現實。他曾在詩中這樣寫道：

> 你瞧——深淵的邊上有一桿草
> 你聽這歌聲——對你來說它並不陌生
> 你曾在家門唱過它
> 你瞧那朵玫瑰花。你還活著。

德斯諾斯依然在夾縫中活著，用愛的言語點燃生命之光。

他們是一群特殊的人，一群有敏銳眼光的詩人。《人‧歲月‧生活》絕非一部簡單的回憶錄，它代表的是一位作家的良知和品格。在本書的背後，我們看到了前蘇聯時代詩人的真實面貌。

用抗爭抵達天堂的那個街角

一九三六年三月二十八日，一名男嬰誕生於秘魯南部的亞雷基帕省的單親家庭裡，可誰也不曾想到，這名男嬰在七十四年後成為了諾貝爾文學獎的獲得者，他就是秘魯著名作家馬里奧・巴爾加斯・略薩。

一

似乎和世界上的所有偉大作家一樣，略薩的一生充滿傳奇色彩，猶如一幅跌宕起伏的畫卷。

就在略薩來到世上的前幾個月，他的父母因為感情上的糾葛離婚，還在母親肚子裡的略薩隨母親住進了外婆家裡。在略薩的童年中，父親的缺席讓他格外敏感和多愁善感，儘管他的外祖母和母親一直騙他說「爸爸已經死了」。一九三七年，還只有一歲多的略薩跟母親移居玻利維亞的科恰邦巴，這一住就是九年，直到一九四六年才回到秘魯的皮烏拉省。

童年對普通人來說算不了重要的記憶，但對一個作家而言，童年是他創造生命的延續。誠然，略薩在日後的創造中，並沒有忽略童年的記憶，他曾動情地說：「一個小說家，最真實的自傳，就是他創作的作品本身。」

那一年，略薩十歲，他見到了父親，讓他格外意外和驚喜。四年之後，略薩被送進了位於利馬的（國立）萊昂西奧・普拉多軍事

學校。或許是因為天生就任性敏感和不喜歡呆板的生活,略薩一進
軍事學校便感到渾身不自在,最終轉入皮烏拉省國立聖米蓋爾中學
完成中學學業。

軍校生活似乎成了略薩創作的發源地。一個十四歲的男孩有著
一股青春的躁動,他不滿那種循規蹈矩的校園生活,他嚮往穿短褲
的鄉村生活,他讀過薩特、海明威、福克納等大作家的書,他寫過
情意綿綿的情書,是一個十足的校園叛逆者。

當然,略薩開始夢想成為一個優秀的作家。於是,寫作為他那
壓抑的軍校生活找到了突破口,他開始用筆反抗眼前的生活。他曾
這樣回憶說:「那時我十四、五歲,在軍政府統治下的灰色利馬,
感到我的寫作抱負如一道緊急命令,催促我寫出讓讀者眼花繚亂的
故事來。」多年之後,略薩如願以償地寫下《城市與狗》、《綠房
子》和《潘達雷昂上尉與勞軍女郎》等小說,向人們娓娓述說了他
的傷痛記憶。

二○一○年十月七日,瑞典皇家科學院宣布將二○一○年諾貝
爾文學獎授予略薩,是因為「他對權力結構的解析和對個體反抗、
反叛和失敗的犀利描寫」。這或許是對略薩大半生創作的最好總
結,略薩解釋說:「會編造人物和故事的早熟才能,即作家抱負的
起點,它的起源是什麼呢?我想答案是:反抗精神。我堅信:凡是
刻苦創作與現實生活不同生活的人們,就用這種間接的方式表示對
這一現實生活的拒絕和批評,表示用這樣的拒絕和批評以及自己的
想像和希望製造出來的世界替代現實世界的願望。」

顯然,略薩沒有糊塗,他非常清楚自己在做什麼,反抗日常生
活、反抗權威、反抗不合理的社會等,或許是他一生的使命。

二

自古詩人多情，略薩也不例外。

一九五三年，略薩非常順利地進了秘魯國立聖馬爾科斯大學，主修文學與法律。可是，誰也不曾想到，這個小夥子竟會如癡如醉地愛一個比他大十歲的女人，而這個女人竟是他的舅媽的妹妹胡利婭。

胡利婭是玻利維亞人，已結婚多年，可後來因被醫生診斷為不育，便與丈夫離了婚。一九五四年，胡利婭正好來到略薩的大學所在地利馬度假。她雖年長略薩十歲，但她依然美麗動人，渾身上下散發出一骨子濃郁的女人味，重要的是她經常帶略薩散步、購物、看電影，兩人成了形影不離的情侶。

多年之後，略薩在回憶錄中寫道：「那時候我經常去魯喬舅舅家裡吃午飯或者晚飯；我記得，一天中午我從大學裡出來，正好趕上胡利婭到達那裡正在打開行李拿東西。我認出來她那粗聲大氣、震耳的笑聲和她那苗條的身材和修長的雙腿。她跟我打招呼的時候，開了幾句玩笑：『天吶！你就是多麗塔的小兒子？就是那個科恰班巴愛哭的小娃娃？』」姨媽的美貌和善解人意，給略薩留下了深刻的印象，這讓年輕的略薩禁不住動了綺念。

很快，略薩和姨媽的情事被家裡人知道了，他們都極力反對這門親事，正當胡利婭想退出的時候，略薩安慰說：「年齡的差異並不可怕。重要的是相愛。」在朋友的幫助下，他倆辦了結婚手續，開始私奔。最後，他倆衝破種種牢籠，終於在一起生活。

愛情給略薩無窮的力量，他靠自己的智慧和力量為妻子積攢了生活費用。但這樣的婚姻並不長久，胡利婭曾在結婚初期，就以

一個女人的眼光看這場突如其來的婚姻：「如果你保證同我生活五年，不同另外的女人相愛，只愛我一個人，我就心滿意足了。」事實證明，胡利婭是有先見之明的。

結婚九年之後，略薩愛上了十五歲的表妹派特里西婭。在略薩看來，派特里西婭純潔可愛，美麗多情，簡直是一個天使。胡利婭感到不知所措，內心非常的不安。此時，已經陷於愛情漩渦中的略薩難以自拔，他向胡利婭提出了離婚的要求，他給妻子寫信：「是的，我愛上了派特里西婭，而且我知道這對妳來說也不是新聞。無論妳使用什麼武器，也攔不住我對她的愛。我唯一要求妳的，就是放棄這早已經凋謝的婚姻。」不但如此，略薩還這樣開導胡利婭：「世上並不存在愛情，愛情是一個名叫彼特拉克的義大利人和法國南方普羅旺斯省詩人臆造出來的。」

最後，胡利婭同意離婚。宋代大詩人柳永說：「多情自古傷離別。」略薩的多情，註定他的人生在傷感中滑過淚水的痕跡，也註定這位作家在感情漩渦中糾纏不清。幾年後，略薩寫出了他的自傳體小說——《胡利婭姨媽與作家》，在書的結尾部分，他這樣說道：「我和胡利婭姨媽的婚姻委實是個成功。」他似乎在為自己的婚姻辯解什麼。

三

一九五八年秋，略薩大學研究生畢業，帶著妻子胡利婭移居西班牙。

生活的重壓讓略薩喘不過氣來，他只好兼職做多種工作。在這時候，略薩開始了他的《城市與狗》的寫作，他回憶說：「一九五八年秋天我開始寫作《城市與狗》，那是在馬德里一家名叫小蝸牛

的酒館，那裡面向靜修公園。為了編寫故事，我成了孩童時期的阿爾貝托、『美洲豹』、山裡人卡卡瓦、『奴隸』、快樂區大街上的孩子們和港灣區的鄰居。少年時期，我閱讀過大量凡爾納和驚險故事書，相信過薩特關於承諾文學的主張，狼吞虎嚥了馬爾羅的長篇小說，無限欽佩過美國『迷惘的一代』，尤其欽佩福克納。我用所有這些東西揉成了《城市與狗》需要的泥巴，再加上青年時期的想像力和福樓拜的教導。這是一本給我帶來許多驚喜的書，多虧它，我開始覺得自己從穿短褲時懷抱的夢想成了現實：當個作家。」

三年之後，略薩完成他的作品，但他沒有想到，出版的過程並非一帆風順。小說一連被多家出版社拒絕，幾乎沒有一家出版社願意出版他的作品，原因就在於他的名聲太小。最後，在他的朋友幫助下，小說終於在塞依斯·巴拉爾出版社出版，這家出版社主編是西班牙詩人卡洛斯。

略薩依然將自己的經歷寫成了書，他說：「在軍事學校的經歷，對我來說簡直就像在地獄一樣。」他將這段痛苦的記憶寫進了《城市與狗》中。略薩筆下的「城市」是秘魯社會，「狗」則是軍校學生，青年學生阿爾貝托反抗上流社會的敗壞，用文學築成堤壩，抵抗世界的虛偽和腐敗。略薩在書中寫道：「從城市到狗，是一條路徑，一端是人性，一端是殘酷的獸性。走出軍校，就好像由死到生。然而這只能是一個遺忘或逃避的過程，而不可能是消滅。」他不是虛偽者，而是一個謊言的反抗者。

略薩的《城市與狗》出版後，帶來了意想不到的轟動，獲得了當年西班牙「簡明叢書」文學獎，並迅速被譯成二十多種文字在世界各地出版流傳。但在略薩的祖國秘魯，這部小說成了批判的對象，秘魯軍政府認為略薩小說「褻瀆了偉大的軍隊和愛國主義感情」，下令焚燒這部小說，略薩也成了秘魯政府批判的對象。

　　秘魯軍政府越是焚燒略薩的作品，這書便傳播得越快。令略薩想不到的是，《城市與狗》成了當時拉丁美洲「文學爆炸」的四部里程碑小說之一，而他也因此成為與馬爾克斯、富恩特斯、科塔薩爾並列的「爆炸文學」四大主將。從此，略薩成為了職業作家。

　　多年之後，當人們問起略薩為何創作的時候，略薩說：「我是作家，同時也是公民。在拉丁美洲，許多基本的問題如公民自由、寬容、多元化的共處等都未得到解決。要拉丁美洲的作家忽略生活裡的政治，根本不可能。」

　　作家需要信仰，需要社會擔當，一如既往地反抗社會的不正常成了略薩創作的源泉，他為自己多了留了一隻眼睛，看到了社會的醜陋和虛偽。

四

　　抗爭是他的底色。他用筆抗爭，一如世界所有存有良知的作家。

　　美國著名作家海明威曾這樣說：「人可以被毀滅，但不可以被打敗。」略薩就是這樣一位硬漢作家。

　　憑著這種「不妥協「的硬漢精神，略薩越發大膽，將筆觸伸到了更為廣闊的社會層面，一舉創作了《英雄時代》、《教堂裡的對話》、《綠房子》、《天堂之路》等發人深省的作品。他在《綠房子》裡寫妓院綠房子在皮烏拉人的生活和想像中引起的混亂，他在《酒吧長談》裡寫一個類似奧德八年統治的獨裁政權給人們的日常生活帶來影響的故事，他在《潘達雷昂上尉與勞軍女郎》裡寫秘魯軍方在熱帶雨林區駐地祕密試辦性服務的故事……

　　然而，創作上的成功並沒有滿足略薩的人生欲望，他還直接參與了政治生活，曾一度距總統寶座僅一步之遙。其實，略薩讀大學

時就參加秘魯共產黨組織的共產主義學習小組，學習馬克思、恩格斯、列寧、毛澤東等思想家的著作，並擔任了指導員，還短期加入了秘魯共產黨，活躍於秘魯共產黨的外圍青年組織「卡烏依德」。

略薩成名之後，對政治的熱情絲毫沒有減弱，而是更多地活躍於政治領域。但是，略薩的政治思想卻從「左」轉變為了「右」，甚至與當時拉美的著名作家馬爾克斯產生了政治分歧。據說，他倆因為這個原因分道揚鑣。

一九八七年，略薩回到秘魯，組織新黨「民主陣線」投入政治，並在一九八七年八月的第一屆全國代表大會上獲推為黨主席。他反對時任總統阿蘭·加西亞的銀行國有化等政策，主張國營企業私有化（民營化）和全面開放的自由市場經濟。

文人終究是文人。一九九〇年，秘魯大選，略薩參與角逐秘魯總統大位，敗給了對手藤森。有人說，作家不可能成為政客，尤其像略薩這樣充滿夢想和純真的作家。自此，略薩重回作家身分，開始了新一輪的創作。

略薩說：「要設法通過我的寫作參與政治。」他在回憶錄《水中魚》中反思道：「現在看來，沒能獲勝意味著一種精神解脫，可當時真是刺痛了我的心。」政治上的失敗更加堅定了略薩的文學信仰，他依然用筆抗爭社會的不正常。

這之後，略薩用流暢的語言創作了《繼母頌》、《情愛筆記》、《公羊的節日》、《天堂在另外那個街角》和《壞女孩的惡作劇》等作品，始終保持一個有著強烈社會責任感的作家本色，批判了如獨裁統治、官僚腐敗、貧富懸殊、階級壓迫、種族歧視、軍警特務橫行、黨派競爭等社會現象，他也因此成為了「秘魯良心」。

五

略薩是一個熱愛生活的作家，他的創作始終沒有離開生活，直抵生活，也為生活在虛偽和愚昧之中的人開了一扇天窗，正如他說：「沒有什麼比好的文學更能喚醒社會的心靈……好的文學，能喚醒人的批判性精神，創造一批更難被操縱的公民。」

有時，好的文學是劑良藥，優秀作家更是社會中的良醫。略薩說：「文學是表達生活的一種方式，你無法將政治從生活中完全根除。」他的文學創作從抗爭開始，最終尋找或許只是那一塊小小的自由之地。二○○三年，略薩創作了小說《天堂在另外那個街角》，取材於真實人物——畫家高更和他的外祖母弗洛拉，他們尋找自我，尋找人類失落的天堂。

在書中，略薩不無動情地說：「很早以前，一九五○年代，我在利馬大學讀書時，讀了芙羅拉·特里斯坦的《一個賤民的漫遊》，她對獨立不久的共和國的描寫打動了我，她講到自己的生活方式，甚至講出非常隱祕和敏感的事，也打動了我。當時我就有個模糊的想法，要為她寫點什麼。芙羅拉和她的外孫總是希冀著在受難的土地上尋找天堂，而天堂永遠在下一個街角——烏托邦並不存在，我們達不到，可是又不能不夢想完美的社會和絕對幸福的世界，這個夢想活在人類心中，揮之不去。」

天堂，就在另外那個街角。這或許便是作家略薩的夢想，亦或人類的明日之夢。

人類苦難的歌手

　　莫斯科時間二〇〇八年八月三日深夜（北京時間四日凌晨），俄羅斯作家、一九七〇年諾貝爾文學獎獲得者亞歷山大‧伊薩耶維奇‧索忍尼辛因心力衰竭在莫斯科辭世，享年八十九歲。隨後媒體評論如潮，很多人惋惜地感歎「又一位大師走了」！對於索忍尼辛的作品及思想儘管人們有爭議，但取得共識的是：索忍尼辛是老一代作家中最後一位有良知的作家，他代表了俄羅斯的良知。這位令人尊敬的作家一生飽經磨難，他的作品與人格卻足以燭照未來！

「杜斯妥也夫斯基」式的傳奇作家

　　美國作家艾力‧克森（Edward. Ericson）在《索忍尼辛道德的形象》一書中說，索忍尼辛是「一個燃燒著理想、信仰，具有動人生命史的人」。在我看來，作家索忍尼辛是一位有著頑強生命力、滿懷良知和獨立人格的硬漢，是人類苦難的歌手。

　　在作家索忍尼辛的一生中，苦難一直與他相伴。他是一個遺腹子，遭受牢獄折磨長達八年，這之後又經歷了長達二十年的海外流亡生活，他還患過癌症……也許正是這些苦難成就了他的偉大。一九一八年十二月十一日，索忍尼辛誕生於北高加索基斯洛沃茨克市的一個哥薩克知識分子家庭中，在他出生前六個月，其父就戰死在一戰的德國前線，是母親用微薄的薪水將他拉拔長大。一九二四年，索忍尼辛隨寡母遷居到頓河上的羅斯托夫市。在這裡，他讀完

了中學，又以優異的成績畢業於羅斯托夫大學的數學物理系。與此同時，索忍尼辛作為莫斯科大學的函授生，學習了莫斯科哲學文學與歷史學院的函授課程。

索忍尼辛的人生轉折點源於蘇聯衛國戰爭時期的一封信。一九四五年二月，正在東普魯士前線作戰的索忍尼辛被捕了，被捕的原因是他寫給朋友的一封信，信中有「批評史達林」之意。按照他自己說，信中不過就寫了一些詞，比如「那個蓄著落腮鬍子的人」、「主人」和「老闆」。蘇聯內務人民委員部以「進行反蘇宣傳和陰謀建立反蘇組織」的罪名判處他八年勞改，這是典型的「因言獲罪」。

八年的勞改是一種精神的煉獄。索忍尼辛在自傳中說：「在那個時期，這算是比較溫和的判決了。」在那八年時間裡，索忍尼辛先在幾個不同的勞改營工作，後被送到由安全部門控制的特殊的科學研究所工作。一九五〇年，索忍尼辛被送往哈薩克斯坦一個專門為政治犯設立的特殊營地。在這裡，他做過礦工、泥瓦匠，還做過鑄造工，這些經歷為他出獄後創作《伊凡‧傑尼索維奇的一天》積累了素材。一九五三年三月，索忍尼辛服刑期滿後，又被流放到哈薩克斯坦南部的一個小鎮。不幸的是，索忍尼辛在那年年底得了癌症，幾度瀕臨死亡。幸好在一九五四年，他獲准到塔什干的醫院裡治療，他的病居然痊癒了。索忍尼辛在經歷了這場大災難後，走進了杜斯妥也夫斯基的世界，開始在他的作品中尋找精神慰藉，並迅速轉變為一個具有哲學頭腦的基督徒。關於這一點，他在《古拉格群島》第四部中也有記述。

以良知救贖時代

　　八年的牢獄生活並沒有壓垮索忍尼辛的精神意志，反而使他對整個蘇聯時代有了更深的思考。一九六二年十二月，索忍尼辛的短篇小說《伊凡‧傑尼索維奇的一天》經赫魯雪夫允准終於發表。赫魯雪夫對這篇小說大加讚揚，說這是「一部從黨的立場真實地闡明那些年代蘇聯實際情況的作品」，是一本「重要的書和需要的書」。由於這是蘇聯文學史上第一部描寫勞改營的小說，轟動了當時的整個文壇。小說帶有自傳性質，集中描寫了主人公伊凡‧傑尼索維奇在勞改營中從早上起床到晚上熄燈所度過的普通而又難熬的一天。索忍尼辛在小說中提出了一個發人深省的問題：造成蘇聯的這個悲劇的原因並不僅是史達林對人不人道，而是人對人的不人道；史達林並不是歷史上人性進步過程中的某個失常狀態，而是人類在背離上帝之後的瘋狂自虐，這是一個永恆的世界性主題。

　　索忍尼辛曾在《牛犢頂橡樹》中說：「我一生中苦於不能高聲講出真話。我一生的努力都在於衝破阻攔而能夠向公眾公開講出真話。」此時的索忍尼辛像是一條剛從海底冒出來的深水魚，更似一頭剛剛站立於世界上的牛犢，而他卻要用自己的生命去頂蘇聯集權社會這棵橡樹。在蘇聯當局的熱捧之後，索忍尼辛很快就感覺到情況不對勁：「我是被赫魯雪夫捧起來的，在他面前，我沒有行動的真正自由，我應當在對他和列別傑夫的態度方面永遠畢恭畢敬，感恩戴德。儘管這對於一個從前的勞改營分子來說是可笑的，懷著一種人對人的感激心情，這種感情是任何政治上的公正所不能取代的。現在，我擺脫了庇護，也就隨之擺脫了對他們的感恩戴德。」

　　從一九六五年三月開始，《伊凡‧傑尼索維奇的一天》又受到
公開批判。在這期間，作家憑著自己的良知創作了著名小說《第一
圈》、《癌症樓》和《古拉格群島》。一九六九年十一月，索忍尼
辛被蘇聯作家協會開除。他的作品在友人的幫助下，開始在國外出
版發行。一九七三年，《古拉格群島》第一部在巴黎面世。索忍尼
辛在卷首的序言中不無悲涼地寫道：「獻給生存下來的諸君，要敘
述此事他們已無能為力，但願他們原諒我，沒有看到一切，沒有想
到一切，沒有猜到一切。」這是一本數百萬人用鮮血寫就的大書，
更是一部用良知寫成的大書。書中不僅有作者的切膚之痛，而且大
量的史料來源於二百二十七位當事人的口述、回憶和書信。

　　索忍尼辛的執著終於得到了世人的公認，一九七〇年，「由
於他作品中的道德力量，藉著它，他繼承了俄國文學不可或缺的傳
統」，瑞典學院決定授予他諾貝爾文學獎。但是，索忍尼辛在國內
卻成了「人民公敵」。一九七四年二月十二日，蘇聯最高蘇維埃主
席團宣布剝奪其蘇聯國籍，把他驅逐出境。從此，作家開始了他的
流亡生活。然而，他並未屈服，他仍然堅稱：「我絕不相信這個時
代沒有放諸四海而皆準的正義和良善的價值觀，它們不僅有，而且
不是朝令夕改、流動無常的，它們是穩定而永恆的。」

　　索忍尼辛用自己的生命捍衛了正義和良知，也用自己的良知書
寫了一個時代的歷史。俄羅斯女作家尤里茲婭認為：「索忍尼辛是
上一代作家中最後一位代表良知的作家，他能夠改變社會進程，或
至少影響了國家和社會的發展。」可以毫不誇張地說，俄羅斯的文
化有今天，多少有索忍尼辛的功勞。

俄羅斯的「腐朽古董」

索忍尼辛是一個在全世界都有爭議的作家，他曾在國內被人稱為「人民的公敵」、「叛徒」，他在西方世界又被稱為「來自於俄羅斯的腐朽古董」。可以說，索忍尼辛是一位傳統的俄羅斯作家，他的骨子裡有著濃厚的東正教思想，繼承的是杜斯妥也夫斯基的思想傳統。所以在他的作品中，我們時常能夠感受到俄羅斯傳統文化的氣息。

索忍尼辛信仰的是上帝。他曾在傳記中寫道，被捕的那天，是認識到悔改並走向神的開始。他的第一間牢房，是他的「情人」，在那裡他才開始瞭解自己的內在生命，傾聽靈性的聲音，最後找到上帝。索忍尼辛敬仰大作家杜斯妥也夫斯基，大抵是因為杜斯妥也夫斯基在十九世紀中葉就預言了二十世紀的血腥暴力，是因為他從歐洲知識分子開始拋棄上帝、走向純理性和物質主義之中，看到了其背後的恐怖：「不信神，就什麼都信。」隨後的歷史證明了杜斯妥也夫斯基預言的正確性。而索忍尼辛，則由於親身經歷了二十世紀人類的深重苦難，非常清晰地看到，由於無神論造成了史達林的烏托邦和暴政。信仰上帝的索忍尼辛根本無法接受西方啟蒙主義對人類進步的解釋，他相信「信仰是一個人生命的根基和支撐」，相信人類只有在信仰的基礎上方能救贖自身。

索忍尼辛說：「如果不相信有神，人什麼事都做得出來。」小說《伊凡·傑尼索維奇的一天》的主人公是個小人物，他身上的閃亮之處，便是那種忍辱負重、對最起碼的人性尊嚴和底線的堅守。一九八三年，索忍尼辛在接受鄧普頓獎（The Templeton Prize）演講時說：

超過半世紀以前，我年紀還小的時候，已聽過許多老人家解釋俄羅斯遭遇大災難的原因：「人們忘記神，所以會這樣。」從此以後，我花了差不多整整五十年時間研究我們的革命歷史。在這過程中，我讀了許多書，收集了許多人的見證，而且自己著書八冊，就是為了整理動亂後破碎的世界。但在今天，若是要我精簡地說出什麼主要原因造成那場災難性的革命，吞噬了六千萬同胞的生命，我認為沒有什麼比重複這句話更為準確：「人們忘記了神，所以會這樣。」

索忍尼辛是一個傳統的人，他心中的俄羅斯應當是有別於西方國家的。索忍尼辛在流亡西方國家期間依然我行我素，照樣批評西方社會的價值觀。一九七八年，索忍尼辛被邀請到哈佛大學訪問，發表了著名的演講，他並不認為西方式的自由民主有著普世價值。在他看來，西方文化「虛弱而墮落」，而俄羅斯需要一個適應其歷史和傳統的制度。

批判，至死不休

直到一九九四年，在當時的俄羅斯總統葉爾欽的邀請下，索忍尼辛才結束了流亡生涯，回到了闊別二十年的祖國。回國後的作家並沒有放棄他的良知和獨立人格，不時地批判俄羅斯的不良社會現象。連當時的總統葉爾欽都要對之敬畏三分，生怕激怒這位桀驁不馴的作家。當葉爾欽授予索忍尼辛俄羅斯最高榮譽勳章時，索忍尼辛拒絕接受，他說：「我不能接受一個把俄國帶到毀滅邊緣的國家政權的嘉獎。」

　　二〇〇七年六月十二日，俄羅斯獨立日，八十八歲的索忍尼辛獲得了二〇〇六年度俄羅斯國家獎的人文領域最高成就獎，他因為健康原因未能前來領獎，但出現在了電視屏幕上，用沙啞的聲音說：「在我的生命盡頭，我希望我搜集到並在隨後向讀者推薦的、在我們國家經受的殘酷的、昏暗年代裡的歷史材料、歷史題材、生命圖景和人物將留在我的同胞們的意識和記憶中。這是我們祖國痛苦的經驗，它還將幫助我們，警告並防止我們遭受毀滅性的破裂。在俄羅斯歷史上，我們多少次表現出了前所未有的精神上的堅韌和堅定，是它們搭救了我們。」

　　誠然，索忍尼辛是一位被世人公認的硬漢，正如作家海明威有句名言：「人可以被消滅，但不可以被打敗。」索忍尼辛至死都在用自己的生命捍衛人性的尊嚴和良知，也捍衛了整個俄羅斯民族的精神。

知識分子的脊樑與聲音

　　林賢治，最初是一位詩人，後以研究魯迅和寫作思想散文而活躍於文壇。他以詩化的語言解剖時代的詬病，以言說來抵抗沉默，是一位學者型的現代知識分子。《夜聽潮集》秉承林賢治一貫的寫作風格，筆涉歷史、政治、文化、藝術諸領域，將歷史的再現與現實的思索巧妙地結合起來，呈現出明確的問題意識。

　　通觀全書，林賢治關注的依然是黑暗時代的知識分子問題。在歷史上，知識分子是一個特殊的群體，他們身上有睿智、獨立、正義、自由、擔當等精神特質。就大多數知識分子而言，他們是社會的牛虻，以筆為武器，與惡勢力搏鬥，也就成了極權統治的敵人。以納粹德國為例，在一九三三年至一九三五年間，就有九十四名德國作家和三十七名非德語作家作品被焚毀，一百多位作家逃亡國外，只要誰心懷不滿而有所表達，勢必遭到納粹政府的清算。在這一點上，蘇聯知識分子的境遇或許更有說服力。在上世紀二〇、三〇年代，古米廖夫、曼德施塔姆、巴別爾等人先後遭到鎮壓；扎米亞京、左琴科和阿赫瑪托娃等人被開除作協；布爾加科夫、普拉東諾夫、扎鮑洛茨基等人的作品被禁止出版或上演，甚至被視為「敵人」送至勞改營。

　　在極權主義時代，知識分子的命運極其不幸。林賢治認為：「身為知識分子，如果聲音被卡在喉嚨裡發不出來，社會根本無法聽到，應當說是不幸的；如果言論發表過後，自己卻因言獲罪，被監禁，被流放，被『蒸發』，自然更為不幸。」面對極權主義的淫

威，知識分子是說還是不說呢？這是知識分子的良知問題。在極權
國家裡，書報審查極為嚴格，寫作成了高風險的事業，一不小心
就有可能被人抓「小辮子」。但許多知識分子為了捍衛正義和良
知，依然保持獨立姿態，不願意按照國家的指令寫作。在這樣的背
景下，極權國家裡極容易出現「地下寫作」。二十世紀六〇年代，
在蘇聯出現了一個被稱作持不同政見者的作家群體，出版地下刊物
「薩米亞特」，索忍尼辛的《古拉格群島》最初就刊登在那裡。這
些知識分子大都選擇了「隱微寫作」，其作品帶有明顯的隱喻性，
劍指極權統治。紮米亞京的著名小說《我們》，是一本融科幻與社
會諷刺於一體的寓言式反烏托邦作品，「把國家奴役設計為一個扼
殺個性和自由的集體主義城市烏托邦」。

　　不可否認，並非所有的知識分子都是剛直不阿的。在極權國
家裡，任何人都有可能成為統治者的幫兇，知識分子的脊樑同樣也
會彎曲。一九五六年，蘇聯作協總書記法捷耶夫自殺身亡，他在遺
書中這樣描述道：「優秀的文學幹部在當權者罪惡的縱容下，或被
從肉體上消滅，或被折磨至死，其人數之多，甚至歷代沙皇暴君做
夢也難以想到。」那些被作協豢養起來的作家，實則「死魂靈」，
所寫的作品多半是「垃圾」。為了說明這個問題的原因，林賢治在
書中引用了阿倫特《艾克曼在耶路撒冷》一書中的兩個案例，其一
是關於納粹軍官艾克曼，曾負責將三百萬猶太人遣送至滅絕營；其
二是關於猶太居民委員在大屠殺中與納粹政府合作的事實。這兩個
案例強調了個人的罪惡是制度性的，但逃脫不了製造惡的責任，因
為他們以自私、欺騙、告密、犬儒主義直接腐蝕瓦解社會道德中的
愛、誠信、同情心等品質，使整個社會變得冷漠、殘酷、貪婪。

　　相比之下，民主社會的知識分子相對幸運，甚至比較幸福。美
國知識分子既有體制內的公務員，也有社會上的作家、評論家、新

聞工作者、專家學者、企業家、社會運動領導者等，這些知識分子
的身分、職業、派系等各不相同，但他們身上都有這樣的共同點：
批判性和「業餘性」，敢於批評政府和批判社會的不公現象。二十
世紀五〇年代初，美國參議院麥卡錫蔑視公民的自由權利，製造政
治迫害事件，就遭到不少知識分子的抵抗。默羅還製作了一個反擊
麥卡錫的電視節目，社會反響很大，麥卡錫因此聲名狼藉。像美國
這樣的民主國家，假如沒有這些知識分子的不懈努力，那美國也就
不可能成為世界上相對自由的國家。所以，作者認為美國知識分子
「無論如何稱得上是世界上最幸福的知識分子」。

　　遙想魯迅當年橫站戰鬥，不做幫兇，也不做幫忙者和幫閒者，
這應是知識分子該有的姿態吧。

耳語者時代的溫情

　　蘇聯自二十世紀九○年代解體後，各類反思蘇聯歷史的作品相繼湧現出來。許多未曾公開的歷史出現在公眾面前，社會上出現了眾多回憶錄、傳記和口述歷史等。《耳語者：史達林時代蘇聯的私人生活》是一本口述史，關注的是史達林時代（1924-1953）普通人的生活狀態，他們在史達林時代遭遇了恐嚇、逮捕、判刑、囚禁……威權製造的恐懼彌漫在整個蘇聯社會。儘管《耳語者》出版後，備受爭議，讀者對此褒貶不一，但書裡的普通人所體現出來的正義、善良、憐憫等人性光輝，無不讓人感動得潸然淚下。

　　史達林上臺後，逐步加強了社會管控，從清除「富農」、資產階級到清洗「反動分子」，恐怖在一步步蔓延，許多人因為不小心暴露自己的身分而被捕，很多正直的公民因幾句牢騷而遭人舉報。整個蘇聯社會草木皆兵，每個人都有可能被捕，恐懼促使人們變得異常自私，他們紛紛與有歷史汙點的親人、朋友劃清關係，把舉報身邊的「敵人」當作快樂而崇高的行為。不僅如此，舉報還是刪除對手、報復仇人和爭奪利益的利器。不少人為達到自己的某種目的，找一個莫名奇妙的理由舉報對方是「富農」、「反革命」、「人民公敵」等。這導致越來越多的人不敢在公眾場合發言，避而不談被捕的家人，生活的主調是沉默。普里謝維恩在一九三七年十月九日的日記中寫道：「人們完全停止了相互的傾訴衷腸。」社會正在逐步走向墓地般的靜默，即所謂的「耳語者時代」。

　　雖然恐懼誘使人變得邪惡，但依然有親人、鄰居、朋友和同

事甚至陌生人，甘願冒著極大的危險，收留「人民公敵」的孩子，安頓被趕出家門的受害者，這樣一種大愛令人感動。醫生阿列克謝因政治原因被捕入獄，朋友格里加洛夫一家冒著被舉報的風險收留他的妻女，所住的公寓離克里姆林宮僅一箭之遙。阿列克謝的女兒在首都沒有居住護照，但公寓的鄰居都視而不見。其實，像這樣的情況在其他共用公寓裡也存在。奧列格的父親被槍決後，她和母親曾非法居住在阿爾巴特地區的共用公寓裡，其他居民很配合，儘管他們知道窩藏非法流民有被驅逐或被捕的風險。老寓長對此尤表支持，她清楚奧列格父親被殺是一樁冤案，還常說：「我們有法律，但沒有合法性。」住在這個公寓裡還有地主維拉的家人，最初邀請他們入住的便是老寓長。

不但如此，教育界的老師作為一個特殊的群體，有些老師以非凡的善良幫助了學生，甚至拯救了他們。有一個叫克拉夫蒂亞・阿列克謝耶娃的中學校長，是一位頗受尊敬的老黨員，她盡一切可能保護那些「人民公敵」的孩子。學校裡有許多孩子的父母遭到了逮捕，克拉夫蒂亞不僅對他們一視同仁，而且極力保護他們免遭他人舉報而被開除。有一次，共青團要開除學校的一名十五歲女孩的團籍，原因是她沒有舉報自己的母親。克拉夫蒂亞隨即拋出史達林的著名指示：「兒子無須為父親負責。」這一簡潔的戰術果真靈驗，為這個學生保留了團籍。有些學生因為家庭的原因付不起學費，校長以匿名的方式為這些孩子支付學費。

據依達回憶：「我們的老師中的大多數，都受過良好的教育，富有仁愛之心和自由的思想。」例如體育老師是沙皇軍官，能流利地使用三種語言；歷史老師是一個精彩的說書人，他講的歷史課會小心翼翼地避開史達林崇拜這一內容。斯韋特蘭娜・切爾卡索娃在父母被捕時只有八歲，她在列格勒上學，老師對她非常和善，還告

誡其他孩子要善待斯韋特蘭娜，因為她是「不幸的人」。伊娜蓋斯特所在第十九學校位於莫斯科市中心，這裡有許多「人民公敵」的孩子。伊娜在父母被捕後，一直不敢向老師坦露自己的身分。直到有一天，她向老師坦陳一切時，老師卻說：「好吧，那又怎麼樣？現在讓我們去上課。」後來，老師還用自己的薪水為她支付了學費。由於有這樣一批勇敢的老師對學生採取自由和保護的態度，使這所學校成了那些特殊子女的避風港。

　　在史達林時代，那些普通人對「人民公敵」的友善、理解、寬容、支持、溫暖、同情、鼓勵和幫助，就像漆黑夜晚裡的一道光芒，驅散了周圍的黑暗，溫暖漫漫長夜中的人們。

追尋自由的足跡

　　作家余華看了著名華裔女作家聶華苓的回憶錄《三生影像》之後說：「從現在開始，十年內我不能再讀傳記了，要不然我又寫不了小說了。」一本普通的傳記居然能讓小說家懷疑起自己所寫小說的價值，著實有它獨特的魅力。

　　這是一本用生命寫成的書，並用生命見證了二十世紀的中國歷史。《三生影像》以作者二○○四年出版的《三生三世》為底本，增加了多個人物回憶篇章和二百八十四張珍貴的舊照片，更為生動形象地展現了聶華苓「彷彿活了三輩子」的傳奇經歷。所謂「三生」便指「人生三章」或是「人生三旅途」。作者清晰地將自己的生命軌跡分為三個部分：故園（1945-1949）、綠島小夜曲（1949-1964）、紅樓情事（1964-1991）。一九二五年，聶華苓在漢口出生，從那時起，她就開始了傳奇的旅程，輾轉於中國大陸、中國臺灣和美國三地。一個生命，身處三地，有如此豐富的人生經歷，自然讓人著迷。

　　更為可貴的是聶華苓回憶了自己在臺灣生活的點點滴滴——那裡有她追尋自由的足跡。一九四九年，聶華苓隨家人去了臺灣，被朋友介紹到由胡適和雷震創辦的《自由中國》雜誌編輯部工作。十一年編輯工作，卻不知不覺地影響了聶華苓的一生。她這樣回憶說：「那時，我是編委會裡最年輕，也是唯一的女性，旁聽編輯會議上保守派和開明派的辯論以及他們清明的思維方式，是其時最大的樂趣，並不知不覺影響了我一生。」《自由中國》雜誌是由胡適

親自發起的，社長是雷震，匯聚了一大批血氣方剛、有理想的知識分子。回憶那段時光，聶華苓不禁感慨萬千：「我在那裡一共十一年，我的個性得到了尊重，工作如魚得水，創作興趣得以發揮。最重要的是，我在雷震、殷海光、夏道平、戴杜衡等知識分子身上看到了為人的風骨和做人的尊嚴。半個世紀後，當我在寂靜的鹿園寫回憶文章時，心中依然充滿感動。」

十一年的生活不長，但對一個人的影響卻很深厚，這深厚是觸及心靈的，教會人如何成為有膽有識的知識分子。從那些知識分子的身上，聶華苓看到了做人的尊嚴和生命的光彩。特別是雷震先生，身上閃耀著知識分子的良知，真可謂「鐵肩擔道義，妙手著文章」。在雷先生身上體現的是「誠、真、敢、厚和倔」。一九五二年，胡適辭去《自由中國》發行人的職務，剩下雷先生孤軍奮戰。為了補充《自由中國》的經費，雷先生夫婦賣掉了金山街的大房子。由於此雜誌代表了民眾的呼聲，眾多從大陸到臺灣的軍人和年輕人常常帶稿子親自來找雷先生，傾訴他們在臺灣所遭受的政治迫害，雷震一時間成了「雷青天」。雜誌在不斷發展，而雷先生自己卻因此被開除國民黨黨籍，丟掉了政府官員職務。更不幸的是，一九六〇年九月四日雷震、傅正等人因「叛亂」罪名被捕，《自由中國》遭國民黨查封，雷震獲刑十年。從此，聶華苓被迫遠走他鄉。

聶華苓到美國生活後，仍然無法忘懷自己在臺灣的非凡經歷。或許是為了讓《自由中國》這一傳統能繼續下去，聶華苓在美國愛荷華，與著名詩人保羅·安格爾共同創辦了愛荷華大學「國際寫作計劃」。每年九月到十二月的「國際寫作計劃」活動中，來自世界各地的作家相聚一起，自由暢談文化。在這個活動中，聶華苓尋找過詩人艾青，拜訪過小說家沈從文，也接待過丁玲、王蒙、白先勇、余光中、茹志娟、陳映真、柏楊等兩岸作家。聶華苓印象最深

刻的是一九八三年——「那年從大陸來的是吳祖光、茹志娟、王安憶，臺灣的有陳映真、七等生和香港的潘耀明。吳祖光詼諧，茹志娟沉毅，潘耀明寬厚，王安憶敏銳，對人對事都有她獨特的見解。她最引人注意，紮兩條小辮，明麗、透著點兒靦腆，偶爾冒出一句一針見血的話，多帶批判性。七等生風流去了。其他幾位常到我家來，談笑之中皆見性情，甚至透露政治意味。」這一段歷史，見證了世界作家尤其是兩岸作家交流的歷史。可以說，聶華苓女士功德無量，她就這樣憑藉自己微薄的力量實現了兩岸間的文化交流。

聶華苓的這一段回憶不禁使人聯想起當年在雷震家聚會的場景。雷先生當年賣掉大房子，搬到郊外的木柵裡住。在那裡，雷先生經常邀請作家朋友們來相聚，聶華苓因此認識了柏楊、林海音、高陽、夏濟安等文人。後來因為國民黨當局的威脅迫害，作家的這種聚會也就煙消雲散。而當時這種聚會的精神，卻深深地留在聶華苓的心裡。所以，我們不難理解聶華苓為什麼要在美國創辦「國際寫作計劃」，這正是這種精神譜系的自然承接。

聶華苓女士是一位有成就的作家，更是一位有著自由精神的知識分子。她的傳記是一部生命史，更是一部心靈史。我們有必要去瞭解那一段苦難的歷史，也有必要像聶華苓女士那樣追尋自由的足跡，捍衛知識分子的良知。

中國報人的良知與操守

　　中國百年報業在民國時期有過一段輝煌的歷史。在民國報業史上，我們不能不提報界先驅——張季鸞。一百年之後的今天，《報人時代：張季鸞與〈大公報〉》一書使我們有幸瞭解中國早期報人的良知與操守。

　　《報人時代：張季鸞與〈大公報〉》一書將一九二六年作為《大公報》的歷史分界線。在某種程度上說，是張季鸞一手造就了《大公報》的輝煌。張季鸞（1888-1941），早年就讀於煙霞草堂，曾得到沈衛、沈鈞儒的賞識和器重。辛亥革命後，擔任孫中山先生的祕書，曾負責起草《臨時大總統就職宣言》等重要文件。張季鸞因反對袁世凱復辟被俘，出獄後在上海先後任《大共和日報》編譯和《民信日報》總編輯。一九一六年，張季鸞擔任上海《新聞報》駐北京記者。一九一六年至一九二四年，張季鸞一直擔任北京、上海兩地的《中華新報》總編輯。一九二六年，張季鸞與吳鼎昌、胡政之合作，成立新記公司，接辦天津《大公報》，任總編輯兼副總經理，主要負責評論工作。可以說，《大公報》真正的轉變是從張季鸞接手的那一刻開始的。

　　張季鸞接手《大公報》後，立即對《大公報》進行了改革。一九二六年九月一日，新的《大公報》在天津誕生。張季鸞發表社評〈本社同仁之旨趣〉，提出他的「四不」方針：「第一不黨。黨非可鄙之辭。各國皆有黨，亦皆有黨報。不黨云者，特聲明本社對於中國各黨閥派系，一切無聯帶關係已耳。第二不賣。欲言論獨

立，貴經濟自存。故吾人聲明不以言論做交易。第三不私。本社同仁，除願忠於報紙固有之職務外，並無私圖。易言之，對於報紙並無私用，願向全國開放，使為公眾喉舌。第四不盲。不盲者，非自詡其明，乃自勉之詞。夫隨聲附和，是謂盲從；一知半解，是為盲信；感情所動，不事詳求，是謂盲動；評詆激烈，昧於事實，是謂盲爭。吾人誠不明，而不願自陷於盲。」張季鸞的這一「四不」辦報方針是前無古人的，也是《大公報》的靈魂所在，預示著《大公報》新生的開始。

《大公報》的「星期論文」欄目，原只是社內人寫稿，文章的內容有很多局限性，沒有什麼影響力。針對這種情況，張季鸞便邀請當時許多名流學者為此欄目撰稿，如胡適、梁實秋、黃炎培、郭沫若、竺可楨等，使該欄目作者陣容增大，影響力大增，一時間成為了《大公報》的特色欄目。而正因為如此，《大公報》也成了全國人民正義、良知的代言人。

二十多年間，《大公報》從來沒有放棄「四不」原則，堅持獨立、正義和良知，一直保持「文人論政」的風格，從沒有向權貴和社會惡勢力低頭。一九三〇年，中原大戰爆發，《大公報》對此做了客觀報導，軍閥閻錫山聽說後，勃然大怒，對《大公報》進行了警告。但《大公報》毫不畏懼，公開發表啟事，在公布「警告」內容的同時還聲明：

> 本報絕不變其獨立公正之立場，決無受任何方面賄賂津貼之事。地方政令雖願遵守，至於官廳諒解與否，只有聽其自然。

蔣介石一直想拉攏《大公報》，但都沒有成功。張季鸞跟《大公報》

的同仁說：

> 我們都是職業報人，毫無政治上甚至名望上的野心。就是不
> 求權，不求財，並且不求名。只求言論獨立，良心泰然。

一九四五年九月二日，《大公報》記者採訪米蘇裡號日本投降簽字
儀式的報導也與其他報紙不一樣。該文章寫到，儀式結束，舉國沉
浸在歡慶氣氛中，國民黨政府軍令部長徐永昌卻「語氣沉重」感慨
地對記者說：「今天無論是投降的日本還是受降的各國，都應該懺
悔。」這種不偏不倚、堅持正義、特立獨行的精神，不僅使《大公報》
贏得了聲譽，而且成為了中國報界的良心。

　　《大公報》在張季鸞的主持下，得到了各方重視，成為當時
中國最好的報紙。一九三一年五月，胡適為《大公報》一萬號紀念
刊撰文說，《大公報》之成為中國最好的報紙，「不過是因為他在
這幾年之中做到了兩項最低限度的報紙職務：第一是登載確實的消
息，第二是發表負責任的評論」。胡適的評論是實事求是的，非常
準確地抓住了《大公報》的命脈。一九四一年，美國著名的密蘇里
大學新聞學院將最優異貢獻獎授予《大公報》，後來聯合國又推選
《大公報》為全世界最具代表性的三份中文報紙之一。面對榮譽，
張季鸞發表了〈本社同仁的聲明〉社評說：

> 中國報社原則上是文人論政的機關，不是實業機關。這一點
> 可以說中國落後，但也可以說是特長。以本報為例，就在於
> 雖按著商業經營，而仍能保持文人論政的本來面目。

　　一九四一年九月六日上午四時，《大公報》主筆張季鸞逝世於

重慶中央醫院。王芸生稱「此在本報為塌天之禍事，在國家亦為巨大之損失」。

即使在今天，這樣的評價依然是中肯的。

第三輯　靈魂的拷問

秦牧散文——官的「幫閒」

　　秦牧先生在中國散文史上很有地位，這與他的散文成就是分不開的。

　　秦牧剛開始是寫雜文的。早在四〇年代因為一本《秦牧雜文》而步入文壇。其實，雜文也屬散文。他自己也說：「照我看來，遊記、速寫、隨筆、雜感，統統都是散文。雜文是散文的一支，偏重於說理。」雖然他後來也寫過小說與童話，但對社會影響最大的還是散文。在給秦牧的所有是稱呼中，「散文家」這一稱呼要數最合適的了。

　　在秦牧的眾多散文中，《花城》是最重要的一部散文集。《花城》動筆於二十世紀五〇年代，完成於六〇年代初。從內容上看，這部作品取材於社會主義的生活；從性質上看，這部作品是革命時代的抒情散文。箇中原因應是秦牧響應四〇年代的《講話》與五〇年代的「兩結合」的結果。

　　《花城》是秦牧最喜愛的一部作品。秦牧曾十分得意地說：「我對《花城》是比較偏愛的。原因有兩個：第一，正像古代人們所說的：『青春作賦，皓首窮經。』青春時代，那種氣質、感情，是最便於作『賦』了……那時候正當盛年，熱情易感，因此，筆鋒上有頗多的青春氣息。對那些作品，自己也就比較喜愛。二來，這本書，在我所出版的散文集中，是影響最大的一本……戲劇界不是有所謂『保留節目』麼？一個作者，一生中，如果有若干本『保留書』，能一個相當時期就印刷出版一次，我以為不但是作者主觀的

願望，也是有社會客觀的需要。」從中我們可以得到以下信息：第一，《花城》融合了作者的革命激情；第二，《花城》是作者最後的「保留節目」。所以，《花城》很大程度上反映了作者的精神面貌及審美取向，從中更能窺探出作者的心靈世界。

　　《花城》一集由三十多篇短文組成。整部集子都充滿激情，反映的是一個激情澎湃的年代，歌頌的是工農兵、社會主義及一切美好的事物，而對階級敵人則是無情地揭露和鞭撻。開篇〈古戰場春曉〉寫的是廣州郊區的三元里，作者通過三元里的變化歌頌了黨和國家的領導。〈土地〉與〈社稷壇抒情〉寫的是勞動人民通過革命獲取了土地，成為了土地的主人，從而無情地鞭撻了資產階級及地主階級。〈星下〉一文寫的是蘇聯的人造衛星升天，開創了人類歷史上征服自然、征服資本主義的一個壯舉：「蘇聯首先發射了人造衛星，是歷史上『東風壓倒西風』的一個轉折點，這事情昭示人們：社會主義壓倒了資本主義，公有制壓倒了私有制，集體主義壓倒了個人主義。」在整部集子中，出現最多的詞語是「共產主義」，諸如「共產主義社會」、「共產主義道德」、「共產主義思想」……在秦牧看來，只有共產主義的才是最優秀的，其他的一切制度都是骯髒醜惡的。在這種話語的背後隱含的卻是二元對立思維與一元絕對論思想，忽視的是語言的豐富性及個人思想的獨特性。在整部集子中，我們發覺：一個作者「死」了。

　　《花城》的橫空出世絕非偶然。從某種意義上說，這是中國當代知識分子的通病。但對這樣的文本，我更喜歡將它稱為「媚俗文學」。米蘭・昆德拉稱「媚俗就是制定人類生存中一個基本不能接受的範圍，並排拒來自它這個範圍的一切」，「而在媚俗作態的王國裡，心靈的專政是最高的統治。」昆德拉對媚俗的解釋是基於一些國家的極權統治這一事實。這一概念的提出，本身就含有反叛

極權統治的意味。在極權統治的國家裡，「媚俗是一道為掩蓋死亡而關起來的屏幕。」「所有答案都是須先給定的，對任何問題都有意義。因此，媚俗極權統治的真正死敵就是愛提問題的人。一個問題就像一把刀，會劃破舞臺上的屏幕，讓我們看到藏在後面的東西。」換而言之，在極權國家裡，媚俗是被提倡的，而社會問題的事實則是被掩蓋的，語言成了遮蔽社會真相的工具。由此而產生的文學，是一種媚俗文學。

　　一九四七年，西方另一位作家奧威爾在著名演說《文學和極權主義》中講道：「我們生活在獨立自主的個人已開始不再存在的時代，或者應該說個人已開始不再有獨立自主的幻想。」質而言之，媚俗是一種沒有個性、充當他人奴僕的文學。一個文學的產生總離不開社會土壤，離不開作者本人的思想，媚俗文學是媚俗王國的產物。二十世紀五〇年代，剛剛成立的共和國出於鞏固新生政權的需要，把國家的一切問題都納入政治鬥爭的軌道。文學一向是整個意識形態和文化領域中一個最為敏感的問題，所以意識形態領域的階級鬥爭往往從文學方面開始。一九五一年，毛澤東親自發動了對電影《武訓傳》的批判；一九五三年，全國第二次文代會就提出了：「今天文藝創作的重點，應該放在歌頌方面。」歌頌先進人物，創作典型的先進人物，使之成為大家學習的榜樣。一九五八年，毛澤東進一步提出「革命現實主義與革命浪漫主義相結合」的創作原則。從此，文學不再是個人的，而已成為國家意識形態的附庸，即所謂「文學服務於政治」。文學所固有的獨立性與作家的批判立場不復存在，取而代之的是毫無個性的獻媚於官方的媚俗文學。

　　秦牧的《花城》集子，大都是寫於一九五六之後。顯然，秦牧的散文創作是對當時文藝界「新精神」的一個回應：「解放以來，我們每個人都受到時代的深刻教育，經歷了巨大的歷史變化，在前

進的道路上我們留下了腳印……黨正領導著我們開拓著未來。」指導秦牧散文創作的是馬列主義與毛澤東思想，驅使他創作的是現實的「誘惑」。在這樣的時代背景下，一個文人開始媚俗地笑了，一部部媚俗的文學作品開始生產了。從這個意義上說，文學界出現《創業史》、《龍鬚溝》、《青春之歌》等作品是不足為奇的。但在這些文學作品產生的背後，卻是一種集體話語的霸權。

媚俗文學的一個最突出表現就是作家話語權的喪失。在一個媚俗的時代裡，權力的高度膨脹是在所難免的，這種權力甚至滲透到生活中的每一個領域。法國哲學家傅柯通過對學校、醫院、監獄等場所的研究，發現權力無處不在：「權力與法律和國家機器不一樣，也比後者更複雜、更稠密、更具有滲透性。」權力產生權威，話語產生暴力。傅柯說：「我認為，任何社會中，話語的產生都是依據一定數量的步驟而被控制、被選擇、被組織和重新傳播的……」文學家一旦進入這種媚俗王國的集體話語中去，就等於取消了個體的獨立性與異質性。個體生命進入集體話語圈，也即個體生命與權力鬥爭的開始，要麼歸附，要麼退出，死亡也是一種退出。秦牧的進入，則是一種歸附。

應該說，在眾多文學體裁中，散文是一種特殊的文體。這與散文的自由、輕逸、詩意是分不開的。可以說，散文是眾多文體中最自由的一種，它更能顯現出作者的個性。洪‧堡特在比較詩歌與散文時說：「詩歌只能在生活的個別時刻和在精神的個別狀態之下萌生，散文則時時處處陪伴著人，在人的精神活動的所有表現形式中出現。散文與每一感覺維繫。在一種語言裡，散文利用自身的準確性、明確性、靈活性、生動性以及和諧悅耳的語言，一方面能夠從每一個角度出發無分自由地發展起來，另一方面則獲得了一種精微的感覺，從而能夠在每一個別場合決定自由發展的適當程度。

有了這樣一種散文，精神就能夠得到同樣的自由、從容和艱苦的發展。」有了這樣一種散文，個性就能表現出來。問題是，散文創作時時都能保持一種自由度嗎？集體話語的誕生，讓更多的人陷入了創作的兩難境地。這其實也一個生與死的問題。有的作家一直執著於腳下的土地，用自己的良知創作，他就獲得了自我，他的創作也就獲得了自由；有的作家背叛自己的土地，蒙昧著良知創作，結果雖獲得了一時的名聲，但卻是對自我的背叛，對藝術的摒棄。秦牧選擇了後者，在他的豪情壯語中淹沒了自己的個性。同時代的楊朔、楊沫、袁鷹等人都是同一條戰線上的人，所謂的「上崗上線」的文章，不就是這樣的文章？

　　秦牧的散文只是一個個別的文本，但從中卻窺探出時代的影子，窺探出中國知識分子的靈魂。魯迅先生曾認為中國的知識分子一直處於這樣兩種狀態：「幫忙」與「幫閒」。他說：「幫閒，在忙的時候就是幫忙，倘若主子忙於行兇作惡那自然也就是幫兇。但他的幫法，是在血案中而沒有血跡，也沒有血腥氣的。」「幫閒的盛世是幫忙，到末代就只剩了這扯淡了。」作為盛世時期的秦牧散文，自然就是一種「幫閒」了。

我們需要怎樣的國學熱

　　近幾年來，從兒童讀經到大學校園的國學實驗班，從網路上興起的五花八門的國學網站到社會上出現的各種各樣的「國學大師」，這一股國學熱可謂高溫不退。評論家蕭雲儒將其稱之為「僅次於股市麻將的第三熱」。國學能熱起來，對繼承傳統文化畢竟也是好事。但問題在於，我們有沒有關注過國學熱背後的實質是什麼？我們應該怎樣理性地看待國學熱？我們需要怎樣的國學熱呢？在這樣的背景下，陳壁生和石勇推出的有關「國學熱」冷思考的書——《國學熱——十年人文熱點對話錄》，可謂發人深省。

國學為什麼這樣熱

　　何謂國學呢？「國學」是相對西學而言的。「國學」一詞最早出於《周禮・春官宗伯・樂師》：「掌國學之政，以教國子小舞。」此時的「國學」便是今天「學校」的意思。胡適在〈《國學季刊》發刊宣言〉中認為「國學」即為「國故學」，指的是「中國的一切過去的歷史文化」和「研究這一切過去的歷史文化的學問」。實際上，所謂的「國學」一般是指以傳統文化為基礎並對傳統文化進行繼承和發展的中國文化。一九四九以來，中國有過兩次國學熱。一次是二十世紀九〇年代初，國學開始在高校漸漸興起。但那次僅僅是小規模的，出版的書籍也僅僅是傳統經典著作，且侷限於校園內。而這次國學熱始於二〇〇四年，以蔣慶讀經、官祭孔

子、季羨林等大師聯合簽署「甲申文化宣言」、「孔子學院」在海
外掛牌、新式私塾開辦等一系列事件為標誌，國學開始走出象牙
塔，走向全民化。那麼，國學為什麼會這樣熱呢？

作為一種社會現象，它的出現絕非偶然，是有著深層原因的。
陳壁生先生在《國學熱 —— 十年人文熱點對話錄》一書中這樣認
為：「這一系列的變化足以證明，很多人開始有一種尋根的心理需
要並開始重新重視傳統。這種變化出現的主要原因有幾個方面：第
一，研究傳統文化的學者們，在固有的傳統中發現一些有價值的東
西，從而希望傳統的維度能夠成為今天思想建構的資源；第二，市
民階層逐漸形成，經濟發展，溫飽滿足，城市的人們倉廩實而想知
禮節，有瞭解傳統、學習傳統的需要；第三，中國國力增強，有從
民族主義角度重新審視傳統的需求。」

我想補充的一點是，此次國學熱的產生也與經濟發展過程中
出現的資源浪費、環境汙染、道德缺失等相關。概括來講，國學熱
的產生與經濟升溫和國力增強現象有著直接聯繫，但更為重要的則
是知識分子對於中國文化斷層的擔憂和民眾對傳統文化的認同。因
此，國學熱的出現是時代發展的必然，亦是國民的心理需要。

復興國學還是文化保守主義

國學能熱起來，對於傳統文化的繼承和發展的確有幫助。我們
必須明察的是，此次國學熱的出現又是以什麼為文化基礎呢？比如
二十世紀初出現的「新文化運動」是以「反傳統，建立現代文化」
為文化基礎的，而我們這次國學熱呢？倘若此次國學熱的產生沒有
一定的文化基礎，那麼只能說是整個社會民眾的盲目跟風，只會收
到適得其反的效果。倘若盲目地炒作國學，國學熱必將會出現這樣

兩種結果：一是回歸到儒家正統，以儒家正統文化為社會基礎，這是典型的「文化保守主義」；二是國學熱成為一種虛熱，人們藉「國學」這一名號大發商業財，這樣只會對傳統文化造成更大的破壞。所以，我們有必要看清這一次國學熱背後的實質是什麼。

二○○四年被學術界稱之為「文化保守主義年」。《國學熱──十年人文熱點對話錄》一書的作者陳壁生先生認為：「時間進入二○○四年，這一年最明顯的思想事件，是文化保守主義的抬頭，即所謂另一場國學熱的開始。這一思想現象以讀經事件的爭論、《甲申文化宣言》的簽署與《原道》十周年紀念這三個事件作為歷史標軸展開。「在這一年蔣慶先生倡導「讀經」，認為讀經能復興中國文化，並要求國民從小讀經，凡是「聖人講的話、編的書──經典──就具有先在的權威性，凡人必須無條件接受，不存在凡人用理性審查同意不同意的問題，因為凡人的理性沒有資格審查聖人的理性，相反只能用聖人的理性來審查凡人的理性，來要求凡人接受。」明眼人都知道，蔣慶先生的這一做法，是澈底的「文化保守主義」，甚至是十足的「文化復古主義」。從這個意義上來說，這一次國學熱背後的實質是「文化保守主義」，是要將國學毫無保留地灌輸給人們，而這只能使我們走回保守落後的老路。

我們都知道，中國的傳統文化博大精深，幾乎無所不包，而正因為這種無所不包的特徵使得中國傳統文化精華和糟粕相雜。特別是儒學在兩千多年的專制社會裡，很大程度上已經與專制統治制度相結合，成為專制統治的倫理基礎，比如四書五經中的君君臣臣、父父子子的尊卑等級觀念，只能使人的思想僵化麻木。

復興國學不是熱炒國學，更不是盲目地拜在古人腳下。如果我們要復興國學，那就應該理清中國傳統文化的精華和糟粕，從繼承和發展傳統文化的角度出發，切切實實地整理傳統文化，恢復國學

地位，將國學作為一門學科進行發展。

國學熱與人文精神的失落

誠然，國學熱的出現在一定意義上是對當前堪憂的社會人文環境的一種回應。在很大程度上，社會人文環境的惡劣直接導致人們渴望去尋求一種精神歸屬。從整個社會的倫理大背景來看，國學熱的產生正好印證了整個社會人文精神的失落。二十世紀九〇年代，王曉明、南帆、陳思和等學者發起「人文精神尋思」大討論之時，就已經對整個知識界人文精神的失落感到擔憂，而近幾年出現的國學熱恰恰是整個社會人文精神的失落的曲折反映。

人文精神的失落已是不爭的事實，學者陳思和曾一針見血地指出：「市場經濟的實踐喚醒了長期被壓抑的民族生命的原始衝動力，金錢拜物教的大勢如火如荼，席捲中國大地，讓許多人都對人文教育喪失了信心。人人都在理直氣壯地追逐金錢，人人都在追逐實際的利益，為了在意識形態上適應這樣的需要，傳統的意識形態顯然因為不合時宜而被擱置起來了，於是，破壞性的、唯利是圖的道德虛無主義彌漫了社會意識，人性中的惡魔性因素通過大破壞來實現大創造，往往起了決定性的作用。在這樣一個狀況下，人文精神的失落已經造成了對我們民族的精神世界的嚴重傷害。」人們開始在國學中尋找智慧，以求解決精神問題。

其實，國學在中國古代社會裡的確起到了穩固人心的作用，在很大程度上造就了古代社會的人文精神。比如孟子認為「人之所以異於禽獸者」，是人有「惻隱之心」、「辭讓之心」、「羞惡之心」和「是非之心」。這樣的倫理道德知識，對於教化整個社會的人文環境起到了不可磨滅的作用。當然，一個民族的發展離不開對

傳統文化的繼承和發展，那我們又該如何引導社會上的國學熱，使
之能夠朝著良性方向發展呢？

國學應該怎樣熱起來

國學熱是一種正常的社會現象，應該有一個理性的發展環境。
狂熱而目標不明確的發展狀態，只會使我們的國學遭受破壞。因
此，我們有必要對當前的國學熱進行一番引導，使之能夠真正為中
國人文環境建設發揮作用，並發展中華文化。

首先，國學熱要有一定的原則。這個原則就是以審視的眼光，
以現代人文精神為基礎，充分發揮國學的優勢。凡是有利於「立
人」的國學，都應當加以汲取消化。正如魯迅先生所說的：「總
之，我們要拿來。我們要或使用，或存放，或毀滅。那麼，主人是
新主人，宅子也就會成為新宅子。然而首先要這人沉著，勇猛，
有辨別，不自私。沒有拿來的，人不能自成為新人，沒有拿來的，
文藝不能自成為新文藝。」我們對待國學也一樣，也應該具備這種
「拿來主義」精神。

其次，切不可抱殘守缺，應克服「文化保守主義」和「文化激
進主義」兩種傾向。早在十多年前的第一次國學熱興起的時候，學
者湯一介先生就提出：「如果不使我們的傳統文化『苟日新，日日
新，又日新』，而只是抱殘守缺，哪怕是把古人非常有意義的話一
而再、再而三地重複，我想也很難使中國文化復興，更不可能使中
國文化對現代化做出貢獻，搞不好甚至會陷入『國粹主義』或『狹
隘的民族主義』之中。」在克服「文化保守主義」的基礎上，我們
也應該克服「文化激進主義」，這兩種做法對國學建設都沒有好
處，尤其是「文化激進主義」更具有破壞性。

　　最後，對國學熱需要整理和反思。中國應該專門設立研究普及國學的機構，將國學作為一門基礎的文化學科加以普及。這一點，臺灣地區做得比較好。對於社會上所出現的種種國學熱現象，我們都要加以分析和反思，切不可像無頭蒼蠅一擁而上，更不能以一己之私牟取商業利益。

　　對於這一次曠日持久的國學熱，我們有必要進行冷思考，使得國學真正能夠成為我們生活中的一部分，涵養人的道德品質。

余秋雨為何飽受爭議

　　余秋雨憑《文化苦旅》一舉成名之後，贏得過掌聲與鮮花，近年來引來的更多是質疑和批判。「余秋雨現象」帶給人們深思：這些紛紛攘攘的文壇事件意味著什麼？

　　在《問教余秋雨》一書中，吳拯修以獨特的視角重新審視了余秋雨其人與其文。書中對余秋雨作品中的文史差錯做了指正，同時尖銳質疑余秋雨的「文化人格」。作者認為，余秋雨的自吹、撒謊和善變，源於他的膽小和自欺心理，有違文人真誠和風骨，由余秋雨引發的「余秋雨現象」關係到中國文壇的真誠與正義問題。

　　近二十年來，文化界關於余秋雨的話題此起彼伏，層出不窮，有上百個文化人對余秋雨及其作品提出了各種善意的批評，最近吳拯修的《問教余秋雨》可謂是余秋雨問題的集大成者。書中吳拯修的語言有時不免有過於尖刻之嫌，但他的觀點大多是考證事實之後得出的，我們不妨將他的觀點看作一家之言。

余秋雨怎麼了

　　余秋雨無疑是近二十年來中國文化界頗受爭議的文化人之一。有人說，讀余秋雨散文是一種時髦，罵余秋雨也是一種時髦。我們不禁要問：「余秋雨怎麼了？」

　　二十世紀九〇年代初，余秋雨挾一本《文化苦旅》進入文壇，掀起一股「文化大散文」的熱潮，而余秋雨也成為名噪一時的散文

家。但在二十世紀末，余秋雨成了人們批評的對象，報紙、雜誌、網路等媒體出現了各種各樣的批評聲音，其中有關余秋雨的批評作品集就有蕭樸的《感覺余秋雨》、愚士的《余秋雨現象批評》、《「審判」余秋雨》等二十餘種，還出現了咬余專業戶──「古余蕭沙」，可以說批評余秋雨及其作品的人有成百上千之多。

　　當下，批評余秋雨的隊伍還在不斷壯大，連一位理科出身的退休局長吳拯修也挾著《問教余秋雨》一書殺入文壇，並試圖以大量的史料揭示余秋雨的「真面目」。吳拯修原來並不是文化圈的人，他早年畢業於浙江大學數學系，做過工人、工程師，還擔任過企業廠長、局長等職位，二○○四年退休後，開始步入文壇，專業「問教余秋雨」，這無疑成為當下文壇的一個特殊風景。

　　在《問教余秋雨》一書中，吳拯修以獨特的視角審視了余秋雨。全書分為「偽者無疆」和「『苦』旅一生」上下兩篇，吳拯修在書中對余秋雨的「文史差錯」做出指正，同時也質疑了余秋雨的「文化人格」。在吳拯修看來，余秋雨是一個非常善於表演的人，如同一個演員。

　　書中先是回顧了余秋雨的生涯：成名之後，從書齋走向舞臺，擔任文化顧問，做「青年歌手大獎賽」評委，做嘉賓發表演說，走南闖北為中國文化呼號。在二○○八年四川汶川大地震後，余秋雨含淚勸告災民，還為災區的慈善事業奔波。可余秋雨所做的這一切努力，很快遭到了人們的質疑。吳拯修認為，余秋雨出場表演的「節目」中，有虛假的成分，比如余秋雨在點評青年歌手文化素質時，出現了多種「口誤」，余秋雨擔任文化顧問或做文化嘉賓的時候，開口閉口地說「中國文化」，有故弄玄虛的感覺。

　　鬧得沸沸揚揚的余秋雨「詐捐」事件，又一次將余秋雨推向風口浪尖。吳拯修在〈什麼叫「已經」〉一文中這樣質疑道：「捐款

應該有證據，小學應該有照片，即使還沒有開始建，圖紙總應該有吧。」在人們的一片質疑聲中，余秋雨的私人祕書和他的「九久讀書人公司」出面澄清：余秋雨捐的不是錢，而是向三所學校提供價值二十萬元的圖書。這總算勉強挽回了他的顏面。

吳拯修還注意到，與余秋雨有關的還有「首富門」、「故居門」、「私通美女」、「關閉博客」等事件，人們對余秋雨的稱呼也發生了微妙的變化。最初，人們親切地稱他為「余老師」、「余校長」，可後來人們逐漸稱他為「余大濕」、「余含淚」、「含淚大師」，即使有人稱他為「大師」，多半也帶有嘲諷之意。

余秋雨怎麼了？難道是二十世紀九〇年代的商品經濟大潮沖昏了他的腦袋，使他被眼前的經濟利益遮住了雙眼？情況遠非我們想像的那樣簡單。

余秋雨的軟肋

吳拯修認為，余秋雨的一生是說謊的一生，他是一個用謊言包裝起來的大師。余秋雨的謊言散布在他的作品、演講、點評等各個方面。「稍微有點文史常識的人，估計都能辨別他華麗的謊言」，吳拯修在書中說道，比如余秋雨認定自己的先祖是清人余珍，還將導演謝晉歸為晉人謝安、謝玄之後，「這種牽強附會的表達，多少會讓人貽笑大方」。

在吳拯修看來，「自我美化，洗刷自己和妖魔別人，是《借我一生》的一個中心，兩個基本點」。二〇〇四年，余秋雨將回憶錄《借我一生》作為封筆之作。吳拯修在書中指出余秋雨的回憶錄在撒謊，他認為「余秋雨的記憶是帶漏斗的記憶」，「余氏的《借我一生》，是一本『謊』話連篇的秋雨傳奇」。

　　吳拯修在書中詳盡地解剖了余秋雨回憶文學中的人生。在余秋雨的一生中，恐怕無法繞開他在「石一歌」寫作組的經歷。關於這個問題，吳拯修認為余秋雨一直在美化自己，刻意迴避自己在「文革」中的所作所為。為此，吳拯修在書中用了大量的篇幅來論證余秋雨的謊言，余秋雨不但參加了「石一歌」寫作組，還參與該寫作組的各種活動，最著名的當屬他參與寫作《魯迅傳》之事。吳拯修還找到了余秋雨當年使用過的借書證，證件上赫然寫著「《魯迅傳》編寫組」，而他自然是「石一歌」寫作組的成員。

　　當年的「石一歌」寫作組成員高義龍回憶說：「其實當時余秋雨進入『石一歌』的時候，是個剛剛畢業的大學生。從年齡上看，是我們的小阿弟。在他待的一年多時間裡，參與了《魯迅小說選》、《魯迅雜文選》、《魯迅詩歌散文選》、《魯迅書信選》的編撰工作。他的工作不重要。」然而，余秋雨卻在書中否認自己的這段經歷，大肆渲染自己的清白無辜，這不得不讓人懷疑起他的「文化人格」。

　　吳拯修還在書中指出，余秋雨裝扮成歷史的見證人，不僅將自己打扮成「文革」的受害者，還將自己標榜為「反左」的勇士。這種不誠實儘管可以贏得一時的掌聲和鮮花，將罵聲變為掌聲，但這樣的日子並不會長久，終將會迎來更多的質疑聲和批評聲，會引出更多人的「問教余秋雨」，問謊到底。

創作與批評都需要底線

　　現在打開百度百科，可以看到這樣的介紹：《文化苦旅》是余秋雨先生的代表作，書主要是以余秋雨先生在全國各地的文化之地的遊覽過程為線索，思想非常深刻，語言也極有震撼力……整本書

向讀者展示了余秋雨先生淵博的文學和史學功底，該書也為當代散文領域提供了嶄新的範例。儘管有人指出，《文化苦旅》只是特定時代背景下的產物，它作為余秋雨的真正成名之作，獲得了太多的溢美之詞，但我們不能否認，余秋雨在中國當代文學史上的地位，至少他有才氣，創造了一種「文化大散文」，他的文字充滿靈氣，影響了很多人。

正是因為余秋雨風靡一時的巨大影響，其後的「余秋雨現象」才更引人深思！《十作家批判書》一書中朱大可的觀點頗有代表性，他這樣批判余秋雨：余秋雨的散文充其量是一種都市裡的「文化口紅」，暫時麻醉讀者的心靈，但不能深入剖析人生，缺乏正視社會醜陋的勇氣。

吳拯修在書中說，余秋雨給人們製造了「文化幻覺」，跟讀者開了歷史玩笑，靠著離譜的謊言裝扮自己，誤導了青年讀者。二十世紀三〇年代，魯迅曾將中國文學劃分為「幫忙文學」和「幫閒文學」。余秋雨在「石一歌」寫作組中的所作所為是一種「幫忙」，而此後的創作則可以看作是一種「幫閒」，余秋雨幫的是「文革」惡勢力的忙，幫的是商業社會的閒。

現在看來，由余秋雨引發的「余秋雨現象」已有不小的影響，它已經關係到中國文壇的真誠與正義問題。文如其人，做人貴在真誠，文藝創作亦如此，特別是在寫作回憶性文學作品時，更需要真誠。余秋雨經常懷疑批評他的讀者別有用心。吳拯修說：「他的文字和演講的虛假撞痛了我的神經……這世上假貨已經夠多，沉默就是縱容。」在吳拯修看來，縱容余秋雨這樣說謊，也就是縱容整個中國文壇，這樣的損失是無法估量的。

但話說回來，批評余秋雨的讀者同樣需要真誠。近二十年來，整個批評界對余秋雨的質疑和批評主要集中在文本和人格兩方面，

而人格批評又占了大部分比重。我們不得不承認，有些讀者在批評
余秋雨時有過激言辭，不僅給余秋雨扣帽子，比如動不動就說余秋
雨是「餘孽」、「蛀蟲」、「殺手」等等，甚至出現過謾罵和人身
攻擊現象。這都是一種畸形的批評心理，違背批評的原則，缺乏批
評者所必需的正義和良知。

　　其實，每一個時代都需要像牛虻一樣的批評者，批評作為一項
嚴肅的工作，首先要面對的是批評什麼和如何批評的問題，然後需
要以事實為依據，以獨立精神和理性對待對方，不謾罵，不對他人
進行人身攻擊。說到底，這是批評者的底線，也是當下文學思想界
應當直面的大問題。

我們為什麼要解「毒」于丹

近兩年來，北京師範大學的于丹教授通過在央視「百家講壇」上解讀《論語》和《莊子》，受到一些觀眾好評，隨後出版的《于丹〈論語〉心得》和《于丹〈莊子〉心得》也受到各方追捧。時至今日，于丹又開始講「昆曲的審美之旅」，真可謂是「學術界的超女」。但是，中山大學徐晉如等十位博士卻不以為然。二〇〇七年三月二日，他們在某網站發表了《我們為什麼要將反對于丹進行到底》的文章，一時間跟帖者絡繹不絕。緊接著，「十博士」又聯合推出了一部深入批駁于丹的書——《解「毒」于丹——告訴你未被糟蹋的孔子與莊子》。那麼，于丹所講的是否真糟蹋了經典著作？我們為什麼要解「毒」于丹呢？我們需要一個怎樣的「于丹」呢？

為什麼要解于丹的「毒」

于丹走紅後，人們一直在談論于丹和「于丹現象」。最具有代表性的還是徐晉如等十博士對「于丹現象」的憂心忡忡，徐晉如先生在接受記者採訪時指出：「我們在編寫這本書的時候，從來沒有想過要針對于丹個人。我們感到憂慮的是當今文化淪落得令人難為情的現象。為何我們的經典不再為一部分人尊重？為何一部分人對靈魂向上、知識豐盈毫無興趣？我們該如何重建美德？這才是我們關注的問題。當然，于丹女士在她的兩本『心得』中的常識性錯誤，我們也做了必要的疏解。」從徐晉如先生的話裡，我們可以知

道這樣的信息：一是于丹所講的東西實際上是誤讀；二是于丹所講的東西勢必會誤導大眾，對啟蒙沒什麼好處；三是于丹所講的東西是在糟蹋經典著作，是對知識的不敬畏。

實際上，在一個開放社會裡，于丹有講孔子與莊子的自由，我們讀者同樣有糾正和批評的權利。徐晉如等十博士在本書中所提出的觀點，無非是想糾正于丹所講的孔子與莊子的常識性錯誤，引導大眾以思辨的態度接受經典著作的啟蒙，從內心深處喚起對知識的敬畏之情，這不能不說是用心良苦。

于丹在怎樣糟蹋孔子與莊子

在徐晉如等十博士看來，于丹所講的《論語》和《莊子》其實是不正確的，是在糟蹋孔子與莊子。于丹又是怎樣糟蹋孔子與莊子的呢？從《解「毒」于丹——告訴你未被糟蹋的孔子與莊子》一書中，我們可以瞭解到于丹有這樣幾種「毒」：一是于丹的講解犯了「常識性錯誤」。我們且不說于丹在講《論語》與《莊子》時，犯下多少個古漢語理解的錯誤，諸如將春秋時期的「士」理解為「知識分子」、將「冕衣裳者」理解為「當官的人」、曲解《莊子》的寓言故事，等等。單從書的主題來說，于丹是在誤讀《論語》和《莊子》，這才是真正的「毒」。于丹在講解《論語》時的觀點是：「《論語》告訴大家的東西，永遠是最簡單的。《論語》的真諦，就是告訴大家，怎麼樣才能過上我們心靈所需要的那種快樂的生活。說白了，《論語》就是教給我們如何在現代生活中獲取心靈快樂，適應日常秩序，找到個人座標。」其實，這是于丹講《論語》的要害所在，使得她自始至終把孔子當作是「快樂哲學的代言人」。

　　稍微懂點《論語》的人都知道，《論語》實際上是「教我們如何在不合理的現實狀況下建構一種理想的政治文明生活，它具有強烈的針對性和反抗性」。于丹在講解《莊子》的時候，同樣將《莊子》一書理解為關於人生哲學的書，將《莊子》所講的「生死觀」說成：「生與死，是人生的兩個端點。人生是一條不歸路，當你走到終點時，才會想起途中的遺憾。只有真正理解了生命的意義，才能正確面對死亡。」

　　其實《莊子》所說的「生」與「死」是同一的。《莊子》一書不僅是一部關於人生哲學的書，更是一部關於政治理想的書。

　　第二，于丹作為一個知識分子糟蹋《論語》與《莊子》，實則是對知識的不尊重，甚至是對知識沒有起碼的「敬畏之情」。這是于丹的第二個「毒」。《解「毒」于丹——告訴你未被糟蹋的孔子與莊子》一書主編之一楊昊鷗先生認為：「我們不會因為大眾不懂，而放棄鑽研、切磋博大精深的中國文化；我們也不會因為大眾不懂、抗拒，轉而迫不及待地把神聖的經典庸俗化為時尚的花邊文章。」于丹所講的孔子和莊子很「樸素」，看似能讓十五歲的中學生都能聽懂，但其背後隱藏的潛臺詞卻是：這些偉大的著作並沒有什麼了不起的。這種對大眾的誤導，直接導致原本高雅的傳統文化成了庸俗的大眾文化，使大眾不再對高雅的經典著作產生肅然起敬的態度，可能會使更多的人對經典著作產生反感。

　　第三，于丹的第三個「毒」便是誤導知識分子，將經典著作商業化。于丹在講解的時候沒有承擔作為知識分子的「獨立精神」，使得她沒有擔負起用經典著作來啟蒙大眾的責任，使得原本經典的東西被完全世俗化和商業化了。在大眾文化時代，經典著作的傳承既需要知識分子有直面商業化運作的勇氣，也需要知識分子在商業化運作的過程中擔負起啟蒙大眾的職責。讀書人應當將傳承經典著

作當作一項拯救傳統文化的任務，普及經典著作實質上是為了延續中華文明，這應該是每一個讀書人的責任。

我們需要什麼樣的傳統文化解讀

不管這些學者是如何看待「于丹現象」的，由「于丹現象」所引發出來的問題其實非常簡單，那就是：我們需要怎樣的「于丹」？我們該怎樣解讀經典著作？

首先，我們對經典著作要懷有虔誠敬畏之心。任何一個對知識不虔誠敬畏的人，勢必會糟蹋經典著作、糟蹋知識。我們唯有懷著虔誠敬畏之心去解讀經典著作，才能做到「知之為知之，不知為不知，是知也」，才可能避免出現「學而不思則罔，思而不學則殆」的現象，才會真正尊重原著。

其次，「君子有所為，有所不為。」讀書人為學的無原則是對知識的最大不尊重，今天一些讀書人為了迎合市場需要，正迅速成長為一批「不學無術」的「新型文化媒介人」，將傳統文化推向低俗化發展，這是讀書人的最大悲哀。在某種意義上，讀書人需要獨立精神，切不可隨波逐流，這也是他們的魅力所在。倘若讀書人沒達到一定的學術水準，那就不應當向大眾傳播知識；倘若知識的傳播有違於讀書人的意願，切不可為了錢財而瞎編亂造，愚弄大眾。

在今天，我們重新談論解讀經典著作這個話題的重要意義在於，我們現在正處在歷史上從未有過的與傳統斷裂如此嚴重的時代，我們需要重新構建一個解讀經典著作的良性環境。所以說，我們需要為學踏實、對經典著作懷有虔誠敬畏之心、對知識傳播高度負責、有涵養、有原則、有知識分子獨立精神的「于丹」，只有這樣的「于丹」才能講出真實的經典著作內涵。

為中國文化做隻啄木鳥

二〇〇八年四月二十九日，被稱為「臺灣的魯迅」的柏楊先生去世了。柏楊的遠去，也帶走了憤怒抨擊中國文化為「醬缸文化」的「柏楊時代」。但是，國內的有識之士並沒有因此放棄對中國文化的關注和對中國國民性的探討。二〇〇七年以來，王學泰、朱建軍、劉小川等學者的新觀點發人深省。

柏楊「恨鐵不成鋼」

晚清以降，中國的知識分子把目光轉向西方社會，希望從西方的思想文化裡找到救治中國的良方。林紓、嚴復等人翻譯了大批的西方著作，將西方思想文化介紹到中國；梁啟超、魯迅、胡適等人則從中國傳統文化角度來思考國民性問題，特別是魯迅先生在留學日本時，曾經常跟許壽裳探討「中國國民性中最缺乏的是什麼」。他一針見血地指出，中國國民性存在一些痼疾，如「奴性」、「愚昧」、「麻木」、「懦弱」等。所以，魯迅先生倡導以文藝來改造人心，救治國民：

> 我便覺得醫學並非一件緊要事，凡是愚弱的國民，即使體格如何健全、如何苗壯，也只能做毫無意義的示眾的材料和看客，病死多少是不必以為不幸的。所以我們的第一要著，是在改變他們的精神，而善於改變精神的，我那時以為當然要

推文藝，於是想提倡文藝運動了。

魯迅之後，在臺灣繼承魯迅衣缽的是柏楊先生。柏楊先生認為：「一個人生活在世上，就好像水泥攪拌器裡的石子一樣，運轉起來之後，身不由主。使我們感覺到，不是某一個人的問題，而是社會問題，而是文化問題。」二○○八年以來，學界重新整理出版了柏楊先生的文集，最著名的當屬《醜陋的中國人》、《醬缸震盪——再論醜陋的中國人》、《中國人史綱》等。在《醜陋的中國人》一書裡，柏楊以「恨鐵不成鋼」的態度，強烈批判中國人的「髒、亂、吵」、「窩裡鬥」、「不能團結」、「死不認錯」等醜陋面，指出中國傳統文化有一種濾過性疾病使我們的子子孫孫受感染，到今天也不能痊癒。柏楊在批判國民性的基礎上提出了著名的「醬缸文化」一說，他認為：

> 任何一個民族的文化，都像長江大河，滔滔不絕地流下去，但因為時間久了，長江大河裡的許多汙穢骯髒的東西，像死魚、死貓、死耗子，開始沉澱，使水不能流動而變成一潭死水，愈沉愈多，愈久愈腐，就成了一個醬缸，一個汙泥坑，發酸發臭。

他認為中國的傳統文化就是這樣的「醬缸文化」，而「奴才政治、畸形道德、個體人生觀和勢利眼主義，應構成醬缸的主要成分……」柏楊先生的這一論斷與魯迅先生的「鐵屋子」之類的說法有異曲同工之處，都是對中國國民的「哀其不幸，怒其不爭」，並從傳統文化角度論證了民族的劣根性。

明眼人都知道，魯迅先生的「刻薄」，柏楊先生的「憤怒」，

都是在警示我們的國民：千萬別走老路。那麼，我們的傳統文化到底有什麼毒呢？

傳統文化到底有什麼毒

　　魯迅和柏楊兩位先生對國民性的探討，為後人提供了資源。目前，學界有志人士在他們的探討基礎上，對國民性有了新的認識。二〇〇七年七月，同心出版社出版了王學泰先生的力作——《遊民文化與中國社會（精選）》。王學泰先生關注的是中國社會的遊民現象，這種遊民現象也是中國所獨有的，直接影響社會的穩定。王學泰認為：

> 中國皇權專制社會的文化形態以小農生產為經濟基礎，以地域、宗法為聯繫紐帶，用現代的眼光看，其阻礙社會健康發展的表現為：愚昧——因為生產力發展水平低下，人的認識能力很低，缺少理性和分析能力；野蠻——因為文化普及程度很低，所以想事情、做事情往往憑動物性本能；拉幫結派、黨同伐異——這是由宗法群體的排外性所造成的，非我族類，其心必異；注重眼前功利——這是由小農生產決定的，眼光只到鼻子尖，不能看得更遠。儒家思想是宗法制度在思想意識層面的表現，它必然對這種極端愚昧、野蠻、扼制人性健康發展的文化形態起到維護和強化的作用，這是毋庸置疑的。

　　這種遊民現象體現的也是國民性問題，為什麼會有那麼多的遊民呢？這種遊民現象與傳統文化有何關聯呢？劉小川今年五月出版的《品中國文人》中列舉了中國文人的特有現象：「中國古代文

人幾乎都要去當官，走仕途。而西方作家不這樣，他們要麼出身貴族，要麼是醫生、神父、律師、商人、教師……的兒子，總之，職業分布相對寬泛，吃官俸者少。中國古代文人與政治有著深廣而持久的聯繫。」我們不禁要產生這樣的疑問：為什麼中國文人只能走與政治相關的道路呢？

　　誠然，什麼樣的文化背景會產生什麼樣的國民。中國國民具有「髒、亂、吵」、「窩裡鬥」、「不能團結」、「死不認錯」等醜陋一面，具有特殊的「遊民現象」和「文人景觀」，都是與一定的文化背景相關聯的。今年四月，山西人民出版社出版了朱建軍教授的著作《給中國文化看病：中國的人心與文化》，本書從心理學角度來解讀傳統文化、以人心利弊來檢閱傳統文化，認為「心理學家看文化，首先看的是人心」。在朱建軍看來，中國文化源流，道為其本，儒法影響最大；法家是支興奮劑，效果顯著，但傷身；儒家敗壞後成為精神枷鎖，仁愛之樹上結著惡果累累。從這個意義上說，我們的文化在後期發展中出現了問題，所以也就產生那麼多的怪現象。

　　朱建軍認為：「中國文化，如同一個老古董店，裡面雜物繁多，有真正價值連城的古玉、青銅器、瓷器和書畫，也有更多得多的大量的贗品和骯髒的垃圾。」那麼，我們的文化裡到底有哪些垃圾毒素呢？他指出，首先是被扭曲的儒家思想。孔子所倡導的儒家思想是中國文化的主流思想，而這源頭本身沒有錯，錯就錯在儒家思想被統治階級所利用，儒家思想的發展也是畸形的發展，其目的就在於維護皇帝的專制統治。在上千年的封建統治中，儒家思想成了禁錮人們思想的工具。所以說，所謂的「儒家思想」因此成了顯示個人欲望的思想，在這其中流進了維護自身利益的毒素。這種思想經過上千年的發展，人心也就被敗壞了。所以，在古代中國產生

吃人現象、腐敗現象、遊民現象和人文從政，就不足為奇了。

其次是狡黠的法家。中國歷來就缺乏法的精神，這跟我們的老祖宗有關。在朱建軍教授看來，中國古代的法家是「賊化」了的：「法家的代表人物，大多都沒有好下場。韓非被毒死在獄中，商鞅也按照他自己定的法律被五馬分屍。這似乎是偶然，實際卻都是『賊老師的兩難』所帶來的後果。後代學聰明的那些人，往往避免說韓非這樣的實話，甚至不敢承認自己是法家人物，外表上把自己偽裝成仁義道德的儒家。但是，他們畢竟騙不了高手，政治高手依然知道他們的真相，所以他們還是擺脫不了這個下場。」可以看得出來，中國古代的統治者大都為了維護自身的利益，不大提倡法家思想，這也就直接導致中國國民法律意識淡薄。王學泰所談到的「遊民現象」，「這幾乎成為中國政治格鬥中的一個傳統，有政治野心的人們都在使用它。」這正是缺乏法的精神的表現。最後一點便是漠視生命的思想。我們的傳統是以維護皇朝統治為基礎的，勢必會沾染上專制的思想，必然會漠視生命。

中國文化該往哪裡去

常有人說，二十一世紀是中國的世紀。但是，我們所擔心的是，二十一世紀果真是中國文化的世紀嗎？中國文化在二十一世紀將往哪裡去呢？一個有著毒素、生病了的文化，怎樣去迎接未來的挑戰呢？

朱建軍認為：「現在，中國文化病了，民族性病了，病出了阿Q精神等等症狀，我們要治療的第一步，也就是清理我們的家，找到哪些是我們自家的寶物，分辨出哪些是帶菌的垃圾，下一步治療中國文化病和民族劣根性，也就有了堅實的基礎。」清理古董，清

理文化中的毒素，這應該是第一步，也是文化復興的基礎。清理毒
素，當然要清理掉那些不符合人性、專制、自私的東西。

接下來便是治療的問題，我們應該需要怎樣的文化呢？二〇〇
六年末，劉軍甯先生曾大聲疾呼：「中國需要一場文藝復興。」他
認為，「文藝復興不是要復古，而是要從古典文化中尋找普世價
值，同時讓普世文化在本土傳統中紮下根來。」這個普世文化，當
然是對傳統文化精華部分的繼承和發揚，對生命的尊重，對法的精
神的倡導，對民主自由精神的追求，具備人文精神的文化。我想，
在未來世界裡，我們只有追求這樣的文化，方能準確地把握我們的
文化方向，方能創造出「人」的生存環境。

靈魂的反思與自剖

　　二十世紀已經走完了它的盡頭，那些在三〇、四〇年代成長起來、經歷過「反右」和「文革」的知識分子也漸漸地步入老齡化階段了。譬如錢理群、趙園、李輝、王曉明……這一大批曾經叱吒於學術界的知識分子都已漸漸地消失在了人們的視線中。但是，他們曾經給人們留下了怎樣的風采呢？他們的不斷努力曾經給人們帶來了什麼呢？

　　在這些學者當中，錢理群先生是一位普通而執著的人。說他普通，是因為他跟其他學者一樣都是從那個時代而來，都經歷過那個寫滿苦難的時代；說他執著，是因為他對自己腳下的路懷有孩子般的天真，雙眸凝視著這個世界。錢先生是一個閒不住的人，至今已經寫下不少的書。對讀者來說，書又往往是探尋一個人心靈奧祕的一把鑰匙。錢先生的《我存在著，我努力著》是一本關於自我的文集，訴說的是自我的心靈祕密。

　　這一本文集應是錢先生精心編選的，大致反映了他不同尋常的人生經歷：「但對我來說，不過是對自己逝去生命的一個交代。」書是分兩輯來述說的，第一輯為「生命符號」，概括了先生大半生的情況。第二輯出現「反思」、「自省」、「發現」與「典型現象」等關鍵詞，是先生對自己所走的人生道路及周圍世界的反思。錢先生的這種反思看似是對自身生存狀況的一種澄清，實際上是對他所生存的時代及那一代人的反思。

　　在我看來，錢先生是一位處於天堂與地獄之間的知識分子。錢

先生將自己的大半人生概括為「夢」、「墳」與「掙扎」,而自己
則在天堂與地獄之間不停地掙扎著,燃燒著自己的生命之光。

錢先生喜歡做夢。在他的生命裡充滿了理想主義的色彩,是
夢想讓他的生活充滿了戲劇色彩。中學時代的作家夢,大學時代的
讀書夢,以及後來的魯迅研究夢,這些夢無疑給他的生命增添了色
彩。錢先生十分懷念他的中學時代,在南師大附中度過了他生命中
最自由的時光。先生曾這樣寫道:「一切都是從那時開始的,而且
是那樣的美好,它給我留下的記憶和影響是融入血液的。真的,不
管人生路上會遇到什麼曲折,我始終堅信:人生是美好的,青春是
美好的——因為我曾經有過那樣的人生,那樣的青春。」錢先生後
來曾多次提到的「精神底子」,也就是在那個時候打下的。有了這
樣的一個「精神底子」,也就使得錢先生對世界有了一種特別的
好奇,懷著孩童般的情懷去追逐他的夢想。就是到了頭髮花白的時
候,他更像一位「老頑童」,用他的嬉笑怒罵解構著周圍的世界。
所以,錢先生曾多次認為真正的學者都是「赤子」,「真正的學者
是最熱愛生活、熱愛生命的,他對人與人的世界,對宇宙的生命,
以至非生命,都會保持濃厚的興趣,甚至是孩童般的好奇心」。

夢是生命的亮點。沒有夢的生命是乾枯漆黑的生命,就如失
去了水分和光澤的水果。所以,我常想:錢先生應當是一個幸福的
人!但是,為什麼他的書中又偏偏會有大篇幅的關於「墳」的文字
呢?他還非常乾脆地將一本隨筆集命名為「壓在心上的墳」,這又
是何原因呢?我在想,做夢是一個人的自由和權利,任何人無法剝
奪這種權利,禁止這種自由。可有時,人卻連這一點權利都被剝奪
掉。錢先生生活在共和國的建設時期,親眼目睹過「土改」、「反
右」、「文革」等各種各樣大大小小的運動,他的父母和兄弟也因
此而離散,更可怕的是他也被捲入這些運動。比如他一心想讀點書

來建設國家，卻遭到人家的批判；他心中的作家夢，卻一直被封在了心裡。大學畢業後，就因為家庭成分的原因而被「流放」到邊遠的貴州，開始了他的漂泊生涯。

　　夢，讓他看到了更多的不幸。接踵而來的荒唐事情並沒有因為他去了邊遠的貴州而停下來。運動在翻天覆地地進行著，貴州也不例外。錢先生因為背負著「出身」之罪而遭批判，與他關係密切的學生和朋友也因此遭遇了同樣的不幸。「於是，『革命師生』在揪出我這個『大牛鬼蛇神』之後，又『乘勝追擊』，一夜之間，挖掘出好幾個以『我』為首的『三家村』，以及一大批『小牛鬼蛇神』。」「有一個學生公開跳出來為錢先生鳴冤叫屈，結果卻被批判為「反革命分子」。而那個學生卻在一個深夜裡，投湖自殺……那具漂浮在水中的屍體像一座「墳」深深地壓在了先生的心上。這些與之後所目睹的種種現實，成了他心中的苦難記憶，以致錢先生這樣寫道：「我無法抹去這一切，它夢魘般地壓在心上，像一座座的『墳』。」

　　思考總是從個人的處境開始。當個人的夢想無法在現實中實現的時候，悲劇性的裂痕將使人感到迷惘，而促使人重新調整夢想與現實之間的關係。錢先生的思考源於「夢」，從個人的處境出發，從而思考整個人類世界。所以，我以為錢先生的夢想是最為現實感的和世界性的。就在貴州，那具死屍成了他思考的起點。「後來，我成了學者。當我以更開闊的視野，研究二十世紀中國知識分子心靈的歷程，以至探討人類共同的精神困惑，我都清醒地意識到，作為我思考的基礎與出發點，仍是已經化作我的生命的一個部分的，橫臥在貴州高原上的死屍……」於是，就有了後來的〈苦難怎樣才能轉化為精神資源〉一文。錢先生從個人的苦難記憶中挖掘出整個中華民族最缺的是「反思」和「自剖」精神，所以也就發生了如此

多的災難。這一思考，體現的正是一個知識分子的良知。

　　現實總是背離夢想的，帶給人的或許是無盡的痛苦。對於一個有著良好「精神根底」的人來說，夢想才是最為寶貴的精神支柱。錢先生並沒有因為現實的殘酷而沉淪下去。他曾在回憶導師王遙先生的文章中寫道：「記得有一次先生突然對我說：『我現在無論做什麼事，都是垂死掙扎，什麼事也不做呢，又是坐以待斃——與其坐以待斃，不如垂死掙扎！』」王遙先生的那番話，同樣適合錢先生。就在那樣閉塞的小城裡，錢先生開始研讀起魯迅著作，與人探討起魯迅的世界，寫下許許多多關於魯迅的文字。一個研究魯迅的夢想，又在他心中升起了。

　　後來，錢先生考入北大研究生，開啟了他的魯迅研究之路。其學生孔慶東說錢先生像一個風風火火的「惡僧」，一直在不停地奔波。我想，這個「惡僧」一定是在為夢想而奔波。錢先生的這種努力恰恰是對生命自尊的維護，恰恰是對自身價值的堅守。

我們需要一場靈魂的拷問

　　誰都想不到，時隔一個世紀了，還有人會像魯迅先生那樣呼喚個體精神的出現。但問題是，劉軍寧先生到底想幹什麼呢？中國是否需要一場文藝復興呢？文藝復興能喚醒人的個體價值和尊嚴嗎？無論是什麼樣的復興，我們都需要一場靈魂的拷問，以此來喚醒我們內心的良知。

重申人的發現和覺醒

　　二十世紀初，中國的知識分子也有過類似的討論，即中國到底需要用什麼東西來救治國民的劣根性。晚清以降，梁啟超等知識分子提出以新小說來救治國民，他提出：「欲新一國之民，不可不先新一國之小說。故欲新道德，必新小說；欲新宗教，必新小說；欲新政治，必新小說；欲新風俗，必新小說；欲新學藝，必新小說；乃至欲新人心，欲新人格，必新小說。」可見，這些知識分子看到的是文藝的道德功用，藉以文藝來改變國民的精神面貌。文藝的更新，帶來的是道德的更新，從而改變人的靈魂和精神面貌。一九〇七年，留學於日本的魯迅先生在《河南》雜誌上發表了〈科學史教篇〉、〈文化偏至論〉、〈摩羅詩力說〉等文章，大力提倡以文藝救治國民的病疾。魯迅先生在考察中國文化時，窺探出中國文化的致命點就是「經世至用」，重物質輕精神。

　　從這個意義上來說，魯迅不愧為五四新文化運動的主將。魯

迅先生對於「人」的認識最為澈底，認為「中國人向來就沒有爭到過『人』的資格，至多不過是奴隸，到現在是如此。然而下於奴隸的時候，卻是數見不鮮的」。中國的歷史，也即「想做奴隸而不得的時代」和「暫時做穩了奴隸的時代」。中國的國民向來就是「主子」與「奴才」的關係，從來沒有爭得過人身的自由，更無談「個體價值」和「人格尊嚴」問題。小說〈狂人日記〉的出現，使國民大開眼界：原來我們都生活在一個人肉筵席的社會裡，所謂的中國歷史是一部吃人的歷史。魯迅先生認為：「所謂中國文明者，其實不過是安排給闊人享用的人肉的筵席。所謂中國者，其實不過是安排這個人肉的筵席的廚房。」可想而知，中國的國民向來就是在奴役中苟延殘喘，過著一種非人的生活。魯迅等五四一代的知識分子重新發現了「人」，特別是認識到「個體人」的重要性，將活生生的「個體人」從制度、權力、等級中解放出來。實際上，人的重要性在於他是作為「個體」而存在，有他的個性、尊嚴、人格和需要。盲目地要求「個體人」獻身於某一個制度、權力或等級，終究會迷失掉人的「個體存在」。

　　現在，劉軍寧秉承的是魯迅先生的批判精神。在當今中國，為什麼我們還沒有爭得做人的資格呢？劉軍寧先生指出：「在沒有出現文藝復興的地方，理想中的人應該是卑微的、馴服的、聽命的。個人不把自己看成是自己，而是看成一個民族、種族、階級、國民、政黨、家庭和公司中的一員。他被要求為他所屬於的那個抽象的集體活著，卻不能為自己活著；他什麼都可以是，就是不可以是他自己。個人就像是社會機器上的螺絲釘，被固定在固定的角色中，在僵化的社會秩序中動彈不得。……一個有價值的人不是『人』，而只是為掌權者所用的人『才』！現世生活的創造者和享受者，不是『活生生的個人』，而是那些冰冷無情的集體。」其

實，劉軍寧先生對「人」的發現，與魯迅先生的發現是一致的。「個體人」與「抽象的集體」之間永遠存在著張力，在我們的歷史中，我們卻常常將自己迷失在「抽象的集體」中，甚至將自己獻身於「抽象的集體」。本來，「個體人」是具有私自性，有著他的權利與欲望。但在現實中，強大的「抽象集體」卻要想方設法地規範「個體人」，甚至將「個體人」輾碎。劉軍寧先生的這一發現，無非是對「人」的常識問題的重提。這正好給當今的那些只追求物質利益的知識分子一個當頭棒喝。劉軍寧先生提出的「個體價值」，正是我們這個時代所缺失的。我想，劉軍寧先生是用心良苦的：即以文藝的復興來喚起精神價值的復興，以價值的復興喚醒整個民族文化的復興。

罪責意識匱乏與個體精神覺醒

劉軍寧先生論題的基礎是：「天地之間，個體為尊。」歐洲的文藝復興運動是一場思想的啟蒙運動，其實質是重新發現「人」，將人從宗教枷鎖中解放出來。那場文藝復興，帶來的是思想啟蒙和精神解放。但問題是，我們何以成為個體呢？

五四一代的知識分子，尚能在中西文化的夾縫中需求出路。這個出路，也即將「個體人」從制度、權力和等級中解放出來。誠然，魯迅先生是一位十分清醒的知識分子。小說〈狂人日記〉中的「狂人」不僅發現中國的歷史是一部吃人的歷史，而且具有重大意義的是「狂人」發現自己也是一個吃人者，這種少有的清醒意識，使得「狂人」能夠產生罪責意識，最終發現自己是一個獨立的「人」，應當與那些吃人的「人」劃清界限。《祝福》中的「我」同樣為自己的行為而感到自責，是一種難得的罪責意

識。劉軍寧先生主張在中國來一場文藝復興運動，其目的是要復活真正的「個體人」。他認為：「文藝復興的最大成就是在觀念上復活了真正的個人，否定了抽象的、集體的、附庸的人，肯定了個人和個體的價值、尊嚴與偉大，斷定個人不應該成為任何集體的附庸，主張個人是自身命運的主宰。文藝復興向我們揭示，每一個人都是獨立的小宇宙，每個人都有無限的潛能並擁有實現這一潛能的權利。而這正是現代世界文明及其制度架構的觀念基礎。」但在我看來，我們要復活真正的「個體人」首要條件是人要具備罪責意識。

中國的國民向來逆來順受，甘於苟且偷生。這與我們的文化中缺乏罪責意識是密切相關的。我們都應該捫心自問：我們活在這世上，過著這種依附於他人的生活是否對得起自己的良心？我們這樣苟延殘喘地活著，難道沒有罪嗎？造成今天國民的生存狀態，我們的每一個人都沒有責任嗎？實際上，正因為這種罪責意識的缺乏，使得我們未能成為「個體人」。所以，我們的國民就只能依附於他者，聽從他者的呼喚。罪責意識源於西方的基督教文化精神，昭顯的是人自身的受罪與救贖。中國的傳統文化向來就缺少罪責文化，中國的儒釋道文化注重的是現世的生命享受，表現為一種樂感文化特徵。西方基督教的罪責意識，在某種程度上促使個人不斷地反省自己，自覺地為自己的行為負責，直至救贖。而我們的文化由於缺乏必要的罪責意識，就難以誕生真正的「個體人」。一個人跟著「抽象的集體」犯罪，他不會在自己身上尋找罪行，負有罪責的永遠是他人，他自己在任何災害中都是無辜者和受害者。從某種意義上說，由於這種罪責意識的缺乏，也就很難形成主體意識，個體也就很難有精神的覺醒。

哲人別爾嘉耶夫斷言：「人即個體人格。」在他看來，人的價

值是自身的個體人格；「個體人」生存的前提是自由。莊子的「逍
遙遊」，「獨與天地之精神往來」，都將「個體人」的生存置於自
由之狀態。西方哲學自蘇格拉底以來，一直重視理性主義思想，把
理性或理念視為世界的根本，而忽視了具體的個體。尼采的「重估
一切價值」，顛覆了西方的傳統哲學思想。哲人齊克果將罪與「個
體人」精神覺醒的過程關聯起來，重新定位了「個體人」。薩特更
是這樣宣稱：人是自由的。在這樣的背景下，人要為自己的行為和
整個世界擔負起責任，甚至要具有一定的罪責意識。而在當今的中
國，我們尚未真正從物質、權力、名譽、群體中獨立出來。我們的
國民依然依附於一定的物質和權力，將自己的生命獻身於這物質和
權力。所以就有了劉軍寧先生的大聲疾呼：「中國需要一場文化
風暴，需要一場文藝復興，需要一場新人文運動來喚醒沉睡了幾
千年的民眾！喚醒的目的不是為了富強，而是為了個人的價值與尊
嚴。」人一旦在自由的狀態中擁有個體精神，從而意識到自身的價
值與尊嚴，擔負起個體精神的啟蒙。

人文精神的回歸

　　二十世紀九〇年代，王曉明等國內學者發起了一場名為「文學
和人文精神的危機」的大討論。人文精神（Humanism）原是西方
哲學界的術語，是對「個體人」生存的思考，關注「個體人」的尊
嚴、人格及整個人類的命運。二十世紀九〇年代以降，中國的文化
出現了無序狀態，特別是文學出現了前所未有的危機。這種危機，
主要表現為文化中的人文精神的萎縮。王曉明認為：「今天的文學
危機是一個觸目的標誌，不但標誌了公眾文化素養的普遍下降，更
標誌著整整幾代人精神素質的持續惡化。文學的危機實際上暴露了

當代中國人人文精神的危機，整個社會對文學的冷淡，正從一個側面證實了，我們已經對發展自己的精神生活喪失了興趣。」可想而知，當初的國內知識分子早已意識到人文精神喪失的嚴重性。從九〇年代以來，人們將更多的目光關注到物質生存和權力的角逐上，而對於行而上的精神層面卻很少關注。眾多文化人紛紛下海，或搖身變為官員。作家所創作的文學作品只是物欲社會的一種宣洩，或是在文化廢墟上自嘲和調侃。但問題是，二十世紀末的人文精神淪喪現象一直延續到今日。不得不讓擔心的是：我們的這種人文精神將會淪喪到何種程度？

劉軍寧先生所提的「文藝復興」，其目的即復活人文精神。人是終極的目的，一切精神現象的發生都與人有關。在生存面前，我們都得承認人的「個體性」，都得尊重人的尊嚴，都得關注人的命運。人文精神的存在，本身就是為了使「個體人」能夠有尊嚴、有人格、有精神地活著。因此，人文精神的危機，也即人的生存危機，特別是人的精神危機。從這個層面上來說，劉軍寧先生所倡導的「文藝復興」，直面了當下國民的精神狀態，從生活的角度窺探人的心靈世界。當然，在喧嘩的現實世界裡，人的心靈世界是一片廢墟。所以，我們非常敬佩劉軍甯先生的這種敢於直面「慘澹的人生」的勇氣。

在某種意義上說，「文藝復興」或許只是一個口號，其實質性的問題在於我們是否敢於面對現實的殘酷性，是否敢於挽救日益沉淪的「人文精神」。實際上，在這個多變的時代裡，我們每一個人心靈都積聚著太多的欲望，我們都難以把握自己的身分。在這樣的背景下，我們所能做的也即在精神廢墟中重新認識自我，重新找回「人文精神」。

我們生活在一個有文化現象卻沒有文化精神的社會裡，我們最

為急迫就是找回我們的文化價值。對於每一個國民而言,我們都應
當需要一場靈魂的拷問,重塑我們的文化精神。

悲劇何以重演

　　十九世紀是俄羅斯文學星光燦爛的時代，俄羅斯大地上出現了赫爾岑、屠格涅夫、普希金等一大批出色的作家，他們是俄羅斯社會良知的代表，列夫‧托爾斯泰就是其中一個。在他的作品中，我們不難找到溫情、悲憫、良知等字眼。

　　小說《復活》講述的是十九世紀後期的俄羅斯社會，籠罩著濃厚的專制氣息，腐敗、欺詐、暴力……像瘟疫一樣地充斥著整個社會。即便是春暖花開的大地，「唯獨人，唯獨成年人，卻一直在自欺欺人，折磨自己，也折磨別人」（《復活》）。人的道德意識在一天天地滑向黑暗的深淵，其本能中的獸性欲求卻在不斷地膨脹。在這樣的環境裡，「就連品德最高尚、心地最善良的人，也會出於自己的本能幹出慘無人道的事來，並且會原諒別人幹那樣的事」（《復活》）。聶赫留朵夫出身名望貴族，青年時就接受過西方國家的民主平等自由思想的教育。他本應該是一個有教養的人，但腐化的環境在侵蝕他，迫使他占有了姑媽家的養女卡秋莎，最後還將卡秋莎趕出家門，致使她淪落為風塵女子。

　　但在當時，聶赫留朵夫這樣的行為並不是罪惡，而是與社會默契的「正能量」。後來，卡秋莎因謀財害命而被審判，聶赫留朵夫卻是審判卡秋莎案件的陪審員。在法庭上，他一眼就認出卡秋莎，心裡隱隱作痛，不敢直面眼前的這位熟悉的陌生人，一場痛苦的思想鬥爭開始折磨著他——「難道我就是這麼殘酷，沒有人性嗎？」於是他開始幫助卡秋莎上訴，再上訴……他所做的，或許僅僅是個

人的贖罪，但這個覺醒的靈魂，恰恰說明良知的力量。

在聶赫留朵夫身上，我們看到了：一個人復活，光明照亮了漆黑的靈魂。其實每一個人都有罪，一切有罪的人都可以通過懺悔救贖自己。

一群能在精神上走向懺悔、踏上復活之路的知識分子，多少令人感動。在尼古拉皇帝的專制統治下，貴族出身的十二月黨人冒著殊死的危險發動了震撼人心的反專制運動。儘管這是一場失敗的運動，但運動的本身依然呈現出俄羅斯知識分子的高貴之處。運動失敗之後，很多人被捕，「百餘名十二月黨人帶著鐐銬到西伯利亞去了，並將在苦役和囚禁之下終其一生。他們的罪證是對祖國的憂慮和摯愛，對奴隸的關注與同情。在那條被他們的歌聲和鐐銬敲擊過的驛道上，那條漫長的，永無終了的，直插入蠻荒和苦難的驛道上，遠遠地追蹤而來的，是他們年輕的妻子。」（筱敏《山巒》）倘若沒有他們的悲憫與拯救，俄羅斯的農奴制恐怕不會那麼早就被廢除掉，俄羅斯社會的黑夜或許還要更長。在此後的歷史中，俄羅斯社會又出現了紅色極權統治，但知識分子們仍舊保持傳統的精神：一個柔弱的文人高爾基在拒絕給史達林寫傳記，眾多科學家上書給領袖呼喚良知，依然出現了《齊瓦哥醫生》與《古拉格群島》這樣的作品⋯⋯

遺憾的是，在一個愚昧落後的國度裡，在一個以吃人血饅頭治病的社會中，在一個沒有記性、遺忘成災的人群中，我們所看到的卻是另一番情景。他們會美化每一場災難，他們可以將災難推到別人的頭上，甚至把災難當作飯後茶餘的談資⋯⋯唯一不想說、不敢說的是他們每一個人對災難都有一份責任。結果，我們迎來的是一場又一場的災難。災難開始了，就流血；血跡乾了，就會覺得非常幸運，心造一個歡樂欺人的環境。「焚書坑儒」、「文字獄」、

「反右」……這樣大大小小的災難，有多少知識分子在堅持立場？又有多少知識分子懺悔過自己的罪行？

金岳霖先生是中國著名的哲學家，早在二十世紀四○年代的白色恐怖時期，他曾與聞一多等人參加過民主運動。但到一九四九年後，金岳霖先生卻放棄了作為知識分子的獨立性，他這樣解釋道：「解放後，我們花大工夫，長時間，學習政治，端正政治態度。我這樣的人有條件爭取入盟入黨，難道我可以不爭取嗎？不錯，我是一個搞抽象思維的人，但是，我終究是一個活的、具體的人。這一點如果我不承認，怎麼說得上有自知之明呢？根據這一點，我就爭取入盟入黨了。」在一個缺乏自由土壤的國度裡，知識分子所謂的自知之明也就是不斷地苟活下去。像金岳霖這樣放棄原則的知識分子，在中國數不勝數。

我們是否捫心問過：我們缺失什麼？記憶？良知？道德？……二十世紀九○年代末，錢理群先生在學術界提出「拒絕遺忘」的命題，這個命題旨在提醒國人：災難不可遺忘。倘若我們遺忘災難或美化災難，大談「多難興邦」，只會讓災難成為惡性循環。巴金老人曾多次呼籲建立文革史館，結果只留下一聲聲歎息，一滴滴苦淚。這位老人曾真誠地向世人懺悔道：「我那一場鬥爭中，我究竟做過一些什麼事情？」不幸的是，人們卻以為他在說瘋話。《隨想錄》一書出版後，有人就說：「這是中國散文的顛峰。」「這是中國文學史上的一部奇書。」……一切良知的聲音卻被華麗的言語掩蓋了，心靈的懺悔在溫情脈脈的宣傳中湮沒了。面對這些逝去的災難，面對這樣一個沒有懺悔意識的民族，我們能說什麼呢？

朱學勤先生說：「我們生活在一個有罪惡卻無罪惡感意識，有悲劇卻沒有悲劇意識的時代。悲劇在不斷發生，悲劇意識卻被種種無聊的吹捧、淺薄的訴苦，或者安慰所沖淡。悲劇不能轉化為悲劇

意識，再多的悲劇也不能淨化民族的靈魂。這才是真正的悲劇的悲哀！」歷史上所發生的各種災難，都是大大小小的悲劇，給人帶來的損失都是難以估量的。其實，為了避免悲劇重演，我們都應具有一種懺悔意識。

懺悔作為一種宗教的理念與儀式，是從靈魂深處澄清內部的骯髒和漆黑。人要懺悔，是因為人要承認自己有罪，從而產生一種罪惡感。沒有懺悔這個前提，任何的罪惡感都是難以產生的。周作人先生認為要「新」中國的人心需要一種宗教：「我老實說，對於英先生的議論未能完全讚歎，但因此引起我陳年的感慨，覺得要一新中國的人心，基督教實在是很適宜的。極少數的人能夠以科學藝術或社會的運動去替代他宗教的要求，但在大多數是不可能的。」當蔡元培先生提出「以美育代宗教」的主張時，周作人就持反對態度：「如蔡先生的那個有名的『以美育代宗教』的主張我便不大敢附和……」當然，中國大地上一直沒有形成真正的宗教，更無宗教的精神。從某種意義上說，俄羅斯知識分子的偉大在於這個國家有著濃厚的宗教氛圍。有著宗教意識的俄羅斯知識分子，更會審視自身的罪惡，擔當起拯救深受苦難煎熬的人類。所以，別爾嘉耶夫說：「當他（拉吉舍夫）在《從彼得堡到莫斯科的旅行》中說，『看看我的周圍，我的靈魂由於人類的苦難而受傷』時，俄羅斯知識分子誕生了。」所謂俄羅斯思想，也即有著宗教精神資源的思想。

法國作家紀德曾對讀者說：「你們遲早會睜開眼睛的。你們將不得不睜開眼睛。那時，你們捫心自問。你們這些老實人，怎會長久地閉著眼睛不看事實呢？」時間已經進入二十一世紀，我們面對上個世紀的那麼多苦難，所能做的應當是找回缺失的懺悔精神。「對於應該懺悔而不懺悔的人，人們應該要求他們懺悔。『純

潔』、『理想』、『上級領導的錯誤』、『時代的悲劇』，都不能
成為推卸責任的口實。」（學者徐友漁）對於那個時代的責任，我
們每一個人都有責任、也有資格去承擔。災難是時代的，是群體
的，也是個體的。我們每一個人都或多或少地參與了，所以每一個
人都有一份責任。想想那個在異國墓地下跪的國家首腦，想想那個
曾經製造災難又有勇氣向世界人民道歉的民族，想想那個充滿血性
的民族，想想那個一絲不苟地向世人懺悔的盧梭……我們難道不感
到羞愧嗎？

第四輯　教育的芻議

民國教師怎麼做教育

　　提起民國時代，大多數人可能都會聯想到軍閥混戰、民不聊生、滿目瘡痍，那是一個「黑暗的時代」。可就在那樣的時代裡，中國出現了林語堂、錢玄同、華羅庚、茅以升、李政道等一大批大師級人物，可謂人才輩出，群星璀璨，這又是何原因呢？

　　明眼人都知道，人才的培養關鍵在於良好的教育。學者智效民在《教育在民國》一書中認為，民國時期，「教育是獨立的」，「言論是自由的」，「權力是有限的」，「地方是自治的」，「社會是開放的」……這些得天獨厚的條件為教育的發展提供了基礎，也造就了知識分子的黃金時代。

　　民國教育的一個重要特徵是獨立。雖然那個時代兵荒馬亂，但教育獨立思潮和運動一直沒有停息。胡適認為教育是「國家公益事業」，學校只有好壞之分，沒有公私之分，只要辦得好，就應該得到政府和社會的熱情贊助。由於當時的政府忙於政治，無暇監管教育，各個地方的教材、教學模式和招生考試方式等都不盡相同。抗日勝利之後，胡適就任北大校長。在開學典禮上，胡適提出了「獨立比自由重要」的觀點，他認為：「獨立是你們自己的事，不獨立，仍然是奴隸。」據胡適學生羅爾綱回憶，胡適在上海擔任中國公學校長時，學校從不掛國民黨黨旗，每週四上午不做國民黨紀念週。這些鮮活的例子，足以說明當時教育的獨立本色。

　　好的教育環境是教師做教育的前提。正因為有了這樣的環境，教師才能夠充分實現自己的教育理想。蔡元培、傅斯年、陶行知、

胡適等人都有過留學的經歷，他們深諳現代教育理念，認為「通才教育」才能保證人的和諧發展。二十世紀四〇年代的清華大學校園內有過多次關於教育的大討論，例如教育是「培養人還是製造機器」，很多人認為教育不是宣傳也不是訓練，過早將學生納入一個狹窄的專業範圍內，勢必扼殺人的個性和稟賦，只能造就「一個畸形的人、零碎的人、不健全的人」。而人文教育與科學教育的統一，則能解決這樣的偏差。

另一方面，教師為了使學生具備現代公民精神，不僅建造教室和圖書館，而且建造大禮堂和操場，鼓勵學生辯論和運動。平民教育家陶行知主張教育即生活，要求解放學生的手腳，還提倡學生自治，讓學生學會獨立思考，獨立生活。這些教育理念與做法，在當下依然有一定的積極意義。

民國時期的教師大都是理想主義者。在當時，人們看到了教育救國的希望。很多人放棄了經商為官的機會，積極投身於教育事業，其目的不是將教師當作職業，不是為了賺錢，而是認定教育能夠救亡圖存。陶行知曾撰文說：「如果全國教師對於兒童教育都有『鞠躬盡瘁，死而後已』的決心，必能為我們民族創造一個偉大的新生命。」所以他們在做教育時，極少顧忌個人私利。胡適出任中國公學校長時，由於客觀原因不能天天到校上班，便主動提出不拿工資，每月只領取百元車馬費。老清華校長梅貽琦去世後，只留下一個公文包，這個包裡全是清華基金的帳目，一筆都不差。後來，臺灣清華大學校長陳可忠盛讚梅先生的品行：「清華龐大的美金收入，全由梅先生一人管理和支用，無人監督，而到今梅先生還是『兩袖清風』，真是了不起，可欽可佩的廉潔！」

民國教師廉潔自律一回事，他們還熱衷於幫助學生。一九二九年，年僅二十歲的吳大猷畢業於南開大學，由於成績優秀，在老師

葉啟孫、饒毓泰的推薦下，為他申請到了中華教育基金會的資助，最後成功赴美留學。嚴濟慈在大學時代碰到了數學老師何魯，每逢暑假，何先生總邀請嚴濟慈到他家讀書。何先生看他學有所成，便向商務印書館的王雲五推薦，後編撰了《初中算術》和《幾何證題法》，這兩本數學書影響了好幾代人。嚴濟慈大學畢業後，自費到法國留學，由於生活窘迫，何魯、熊慶來和胡剛復三位先生慷慨解囊，一直給他寄錢。在第一年，三位先生的資助就達到七百八十元，占全部費用的四分之三左右。這些事情看似小事，但對一個學生來說，意義就非凡了。

而民國之後，中國為什麼出不了大師級的人才呢？著名科學家錢學森在彌留之際不無痛心地說：「為什麼我們的學校總是培養不出傑出人才呢？」這就是著名的「錢學森之問」，不知道他的問題何時才能解決呢？

蔡元培與大學精神

先生的軀殼死了；先生的精神，無窮的廣則彌漫在文化的宇
宙間，深則憩息在人們的內心深處！

—— 羅家倫

蔡元培主持北大的時期，胡適稱之為「北京大學的蔡元培時
代」。北大是蔡元培現代大學教育理念與精神的實踐地。

一九一六年，蔡元培接到教育總長的任命，於十二月二十二日
到達北京。當時的《中華新報》報導：「蔡子民先生於二十二日抵
京。大風雪中，來此學界泰斗，如晦霧之時，忽睹一明星……」蔡
先生的到來，給北京的教育帶來了一線希望。次年一月四日，蔡先
生如期到北大任職。

那一天，北大喜氣洋洋。顧頡剛後來回憶道：「他到校的第一
天，校工們排隊在恭恭敬敬地向他行禮，他一反以前歷任校長目中
無人、不予理睬的慣例，脫下自己頭上的禮帽鄭重其事地向校工們
鞠了一個躬，這就使得校工和學生們大為驚訝。」

北大的前身是京師大學堂，培養的常是經商為官之人。大多
數學生與教師仍是前清老爺式的作風，腐敗已經深入北大的骨髓。
「蔡元培先生來之前，校名改了，本質並無什麼變化……學校像個
衙門，沒有多少學術氣氛。有的老師不學無術，一心只想當官；有
的教師本身就是北洋政府的官僚，學問不大，架子卻不小；有的教
師死守本份，不容許有新思想」；「學生們則多是官僚和大地主子

弟……畢業後大家鑽營做官」，「這樣的學校哪能出人才？只能培
養出一批貪官汙吏；蔡元培先生來校之前，北大搞得烏煙瘴氣，哪
裡像什麼『最高學府』？」（顧頡剛）

蔡先生對北大的腐敗也早有所耳聞：「我在譯書館的時候，
就知道北京學生的習慣。他們平日對於學問並沒有什麼興趣，只要
年限滿後，可以得到一張畢業文憑。教員是自己不用功的，他第一
次的講義，照樣印出來，按期分散給學生，在講壇上讀一遍，學生
覺得沒有趣味，或瞌睡，或看看雜書，下課時，把講義帶回去，堆
在書架上。」這就是蔡先生到來之前的北大。面對這一現實，蔡先
生在第一次向全校師生演說時，就指出：「大學者，研究高深學問
者也……大學生，當以研究學術為天職，不當以大學為升官發財
的階梯。」他要求學生：「諸君須抱定宗旨，為求學而來。如法學
者，非為做官；入商科者，非為致富。」不要將大學「視為養成資
格之所，亦不可視為販賣知識之所」，學者更「當有研究學問之興
趣，尤當養成學問家之人格」，「我們第一要改革的，是學生的觀
念」。

蔡先生對北大的改革是從改革觀念開始的，即轉變教師與學
生的觀念，將他們從舊的觀念中掙脫出來，真正地做到「以研究學
問為天職」，真正地做到發展學生與教師的個性，最大限度張揚自
己的生命力。一九二二年，蔡先生在〈教育獨立議〉一文中說道：
「教育是幫被教育的人，給他能發展自己的能力，完成他的人格，
於人類文化上能盡一分子的責任；不是把被教育的人，造成一種特
別的器具，給把有他種目的的人去應用的。所以，教育事業當完全
交與教育家，保有獨立的資格，毫不受各派政黨教會的影響。」為
此，蔡先生在北大確立了「為學術而學術」、「學術獨立自由」的
觀念。對於學術，首先要自由，要有寬容的精神，也就是他所說的

「兼容並包」。「對於各家學說，依各國大學通例，循思想自由原則，兼容並包。無論何種學派，苟其言之成理，持之有故，尚不達自然淘汰之運命者，即使彼此相反，也聽他們自由發展」。在兼容並包的原則下，「當時在北大，以言黨派，國民黨有先生及寵惠諸氏，共產黨有李大釗、陳獨秀諸氏，視目為無政府主義者有李石曾氏，憧憬於君主立憲髮辮長垂者有辜鴻銘氏；以言文學，新派有胡適、錢玄同、吳虞諸氏，舊派有黃季剛、劉師陪、林損諸氏」（馬寅初）。為活躍學校的學術氣氛，當時的北大不僅聘請全國的知名學者，邀請像魯迅等知名作家，而且聘請了外籍的知名學者，也邀請了愛因斯坦等大科學家。蔡先生還三顧茅廬聘請了陳獨秀為文科學長及在美國的年輕學者胡適，並將在上海的《新青年》雜誌搬進校園及創辦了各種學生雜誌。

　　學術自由是大學的靈魂。德國教育之父威廉·馮·洪堡說：「高校的生存條件是孤寂與自由。這就是『坐冷板凳』和學術自由，國家必須保護科學的自由，在科學中永無權威可言。」因為「科學是與高等學校聯繫在一起的。唯有通過對學術的研究，與科學的打交道，對整體世界的反思，才能排演出最優秀的人才。大學生要學的不是材料本身，而是對材料的理解。唯有這樣，他們才能形成自己獨立的判斷力和個性，然後他們才能達到自由、技藝、力量的境界。」大學是學術的殿堂，大學承擔的是學術的研究與文化的傳播及學生個性與人格的培養。專制是學術的死敵，學術只有在自由的環境下才能健康地發展，才能體現出一個大學的水準和靈魂。蔡先生所倡導的這一思想注重培養學生獨立思考、從事學術研究的能力，正好體現了一個大學的辦學宗旨與精神：「大學自然為教授學生而設，然演進既深，已成為教員與學生共同研究之機關。」

　　為全面促進學校的學術研究，給教師與學生的學術研究以更大
的自由。蔡先生首先在校內實施「教授治校」的民主管理制度。一
九一二年，時任教育總長的蔡先生在起草頒行的《大學令》中就提
出建立評議會和教授會，實行民主治校。「我初到北京大學，就知
道以前的辦法是，一切校務都由校長與學監主任、庶務主任少數人
辦理，並學長也沒有與聞的；我以為不妥。」為此，蔡先生建立了
評議會，由各科學長與教育中選出的評議員組成，「給多數教授的
代表議決立法方面的事」；恢復了學長的權限，給他們更多的決策
權；建立教授會，給教授管理的權力。這種「教授治校」的制度，
目的在於脫離政府政治的干預及意識形態方面的滲入，保證大學的
獨立性，保證大學在獨立條件下學術的自由。一九二三年，蔡先生
離京向總統提出辭呈時，北京政府有意干預北大，北大師生立即發
起強烈的抗議。胡適發表文章說：「北京大學的校長是不可隨便任
命的。今日的北京大學，有評議會和教授會可以維持秩序；蔡先生
不回來，這種『教授治校』的制度可以維持下去的。」當時的情況
是行政人員一派，教授一派，學生一派。而當遇到重大事件時，往
往是教授與學生形成統一聯盟，教授永遠與學生站在一起。

　　學生是一個大學的主體，一個大學因為學生而存在。蔡先生所
給予學生的是一個自由的容器。蔡先生到北大後，有一個奇怪現象
就是不再公布學生的學習成績。陳顧遠說：「蔡先生不公布成績，
目的是希望同學為學問而學問，而不是為成績而求學。」學校不公
布成績另一個好處是消除學生的功利思想——不是為了成績而彼此
拚殺。教育應當是培養一種超功利的以及對世界對人類的終極關懷
的思想，教育所傳播的也應當是這樣的一種科思想、一種文化。二
是聽課自由。當時的北大既有在校學生，也有校外的旁聽生（包括
註冊的與沒註冊的）。但是一個課堂內，往往是旁聽生多於在校學

生。王魯彥在回憶魯迅在北大講《中國小說史略》時說：「每次，
當魯迅先生仰著冷靜蒼白的面孔，走進北大的教室時，教室兩人一
排的座位總是擠著四五個人，連邊走道都站滿了校內和校外的正式
的和非正式的學生。」這種學生學習的高度自由，給了學生更大的
發展空間。大學所謂的「大」，也在於此。

　　蔡先生對學生的精神成長相當關注。蔡先生一改以前的「學而
優則仕」純粹的以功利為目的的學習，在學校開設了美術、音樂、
美學等藝術類的學科，培養學生審美能力與超功利的思想。在北大
時期，蔡先生大力提倡美育，並主張「以美育代宗教」。蔡先生認
為美的對象既有「普遍性」又有「超脫性」；「既有普遍性以打破
人我的成見，又有超脫性以透出利害的關係」。他的美育思想，來
自於康德的「審美判斷無利害」的美學思想與哲學上的「感覺界以
內」和「感覺界以外」的觀念。人通過審美教育可以超脫現實功利
的糾纏，實現與「感覺以外」的世界交流；教育不再僅僅對「感覺
以內」的現實世界的關注，教育也是對「感覺以外」的彼岸世界的
追求；受教育者不再僅僅立足於現實世界，受教育者也應當擔當起
對人類精神世界的終極關懷。可惜在物欲橫流的當今世界，還有多
少人知道這樣的教育思想？我們的大學校園裡還有多少教授懂得這
樣的教育思想？我們的大學生還有多少在超脫現實，真正地實現與
彼岸世界的精神交流？

　　北大有蔡先生，是北大人的福氣；現代中國有蔡先生，是現
代人的福氣。蔡先生在北大所創立的大學理念，也是現代中國大學
的辦學理念。自從有了蔡先生之後，經過幾代北大人的奮鬥，北大
造就一大批具有特殊精神氣質的知識分子。錢理群說：「這是一批
永遠處於邊緣地位（甚至體制外）的知識分子，不僅擺脫了官的幫
忙、幫閒的傳統窠臼，而且也避免落入現代商業社會商的幫忙、幫

閒與大眾的幫忙、幫閒的陷阱，獲得了真正的人格獨立與個體精神的自由；他們永不停止對彼岸精神理想的追求，對精神（思想，文化，學術）的探索與創造，因此對此岸的現實存在總是不滿足，永遠對現實持批判態度，永遠是『新的，改造運動的先鋒』——這是魯迅對『北大校格』的概括，蔡元培先生所培育的『北大精神』，所指的就是北大為中國知識分子所提供的這樣一種獨立的、自由的、批判的、創造的精神規範。」

寡言校長梅貽琦

> 他有他的人格……Real Gentleman（真君子）的精神。梅先生
> 不但是一個真君子，而且是一個中西合璧的真君子，他一切
> 的舉措態度，是具備中西人的優美部分。
>
> ——體育家馬約翰

提起清華大學的歷史，人們恐怕不會忘記清華大學的老校長梅貽琦先生。那麼，梅貽琦先生到底是一個怎樣的人呢？後人何以紛紛敬仰梅貽琦先生呢？

「寡言君子」

梅貽琦（1889-1962），字月涵，天津人。第一批庚款留美學生，歷任清華學校教員、物理系教授、教務長等職，一九三一至一九四八年任清華大學校長，一九五五年，在臺灣新竹創建清華大學並任校長，直至逝世。梅貽琦先生性格溫和，生性沉默寡言，被稱為「寡言君子」。梅祖彥在〈懷念先父梅貽琦校長〉中說：「父親自幼家境清貧，做為五個兄弟和四個姊妹中的長兄，他幫助父母撫養弟妹，很早就承擔起家庭的責任。以後在求學及工作鍛鍊中，他成為一個謙虛、勤謹、忠誠敬業和責任心很強的人。他少言寡語，慎思熟慮，但也頗有幽默感。」

這種沉穩的性格，為他以後在戰亂中處理學校事務創造了有

利的條件。著名教育家傅任敢先生曾經撰文說：「做領袖的人有兩
種，一種使人懾服，一種使人悅服。……梅校長的品性中深深具有
這一點。」當年在西南聯大做學生的何兆武先生這樣回憶：「梅貽
琦風度很好，頂有紳士派頭，永遠拿一把張伯倫式的雨傘，甚至於
跑緊急警報的時候，他還是很從容的樣子，同時不忘疏導學生。在
那種緊急的關頭還能保持這種風度確實很不容易，大概正是因為他
的修養，所以能夠讓一個學校在戰爭時期平穩度過。」

　　在戰亂時期，學校發生大大小小的運動都是相當正常的事情。
學生的情緒是很容易被時局煽動的。最著名的如一九三五年的「一
二九」運動，北平大大小小的學校都參加了這場運動，運動驚動了
政府，數千軍警闖入清華大學逮捕學生。為了應對這個棘手的局
面，學校的幾位領導人聚在梅貽琦家裡商量對策。梅貽琦校長默然
不發一言，最後大家都等他說話，足足有兩三分鐘，他還是抽著煙
一句話不說。馮友蘭教授見此問道：「校長——你看怎麼樣？」梅
貽琦還是不說話。然後，葉公超教授也忍不住了，問道：「校長，
您是沒有意見而不說話，還是在想著而不說話？」他隔了幾秒鐘回
答：「我在想，現在我們要阻止他們來是不可能的，我們現在只可
以想想如何減少他們來了之後的騷動。」實際上，他在傾聽大家的
心聲，琢磨著如何綜合採納大夥的意見，真是所謂「大智若愚」。
會後，梅貽琦先生回學校主持大局，挺身保護學校的學生。

西南聯大的「船長」

　　沉穩的另一面便是不急不躁、堅韌和寬容。

　　一九一五年，他應清華之聘擔任教師，不久便厭倦了。回天津
見恩師，張伯苓不同意：「你才教了半年書就不願意幹了，怎麼知

道沒興趣？青年人要能忍耐，回去教書！」這件事給梅貽琦先生影響甚大，以致他在清華大學一做就是一輩子。

　　梅貽琦先生主持西南聯大的八年可能是他一生經歷中最艱難的一段時間。時局不穩定，物價飛漲，加上敵機的連年轟炸，打亂了正常生活和教學秩序。但就在這樣的時代背景下，西南聯大在梅貽琦先生的治理下，依然造就了一大批傑出的人才。一九四一年，梅貽琦先生在一次會上說：「在這風雨之秋，清華正好像一條船，漂流在驚濤駭浪之中，有人正趕上駕駛它的責任，此人必不應退卻，必不應畏縮，只有鼓起勇氣，堅忍前進，雖然此時使人有長夜漫漫之感，但我們相信，不久就要天明風定，到那時，我們把這條船好好開回清華園，到那時他才能向清華的同人校友敢告無罪。」

　　梅貽琦先生無不良生活習慣，生活簡樸清廉。梅貽琦先生酒量頗大，但酒風卻一直很好，被酒友們尊為「酒聖」。考古學大師李濟回憶：「我看見他喝醉過，但我沒看見他鬧過酒。這一點在我所見的當代人中，只有梅月涵先生與蔡子民（蔡元培）先生才有這種『不及亂』的紀錄。」他的學生林公俠認為梅貽琦先生在清廉方面堪稱「聖人」：「他在母校十幾年，雖然清華基金雄厚，竟不苟取分文，在汙染成風的社會竟能高潔、清廉到這樣的地步，真是聖人的行為。只這一點，已可以為萬世師表。」

什麼樣的教育讓人終生難忘

　　《上學記》是歷史學家何兆武先生的口述史，他將大半生的求
學經歷娓娓道來，引領讀者對人生觀、教育觀和幸福感的深思，尋
找教育的真諦。

　　在何先生的記憶中，他的求學時代不僅有軍閥混戰，有長達八
年之久的抗戰，也有尊孔讀經與白話文教育之爭……但最令他難忘
的是讀書日子只有兩次，「一次是從初二到高一這三年，另一次就
是西南聯大的七年」。這十年的上學經歷，是何先生最為難忘的時
光，也使他從一個懵懵懂懂的孩子成長為獨立的知識分子。

　　據何先生回憶，他上中學後，主修國文、英文和數學，其餘
的都屬副課，課外作業幾乎沒有，這為他閱讀課外書創造了得天獨
厚的條件。何先生上初二年級以後，閱讀視野逐漸擴大，不再限於
《三俠五義》、《七俠五義》、《水滸傳》之類的武俠小說，他還
翻閱了不少筆記小說，逐漸接觸到一些雜誌、報紙和新出版的東
西。比如一九三七年春，開明書店出版的《中學生》雜誌裡連載了
歷史學家顧頡剛的文章，梳理了明末清初的三大家：顧炎武、王夫
之和黃宗羲，這讓他大開眼界。

　　因為年輕，正是知識初開的時候，何先生每次跑到北平圖書館
借書，一借就是五本，差不多一個星期就能看完。不僅如此，還向
同學借書。有一個叫關崇焜的同學，是官僚貴族子弟，家裡藏書很
多。何先生在他家讀了不少清人筆記，而且借了許多新文學的書，
例如徐志摩的詩歌、冰心的散文、魯迅的小說……除此以外，某些

學術性的東西他也看，如《天演論》、《說都叢刊》、《神祕的宇宙》、《物理世界的性質》等。這種如飢似渴的閱讀，不僅給何先生帶來了快樂，而且開闊了他的視野，開始關心起時局和政治，使得何先生不無得意地認為：「其實受教育不一定是在課堂上聽老師講。」

　　何先生的高中是北平師範大學附中，其南邊是琉璃廠，那是全國書店最集中的地方。每天午飯後，何先生常與幾個大同學去那裡逛書肆。除閱讀外，何先生對體育、音樂、戲劇和電影同樣興致盎然。可好景不長，日本於一九三七年攻占了北平，何先生隨家人回老家避難。中學時代的美好讀書時光，就這樣落下了帷幕。

　　兩年之後，何先生如願考上了西南聯大。這所大學是由北京大學、清華大學和南開大學臨時組建而成，是當時全國最好的大學。聯大的三個學校，本來就有自由散漫的傳統，到了雲南之後，由於不受政治勢力的干預，保持了原有的作風。據何先生回憶，聯大不僅大師雲集，而且非常自由，「沒有任何組織紀律，沒有點名，沒有排隊唱歌，也不用喊口號，早起晚睡沒人管甚至人不見了也沒有人過問，個人行為絕對自由」。學生遇到喜歡的課或老師可以隨便去聽，不喜歡的也可以不去，逃課、湊學分和窗外的聆聽，是聯大校園一道獨特的風景線。

　　儘管聯大學生上學和吃飯全都是免費的，但吃喝玩樂的事情少有可能，這些背井離鄉的學生一年四季都在校園裡，除了讀書，便是在草地上曬太陽，或上茶館侃大山，抑或看看電影。有些學生去中學做兼職老師，有的人在外縣教書，到考試時才回來。

　　聯大老師上課是絕對自由的，講什麼內容、怎麼講全由老師自己掌控。每個老師都有自己的理論體系，從沒有統一的教學計劃、教學參考書和教案。例如歷史系的錢穆與雷海宗兩位老師各執教一

班，同樣講中國通史，但兩人所教內容大不相同。陳寅恪上課的時候，一進教室就滔滔不絕地講起歷史，基本不看書，因為他對那些材料都已如數家珍了。聯大的很多老師喜歡在課堂上發牢騷、閒扯，甚至罵人，有些老師喜歡對時局發表意見。教師可以按照自己的思路自由發揮，這是書本裡學不來的，同時開闊了學生的思路，逐漸形成自己的判斷。

　　這樣的「自由散漫」，在今天的學校教育中幾乎是不可能的。但話說回來，這樣的教育才是最令人難以忘懷的，正如何先生說：「那幾年生活最美好的就是自由，無論幹什麼都憑自己的興趣，看什麼、聽什麼、怎麼想，都沒有人干涉，更沒有思想教育。」也因為這個緣故，何先生將七年的聯大生活稱之為「一生中最愜意的一段好時光」。

西南聯大為何成為教育史上的奇蹟

近年來，有關西南聯合大學的話題層出不窮，特別是「錢學森之問」出現之後，這所僅存八年的大學被人們普遍關注。

逆境中的求學生活

聯大的辦學條件堪稱世界上最為簡陋和艱苦的，在此情況下，它依然培養造就了一大批優秀學子，比如汪曾祺、殷海光、楊振寧、李政道、王浩等，這些人成為各個領域的大師。

西南聯大是在抗戰的烽火中建立起來的。一九三七年，抗戰全面爆發，清華大學、北京大學和南開大學遷至湖南長沙，組建「長沙臨時大學」。一九三八年四月，「長沙臨時大學」西遷至昆明，改名為「國立西南聯合大學」，並於五月四日正式開學。一九四六年五月，三校遷回原址，分別恢復原校名。至此，西南聯合大學結束了短暫的八年辦學生涯。

翻開《聯大八年》一書，我們能清晰地看到，西南聯大是中國現代大學的典範，即便在戰亂時期，其學生依然保持高度的求學熱情，戰火掩蓋不了學子的朗朗讀書聲，令後人肅然起敬。

聯大的辦學條件堪稱世界上最為簡陋和艱苦的，學生住的是茅草屋，土牆、草頂、透風的木格子窗。據走幸田回憶，學校每年都要對茅草屋修補一次，但在修補之前，一碰上傾盆大雨，整個寢室就成了澤國，學生得打傘過夜。

　　光遠在〈片段的回憶〉一文中說：「剛來的時候，學校沒有裝電燈，寢室裡是八人一組，公用一盞油燈，油當然是不夠的。女工來上油，不記得是隔日一次還是一日一次。」直到一九四〇年三月三十日，新的寢室裡有了電燈，可燈光依然暗淡，許多學子不到半年便近視。至於聯大學生的伙食方面，更是可想而知了。由於物價上漲，聯大不僅伙食壞，而且還得忍受廚房的髒。

　　但是，物質上的貧乏並沒有動搖聯大學子的求學欲望。光遠回憶說：「圖書館是用汽燈。偌大一個圖書館並沒有幾盞，因此搶座位比在電影院購票還要擁擠。天未黑，館外便黑壓壓地站滿了人，門一開便向裡湧，湧進門便分頭向汽燈下面跑……」因為圖書館位置有限，他們挾著書不得不去教室、茶館和雲南大學的圖書館等地方搶位置看書。

　　走幸田在〈我住在新校舍〉中回憶道：「泡茶館也形成了我們生活的一部分。在平時，因為寢室不能念書，而圖書館又顯得那樣嚴肅陰森，於是有一部分同學在茶館裡念書。」這些都是平靜時期的生活，但如果遇到日本戰機空襲轟炸，聯大師生都紛紛跑警報逃命，而「跑警報已經成了日常課程」。不少學子在跑警報時，不忘帶上書，這成了一道獨特的風景線。

振奮人心的業餘生活

　　聯大學子的豐富業餘生活，磨練了他們的意志，也促進他們精神的成長，很多學子能夠在戰火中體味學習來之不易，因此以更大的熱情投身於學習和研究。

　　聯大學子的業餘生活可謂豐富多彩。《聯大八年》記錄了聯大學子當助教、做兼差、辦社團、從軍等各種生活片段。隨著戰時物

價飛漲，聯大學子不得不出去兼差以彌補生活費的不足，據不完全統計，有一半以上的學子在外面兼差，有當教員和家庭教師的，有在金店當師爺的，有做郵務員的，有在政府裡當祕書的，有做翻譯的……他們進入了各個階層，擔當起形形色色的職務。

劉離做過油漆汽車牌照的事、兼課教員、報館編輯等工作。木水公當過六七年的老郵工。胡益則在大街上賣報，嘗盡了人世間的酸、甜、苦、辣。有一位闊太太因為憐憫胡益，便塞給他一張兩千元的票子。結果，胡益追上去，將多餘的錢還給了闊太太。可見，胡益並沒有因為生活的困難而丟掉良知的底線，令人讚賞。

王宗周在〈從軍生活〉中回憶了他在軍營裡的生活。聯大有不少學子從軍入營，都做了二○七師炮一營補給連的兵。誠然，從軍非常辛苦。他們隨軍到印度作戰，這期間目睹了國民政府的腐敗和印度人民的窮苦，而這些學子也吃了不少苦頭。劉離在〈從軍苦〉一詩中寫道：「當兵苦，／有話說不出，／眼淚只好向肚子裡面流。」如果說從軍做的是士兵的體力活，那當翻譯官則是腦力活，而且待遇比較高。聯大為應急戰時的需要，開設了譯訓班，在大四的學生當中徵調翻譯官，先後有五百多人充當隨軍翻譯官。

由於聯大學子在外兼差賺得了一些錢，生活有了很大改觀，有些人就租房過生活。當然，他們也有娛樂生活，比如玩橋牌、看電影、聽音樂、閒聊……這些都是他們最普通的娛樂。據走幸田回憶，聯大學子欣賞到了不少的國外優秀電影，也欣賞到了一流電影明星的表演。這些娛樂生活，無疑充實了他們的業餘生活，豐富了他們的精神世界。

儘管如此，也有一些聯大學子因為深陷苦悶、彷徨和享樂，一時走向人生的低潮。據聯大資料室回憶：「三十年春天以後，同學大都消沉下來，少數人埋頭於功課，其餘的閒極無聊，整天坐茶館

打橋牌。跳舞也時興起來了……這是聯大同學在生活情緒上的低潮時期，在學習上，也缺少以前的緊張蓬勃的氣概。」這樣的情緒波動也是年輕學子的人生特徵，多數學子依然在困境中昂首前行。

一介書生不忘愛國

聯大學子身處內憂外患這一特殊年代，心中裝滿了憂國憂民的情懷。他們能夠站在時代前沿，為爭取自由、民主與和平吶喊，顯示出他們所獨有的精神風貌。

聞一多在〈八年來的回憶與感想〉中說：「聯大風氣開始改變，應該從三十三年算起，……抗戰期間的青年是大大的進步了，這在『一二一』運動中表現得尤其清楚。」聯大學子從注重學術研究和學習，紛紛投入到談時局、組織社團、辦刊物等活動中去。

聯大學子組織了不少社團，比如群社、冬青社、聯大文藝社等。群社是他們的團體生活方式。據殘年回憶，群社最盛時期，社員達到兩百多人。他們利用群社開辯論會，有意思的是搬出他們「戀愛與結婚」的辯論話題，曾引起大討論。假期的時候，群社還分成哲學、經濟、文藝、詩歌等各種學習小組，探討諸多學業和社會問題。其實，每個社團都有各自的刊物，最有名的當屬壁報。聯大壁報的「熱風」，針砭時弊，精銳潑辣，頗受讀者歡迎。

聯大學子除辦報談論國是，引領時代新風尚外，他們還以實際行動參與了愛國運動。聯大學子曾兩次參與「倒孔運動」。公唐在〈倒孔運動〉中說：「太平洋戰爭爆發後，香港危在旦夕，留居香港的黨國要人和文化界名流被困無法脫身，孔祥熙竟以飛機搶運老媽子和洋狗，一時輿論喧嘩，而沉悶已久的聯大同學尤感憤恨。」於是，一場自發而起的愛國運動爆發了，至少讓世人看明白了孔祥

熙的真實面目。

另一次運動則是「一二一」。抗戰勝利前夕，雲南政府突然宣布改組，與當地駐軍發生衝突，驚擾了當地市民。聯大學子宣布罷課，和雲南各大學一道參與反內戰呼籲和平活動。不幸的是，大批特務和軍警毆打學生，造成四名聯大學子流血犧牲。這一次運動，最終促成了停止內戰、協商團結的新局面。

《聯大八年》還記錄了聯大的一九四五年和一九四六的兩次「五四」紀念活動，都富有特殊意義，是對聯大歷次學生運動的總結，其碩果纍纍，為以後的學生民主運動打下了堅實的基礎。一九四六年的「五四」期間，聯大舉辦了「科學晚會」、「音樂晚會」、「詩歌朗誦晚會」、「陽光美展」等活動，師生們都奉獻出他們的熱情，這對當下的「五四」紀念仍舊具有一定參考價值。

聯大校長梅貽琦說過這樣一句話：「大學者，非有大樓之謂也，有大師之謂也。」同樣，一所大學之所以名聲顯赫，非學生數量之龐大，而在於能否培養高質量的學生。聯大學子在困境中潛心典籍，孜孜不倦的學習精神，的確是一種寶貴的精神資源。

現代教育的世外桃源

人散後，一鈎新月天如水。

—— 豐子愷

　　民國時期，中國教育有過短暫的春天。在整個中學教育界，湧現出了南開中學、揚州中學、北師大附中、金陵大學附中、上海浦東中學、春暉中學等名校，而春暉中學則一時名震四方，成為南方名校中的佼佼者，歷史上有「北南開，南春暉」的美譽。

　　春暉中學至今有百年歷史，其前身是春暉學堂。一九〇八年，浙江上虞富商陳春瀾出資五萬銀元，於當地小越橫山創辦春暉學堂。其校名既與創辦者陳春瀾名字有關，又出自唐代詩人孟郊〈遊子吟〉「誰言寸草心，報得三春暉」的詩句，可謂一語雙關，意義深遠。

　　春暉學堂創辦後，致力於小學教育。春暉中學的籌建正值「五四運動」時期。一九一九年，時任浙江第一師範的校長經亨頤多次與陳春瀾會面商談，有意接辦中學培養人才。一九一九年十二月，陳春瀾籌辦春暉中學，在〈謹託校董書〉中寫道：「予自光緒三十四年出資伍萬元，創辦春暉初小學堂，立案時曾聲明辦至中學程度為止。……現予年已八十有三，本校高小畢業已屆六次，誠宜接辦中學，踐予前言。」隨後，陳春瀾捐出二十萬銀元辦校，成立了由王佐、經亨頤等十人組成的校董會，經亨頤為首任校長。

　　一所學校能否成為名校，與辦學者素質、辦學理念及其環境

分不開。春暉中學校董會推舉經亨頤為校長，基本上奠定了春暉中學日後的走向。校長經亨頤學貫中西，精通現代教育思想，且是浙江第一師範的校長，兼任浙江教育會會長，此時的浙一師已成為江南「五四」新文化運動的中心。經亨頤在整個教育界頗有威望，他提倡「人格」教育和「自動、自由、自治、自律」教育，反對將學校變為「販賣知識之商店」，求學是「學為人而已」。一九二〇年初，經亨頤由浙江省官廳調離浙一師，決意離開省城，回到老家上虞尋找新的教育天地，而春暉中學是他的理想去處。

春暉中學的選址問題經過校董會幾番周密研究，最後定於白馬湖畔。白馬湖地處窮鄉僻壤，自然風光綺麗，環境幽靜，但交通不便，而將一所新式學校安置於此地，自然有辦學者的想法。綜合起來說，大致有這樣幾個原因：一是環境幽雅，是修身治學的首選之地。當年，蔡元培先生初到春暉中學講演，發出了這樣的感歎：「此地白馬湖風景的好，是城市中人所難得目睹的，空氣清爽，不比都會的煙塵薰蒸，⋯⋯此地有這樣的好風景，是別處所不易得的。」二是「教育獨立」思想的體現。許多知識分子都將此思想作為辦學的重要依據。春暉中學遠離城市的喧囂紛擾，很容易辦成「純正教育」。三是意在改造鄉村。朱自清在〈教育家的夏丏尊先生〉一文中說：「夏丏尊先生是一位理想家。他有高遠的理想，可並不是空想，他少年時傾向於無政府主義，一度想和幾個朋友組織新村，自耕自食，但是沒有實現。他辦教育，也是理想主義的。」可見，他們堅持在鄉村辦學多半是對建設新村理想的堅守。

一九二二年九月十日，春暉中學終於在白馬湖畔落成開學。這所新式中學的校舍別具一格，充滿人文氣息。據斯而中回憶：

> 春暉的校舍都是新建的西式樓房，一座教室大樓取名為「仰山樓」因為從上面看下去呈「山」形，故取名。學生宿舍呈「一」形，取名「曲院」，也是樓房。還有辦公大樓，圖書館、實驗室、食堂等。在仰山樓前闢了一座游泳池，供學生練習游泳；還有足球場、籃球場、網球場等，……學生宿舍四人一間，有單人床、小寫字臺，適宜於晚間自修。

在當時，這樣的學校已經非常現代化了，且處於白馬湖畔，顯得更加美麗宜人，對浸潤師生心靈起到了很好的作用。

不僅如此，春暉中學的教師宿舍建築也獨具風格。校長經亨頤為讓教師安心工作，特按照教師的志趣設計樓房，並讓教師給各自的宿舍取名。由於教師隊伍中有不少是有過日本留學經歷，在白馬湖畔建造了一排日本風格的平房，比如經亨頤的「長松山房」、豐子愷的「小楊柳屋」、夏丏尊的「平屋」……當年，經亨頤得知李叔同將趕赴寧波繞道上虞，便和夏丏尊一起中途截人。經亨頤敬重李叔同的人品和學問，為了留住他，便以最快的速度在白馬湖邊的山腰蓋了兩間小屋，取名為「晚晴山房」，以便李叔同長住講學。

春暉中學有了大樓，剩下事情當然是搜尋天下大師。老清華大學校長梅有句名言：「所謂大學者，非謂有大樓之謂也，有大師之謂也。」中學教育又何嘗不是如此呢？校長經亨頤在教育界有許多人脈關係，這為春暉中學招攬優秀人才創造了條件。在這些教師中，有的是經亨頤的老鄉，有的是經亨頤的同事或朋友。春暉中學籌辦後，經亨頤請來了在湖南長沙第一師範學校任教的夏丏尊。他也是上虞人，對春暉中學傾注了大量的心血：「你是一個私立的，不比官立的幾事多窒礙。當現在首都及別省官立學校窮得關門，本省官立中學校有的為了爭競位置、風潮迭起、醜穢得不可向

邁的時候，豎了真正的旗幟，振起純正的教育，不是你所應該做的事嗎？」夏丏尊到校後，匡互生、豐子愷、劉薰宇、朱自清、朱光潛等文化名流也相繼來到春暉中學。此外，相繼前來講學的還有蔡元培、黃炎培、沈仲九、俞平伯、李叔同、張聞天、葉聖陶、胡愈之、張大千等人，最終形成了「白馬湖作家群」這一特殊的人文景觀，這在現代中國的中學教育史上都是前所未有的。

　　這些文化名流聚集在白馬湖畔，幽靜的環境恰恰為他們激發了他們的創作靈感。朱自清在〈白馬湖〉一文中寫道：「我們幾家接連著；丏翁的家最講究。屋裡有名人字畫，有古瓷，有銅佛，院子裡滿種著花。屋子裡的陳設又常常變換，給人新鮮的受用。他有這樣好的屋子，又是好客如命，我們便不時地上他家裡喝老酒。丏翁夫人的烹調也極好，每回總是滿滿的盤碗拿出來，空空的收回去。……我們喝酒的時候，我們說話很少；上了燈話才多些，但大家都已微有醉意。是該回家的時候了。若有月光也許還得徘徊一會；若是黑夜，便在暗裡摸索醉著回去。」在白馬湖畔，他們留下眾多膾炙人口的文章，如朱自清的〈教育的信仰〉、朱光潛的〈無言之美〉、豐子愷的〈山水間的生活〉等等，夏丏尊則在「平屋」裡埋頭還翻譯了《愛的教育》。

　　春暉中學是愛和人格教育的實踐地，亦為中國現代教育的世外桃源。一九一九年，經亨頤在〈春暉中學計劃書〉中這樣寫道：「余為倡人格教育、英才教育、動的教育之一，即主張中學畢業生宜多式而不宜一式也。」夏丏尊則說：「我們所行的是人的教育，當然應當用人來做背景。」一九二二年十二月二日，春暉中學舉行開學典禮。經亨頤在典禮上做了如下發言：「近年來奔走南北，有一種感觸，覺得官立、國立的學校，現在實不能算好，但要怎樣才會辦好呢？這條件回答是很難的。我第一希望社會能同情於春

暉，第二希望校董能完全負責，第三希望有安心的教員，第四希望
有滿意的學生。這四種是學校辦好的條件。官立的學校或不能如此
希望，春暉卻可如此希望的。」這四個希望可謂春暉中學的立校之
本，使春暉中學走向成功，贏得了社會的讚譽。

　　春暉中學有「五夜講話」的傳統，即每月逢五晚上舉行。「五
夜講話」類似於現在的學校講座，前來講話的既有本校教師，也有
從外面請來的文化名人，這是春暉中學教師為開拓學生視野、陶冶
情操、收穫知識的一種全心嘗試。據校刊《春暉》記載，五夜講稿
有經亨頤的〈青年修養的問題〉、豐子愷的〈美的世界與女性〉、
蔡元培的〈羨慕春暉學生〉等等。一九二三年九月二十五日夜，正
值秋天，豐子愷發表了《裴德文與月光曲》的講演，並親自彈奏
〈月光曲〉，夜晚的白馬湖泛著霧氣，朦朧而飄渺，頓時使師生感
動而神往。

　　在文化名流們的教育薰陶下，學生沐浴在愛、寬鬆、自由、
民主、充滿個性的教育氛圍中。春暉中學的學生來自全國各地，有
不少學子都是慕名前來學習。一九二四年三月十二日，國文教員朱
自清不無感慨地說：「這裡的師生卻沒有這樣情形。無論何時，都
可自由說話；一切事務，常常通力合作。校裡只有協治會而沒有自
治會。感情既無隔閡，事務自然都開誠布公，無所用其躲閃。學
生因無須矯情飾偽，故甚活潑有意思。又因能順全天性，不遭壓
抑；加以自然界的陶冶：故趣味比較純正。」師生關係融洽和諧，
親密無間，課餘飯後，師生共同在白馬湖邊閒談。學生不僅習得知
識，獲取人生感悟，而且重要的是「愛」和「感恩」等思想深入學
生的骨髓。從春暉中學走出去的人，不僅有健康的體魄，而且有健
全的人格。

　　始料不及的是，春暉中學的衰退始於一九二四年冬天的「氈

帽事件」。那是一個寒冷的早晨，有個叫黃源的學生在出操時戴了一頂氈帽，體育老師發現後，令其摘掉帽子，結果黃源不從，便與老師發生爭執。事情發生之後，學校立即要給黃源以記過或開除處分，而匡互生則認為黃源是個學生，教師應該盡力用關愛挽救他。可惜此時的校長經亨頤兼任寧波四中校長職務，此事全由代理校長負責處理。自此，學校氣氛異常緊張，匡互生感到春暉不再是理想之地，憤然辭職。不出幾個月，朱自清、夏丏尊、豐子愷、劉薰宇等人都相繼離開了春暉。

後來，朱自清先生在〈教育家的夏丏尊先生〉一文中回憶說：「但是理想主義的夏先生終於碰著實際的壁了。他跟他的多年的老朋友校長經先生意見越來越差異，跟他的至親在學校任主要職務的意見也不投合；他一面在私人關係上還保持著對他們的友誼和親誼；一面在學校政策上卻堅執著他的主張、他的理論，不妥協，不讓步。他不用強力，只是不合作；終於他和一些朋友都離開了春暉中學。」這些文化名流便到上海創辦了立達學園，算是春暉中學教育理想的延續。

此後，春暉中學也開始了民國政府的「黨化教育」，那種文人創辦的「純正教育」不歡而散。儘管如此，春暉中學有過輝煌的歷史，其精神依然給予後人許多啟示，這也是一種難得的教育資源。

歷久彌新的《開明國語課本》

　　近年來，一部七八十年前使用的小學語文教材——《開明國語
課本》重印，被人們紛紛搶購至屢屢斷貨，一時洛陽紙貴。一部普
通的老教材緣何再次受到後人的普遍關注呢？殊不知，此部教材最
初由民國時期的開明書店出版，烙上了深深的開明印記。

「靠幾個知識分子辦起來的書店，開明書店是第一家」

　　開明書店的前身是新女性雜誌社，其創始人章錫琛原是商務
印書館的資深編輯。一九二五年，章錫琛主編的《婦女》雜誌刊出
「新性道德號」引起社會軒然大波，被迫提交辭呈。在鄭振鐸、胡
愈之、周建人等朋友的支持下，章錫琛毅然創辦新女性雜誌社。據
當事人陳學昭回憶：「大家發起辦一個《新女性》雜誌，每人拿出
五元，記得大約有四五十人參加，我也是參加者之一，拿這筆聚攏
來的錢作為第一期的印刷費。」一九二六年八月，開明書店正式在
上海成立，「從辦雜誌開始，靠幾個知識分子辦起來的書店，開明
書店是第一家」（胡愈之）。

　　由新女性雜誌社發展而來的開明書店，「初創時，沒有一定
的出書計劃，只想印一些朋友的好著作」（唐錫光）。開明書店最
初都是圍繞婦女問題做選題，不同程度地限制了開明書店的發展格
局。正當開明書店的定位尚不明朗的時候，教育家夏丏尊加盟了開
明。一九二七年，章錫琛推舉夏丏尊擔任編輯所所長，主持編務工

作。夏丏尊在國內教育界有不少朋友和學生,是一位忠厚的長者,這本身是一種優勢。在整個出版過程中,夏丏尊關注的是教育類書籍,以彌補學校教育之不足。從此,開明書店開始進入教科書市場。

「小學生是兒童,他們的語文課本必是兒童文學」

開明書店的教科書印行是從一九二八年的《開明活頁文選》開始,屬中學國文教材。在當時,商務印書館、中華書局、世界書局等出版社都在印行中小學教科書,這些教科書的編纂大致相同,無非是將若干篇課文編排裝訂成冊。當時,學校可以自行挑選教科書,所以教科書的出版競爭日趨激烈。

據葉聖陶的兒子葉至善回憶:「《開明活頁文選》不僅提供選擇的課文篇數多,範圍也超過了各家的課本,其中有不少選自最新的書籍報刊,是現成的課本不可能有的。每出版一批課文,就有目錄分送到各所中學,供國文教師挑選。在目錄上,各篇課文都有編號。教師選定了哪些篇,只要按次序開列編號,注明需要多少份,交給開明書店,開明書店立即配齊送到。售價以頁數計,記得每頁才五厘錢,總之不高於課本的定價。如果在上學期末就把課文選定了,老師還可以要求裝訂成冊,開明書店一定照辦不誤,加上早就準備好的封面,還排印一份篇目,裝在課文前頭。」《開明活頁文選》出版後,贏得了讀者的讚賞,獲得了可觀的經濟效益。開明書店這一創舉很快被其他出版社紛紛效仿,對後世影響非常大。

一九二八年,夏丏尊、劉叔琴、杜海生、吳季候、豐子愷、夏貸均等人共同發起,將開明書店改組為股份有限公司。據葉聖陶回憶:「開明的業務稍有開展……弟兄倆於是拉朋友們入股,少的五塊十塊,多的也只有幾十上百塊。朋友大多是文化界中人……一九

二八年正式改為股份公司。」這之後，隨著葉聖陶、朱自清、林語堂等人的繼續加盟，公司將出版教科書作為發展方向。

　　一九三○年底，商務印書館的編輯葉聖陶跳槽到開明書店。由於葉聖陶自身就熱愛教育，且在商務印書館做過將近八年的國文部編輯，對編寫教科書情有獨鍾，這對開明書店的發展起到了非常大的作用。

　　開明書店汲取了《開明活頁文選》編寫的成功經驗，醞釀編寫一部小學國語教科書，這一重擔落在了葉聖陶和豐子愷身上。這兩人的確是比較合適的人選：葉聖陶和豐子愷都做過教師，對教育相當內行。為了保證教科書的質量，葉聖陶和豐子愷從一九三一年起就開始籌備編寫工作，為這部教材耗費了大量的心血。

　　在當時情況下，編寫一部教材並非一件簡單的事情，既要對教育起到作用，促使兒童身心健康發展，還需要顧及政府的教育方針，得到政府的審查認可。在民國時期，政府的教科書審查依據的是教育方針和政策，小學國語課程有國家標準，但這只是指導性意見。學校使用的教材沒有統一性，教材的編寫全由民營出版機構自己組織，教材編得好不好，由讀者自行判斷。這對開明書店來說，既是機遇，又是巨大的挑戰。幸好這兩位編寫者都有強烈的兒童教育情結，葉聖陶在編寫時就說過：「小學生是兒童，他們的語文課本必是兒童文學，才能引起他們的興趣，使他們樂於閱讀，從而發展他們多方面的智慧。」這為整部教材的編寫定下了一個基調。

民國時代的特殊風景線

　　這部教材的編寫工作整整花了一年多時間，葉聖陶後來回憶說：「在一九三二年，我花了整整一年時間，編寫了一部《開

明小學國語課本》，初小八冊，高小四冊，一共十二冊，四百來篇課文。這四百篇課文，形式和內容都很龐雜，大約有一半可以說是創作，另外一半是有所依據的再創作，總之沒有一篇是現成的，抄來的。」為課文配圖的是豐子愷，使課文圖文並貌，十分雅致。

　　這部教材凝聚了兩位文化人的智慧和心血。整部教材突出「兒童本位」，有濃厚的「兒童文學」色彩，這與當時政府提倡的「按照兒童身心發展的程序，培養國民之基本知識技能，以適應社會生活」的教育思想非常符合。葉聖陶在《開明國語課本》的「編輯要旨」中說：「本書內容以兒童生活為中心。取材從兒童周圍開始，隨著兒童生活的進展，逐漸拓張到廣大的社會。與社會、自然、藝術等科企圖做充分的聯絡，但本身仍然是文學的。」「本書圖畫與文字為有機的配合；圖畫不單是文字的說明，且可拓展兒童的想像，涵養兒童的美感。」可見，葉聖陶和豐子愷在編寫的時候已經考慮得十分全面。

　　一九三二年六月，這部教材由開明書店陸續出版發行，引起了社會轟動，許多學校紛紛訂購使用此教材，一時成了暢銷書，當時就有人這樣評論說：「材料活潑雋趣，字裡行間，流露天真氣氛，頗合兒童脾胃。」連當時的編寫者葉聖陶都不無自信地說：「我最近一年寫了一部《初級小學國語課本》，銷行起來，數量一定比小說集子多；這倒是擔責任的事，如果有什麼荒謬的東西包含在裡邊，貽害兒童實非淺鮮。」一九三四年，《開明國語課本》最後四冊出版，每冊三十六篇。短短幾年間，此教材被多次重版印刷，一九三七年七月出版第二十七次，不到二十年先後印行四十餘次。這對一個新生的出版社而言，是一件非常了不起的大事，無疑是開明書店的出版傑作。

　　此後，開明書店的教科書印行出現了穩步發展的局面，也成了開明書店的一大特色。一九三五年，開明出版了《國文百八課》，是由葉聖陶和夏丏尊共同編寫的一部中學國語課本，此教材依據他們「往日教學的經驗和個人的信念」編寫，一時成了富有特色的中學國語課本。此後，開明書店相繼出版了《開明新編國文讀本（甲、乙兩種）》、《少年國語讀本》、《開明新編高級國文讀本》、《開明文言讀本》等教科書，一時成了出版界的佳話。

　　開明書店在教科書印行方面走在當時國內出版界的前列。據《民國時期總書目1919-1949中小學教材》統計數據表明，開明書店出版了一百一十七種教科書，其中小學教材二十五種，中學教材九十一種，師範教材一種，其內容涉及國語、算術、英文、自然、常識、音樂等，形成了特有的「開明風格」。值得一提的是，開明書店的教科書編輯大都是知名的文化人，比如擔任國文教材編輯的有夏丏尊、葉聖陶、朱自清、呂叔湘等人，擔任英文教材編輯的有林語堂、孟予厚、張沛霖等人，畫家豐子愷則擔任美術和音樂教材的編輯，正因為有了這些名人編輯，開明書店的教科書出版成了民國時代的特殊風景線，在民國國文教科書出版上無疑是一匹黑馬。

第五輯　守夜者箚記

魯迅是什麼樣的人

　　一九三六年十月十九日，魯迅悄然離開了人世。數以萬計的人前來送他，在他的身體上覆蓋著「民族魂」三個字，毛澤東特地發表講話，說魯迅的骨頭最硬，魯迅成了眾人皆知的英雄。

　　半個多世紀過去了，人們依然在談魯迅。魯迅留給後人的話題太多了，他幾乎成了一個救世的英雄。正因為如此，一個真實的魯迅消失在人們的視線中。長期以來，人們所見到的是一個被歷史的理性所改造過的魯迅，一個堅硬而荒涼的魯迅。所以，有時我在想：為什麼魯迅的心如此荒涼，只能是「硬骨頭式」的呢？為什麼中國只會出現這樣的作家，而這樣的作家又特別受人歡迎呢？

人們眼中的魯迅

　　魯迅果真像許多人所說的那般偉大嗎？在偉大與平凡之間，我更希望他是一個平凡的人，我更希望自己能夠將一個真實的人展現於眾人面前。問題是，魯迅到底是什麼樣的人？

　　毛澤東說：「魯迅是中國文化革命的主將，他不但是偉大的文學家，而且是偉大的思想家和革命家。」

　　馮雪峰說：「在中國，魯迅作為一個藝術家是偉大的存在，在現在，中國還沒有一個藝術家能在藝術的地位上及得上他。」

　　同時期的魯迅研究者李長之則說：「魯迅在許多機會是被稱為思想家了，其實他不夠一個思想家，因為他沒有一個思想家所應有

的清晰以及在理論上建設的能力；……至於在思想上，他卻止於一個戰士。」

王朔說：「我認為魯迅光靠一堆雜文、幾個短篇是立不住的，沒聽說有世界文豪只寫過這點東西的。」

這些都是人們眼中的魯迅，這些評論有從意識形態角度出發的，有從文學藝術角度出發的，也有從思想文化角度的；有論述他偉大的，也有論述他缺陷的。統而言之，魯迅是一個不可多得的文化戰士。作為一個戰士，他的使命就是不停地戰鬥，直至生命結束。戰士所創造的業績，也就是戰鬥的輝煌，而非戰爭理論上的輝煌。「五四」之後，新文化陣營出現了分化，魯迅曾這樣寫道：「兩間一小卒，荷戟獨彷徨。」這就非常形象地描寫了他當時的處境。這之後，魯迅將更多的時間用於寫雜文，充當的是一個戰士的角色。

然而，魯迅為什麼就不能心平氣和地去創作更多的純文學作品呢？王曉明認為這是魯迅的情感使然，也不無道理。蘇雪林曾說魯迅「多疑」，心理上有某種病態，也自有道理。魯迅多疑、冷峻、激烈的性格，使得他不能冷靜地去面對這個世界，不能以平靜的心態去啟蒙大眾。

「匕首」、「投槍」、「毒氣和鬼氣」

魯迅的確很愛人，也想以文字來喚醒沉睡的民眾。但愛的方式卻是最為原始的。他是一個愛憎分明、非常有正義感的人，「橫眉冷對千夫指，俯首甘為孺子牛」，「絕不寬恕人」，「痛打落水狗」，「以其人之道，還治其人之身」……所以，有人說魯迅的雜文是「匕首」，是「投槍」。

　　魯迅則最清楚自己的狀況了，他曾說：「我自己總覺得我的
靈魂裡有毒氣和鬼氣，我憎恨它，想排去它，而不能。」但何謂
「毒氣」和「鬼氣」呢？這種「毒氣」和「鬼氣」從何而來呢？與
周作人相比，魯迅的性格的確過於剛烈，在實現個人信念的時候過
於情緒化。所謂的「毒氣」和「鬼氣」，是隱藏在魯迅內心深處的
仇恨，愛之深則憎之烈。這仇恨又從何而來呢？為什麼魯迅對大眾
的愛又偏偏以仇恨的形式表現出來呢？據說魯迅從小就很好強，年
輕時就立下了「我以我血薦軒轅」的大志。而在少年時所遭遇的生
活困頓，又使他認清了人性的陰暗面。這使得他更加以仇恨的目光
去看待這個世界，「狂人」便是仇恨的化身。個人情感的進一步深
化，也許就源於現實的殘酷性。魯迅放棄寫小說，將全身的精力都
用於雜文寫作，多半是出於這種特殊的心理。

　　不光如此，個人的閱讀經歷也會強化他的信念。在南京、日
本求學時，魯迅對科學發生了興趣，達爾文的進化論漸漸地進入了
魯迅的精神深處。後來所遇上的尼采，似乎更使他堅信強人拯救世
人。他早期所寫的〈人的歷史〉、〈文化偏至論〉和〈摩羅詩力
說〉，可以說是對西方科學思想接受的大綜述。進化論強調的是生
物的優勝劣汰，尼采的強人理論則認為人類是一條不潔的河，這些
思想無不在強化著他的信念。後來他寫〈狂人日記〉，也就不足為
奇了。

　　由此誕生的魯迅話語，其實質又是什麼呢？朱大可在〈殖民地
魯迅和仇恨政治學的崛起〉一文中寫道：

　　　　毫無疑問，二十世紀下半葉發生在中國大陸的普遍的魯迅崇
　　　　拜思潮，實際上就是對仇恨話語以及暴力話語的崇拜，它的
　　　　殘酷性被掩藏在文學和社會爭議呼聲的後面。而耐人尋味的

是，正是知識分子本身而非官方機構，才是流連於魯迅神殿的最虔誠的香客。不僅如此，在經歷過殘酷的政治迫害之後，甚至在澈底放棄了對毛澤東的個人崇拜之後，他們也依然保持著對魯迅的刻骨銘心的忠誠，全力捍衛二十世紀這一最堅硬的道德偶像。另一方面，在「正義」的召喚下，只要中國社會存在著不公正和腐敗的暗流，魯迅的殖民地遺言就會繼續成為知識分子憎恨和挑戰現實的楷模。

魯迅的確是深愛著大眾，甚至以自己的生命去與整個黑暗的社會抗爭，這是他的英勇之處。

憤怒的魯迅背後缺少什麼

但問題是，魯迅為什麼只能以這種方式來啟蒙大眾呢？為什麼不能像托爾斯泰、陀斯妥耶夫斯基、甘地那樣來啟蒙呢？在一個憤怒的魯迅背後缺少什麼呢？

我時常覺得，魯迅是一個過於清醒的人，在他內心深處有絕望意識和恥辱意識，但卻缺少信仰意識。美學家潘知常認為：「更重要的是，魯迅只意識到靈魂的緯度，卻沒有意識到信仰的高度。他沒有能夠為自身的生存、為直面個體生命的痛苦、直面絕望找到一個更高的理由，沒有能夠走向信仰，最後也就沒有能夠走得更遠。他沒有能夠在覺悟在虛無中堅信意義、在覺悟中固守希望，他的來自心靈黑暗的在場者的聲音，只是為絕望而絕望的聲音。就是這樣，魯迅與『信仰啟蒙』這樣一個二十世紀的思想的制高點失之交臂。」信仰意識的缺乏，也使得他沒有從更寬闊的天地去尋求拯救之路。我想，魯迅的失敗或許就在於此吧！

　　魯迅的剛烈，後期一心寫作雜文，多半是因為內心缺乏信仰意識。所以，我們不難理解，魯迅的啟蒙是一種「立人」啟蒙：立一個剛強的新人來破壞舊的世界，重新確立新的世界。所有的啟蒙，也就是此岸的啟蒙，而非終極關懷的啟蒙。這種啟蒙的方式，多半帶有破壞性，很可能會造成文化上的斷層。譬如新文化運動期間，那些文化新人們一味地反對舊文化，從而給中國的傳統文化造成了不少損失。這種啟蒙的方式，雖然會有很大的實效性，但卻埋下了不少隱患。倒不如用一種信仰之愛，在大眾心中種下愛的種子。魯迅作為一個新文化運動的代表人物，若能心平氣和地做些信仰上的啟蒙，或許會有更大的效果。用仇恨來制止仇恨，終將會製造出更多的仇恨，這難道是我們願意見到的嗎？

　　在中國這一塊大地上，若沒有魯迅，也會有一個類似魯迅的人。我們沒有理由去指責魯迅，倒是亟需反思我們的缺乏信仰的民族文化。因為我們缺乏信仰意識，國門被西方列強用大炮打開後，傳進中國的是進化論和尼采的思想，當然許多傳教士也跟著進來。但後者一到中國，就被國人視為「邪教」，是麻醉人精神的不祥之物。所以，眾多知識分子還是主張以「立新人」拯救危難的國家。所以，我們會覺得，有什麼樣的民族文化，便有什麼樣的文化人。在中國，只能誕生一個勇敢的文化戰士，而非文化的大思想家。

　　我想，某種程度上說，這應當是一個民族文化上的失敗，絕非文化人個人的失敗。這也是由於整個文化界的信仰缺乏，絕非文化人個人的信仰缺乏。

魯迅為何「一個都不寬恕」

翻開《一個都不寬恕——魯迅和他的論敵》一書，我們依然能感受到八十多年前文壇論爭的硝煙。魯迅手持「匕首」和「投槍」與論敵進行激烈較量的歷史畫面又重現眼前。魯迅在論爭中體現出來的一個「都不寬恕」的「硬骨頭」精神，他將大量的時間耗費在論爭上的做法，需要今天的人們反思與重新評價。

橫刀立馬的孤獨者

魯迅一生寫過的許多雜文，被稱為「匕首」和「投槍」。而魯迅的論敵也不少，有復古派的章士釗、胡先驌、梅光迪等人，有現代派的陳西瀅、徐志摩等人，有左聯的郭沫若、錢杏邨、田漢等人，還有高長虹、顧頡剛等無派系人士，幾乎整個文化界人士都與魯迅有過大大小小的論爭。其論戰時間之久、論爭範圍之廣、論敵之多，著實令人匪夷所思。

著名學者陳漱渝將魯迅與文化界人士的論爭史料，彙編成《一個都不寬恕——魯迅和他的論敵》一書，詳細梳理了魯迅與論敵之間的各種紛爭，呈現在讀者面前的是一幅波瀾壯闊的論爭畫面，對於後人研究魯迅的「論爭現象」大有幫助。

在《一個都不寬恕——魯迅和他的論敵》一書中，我們可以看到魯迅與他人的論爭始於二十世紀二〇年代初，既有和派系之間的紛爭，也有與高長虹、顧頡剛等人的短兵相接，這些論爭主要集中

在三大方面：魯迅與復古派的論爭、魯迅與現代評論派的論爭以及
魯迅在左聯時期的論爭。我們不難理解魯迅與復古派之間的恩怨。
從本質上來，無論是復古派中的甲寅派還是學衡派，都是當時社會
上出現的文化守成主義，對新文化的發展有極大的阻礙作用，這確
實讓魯迅坐立不安。一九二五年，甲寅派主張尊孔讀經，魯迅立馬
寫了〈十四年的「讀經」〉、〈學界三魂〉和〈「碰壁」之餘〉等
文章，批評尊孔讀經是「開倒車」。

如果說魯迅與復古派的論爭只是蜻蜓點水般的筆戰，那魯迅與
現代評論派的論爭便是大規模的論戰，而魯迅在左聯時期的幾次論
爭則是更大範圍的紛爭。引發魯迅與現代評論派論爭的緣起於「女
師大風潮」、「五卅慘案」、「三‧一八慘案」等事件，魯迅寫下
了〈我的「籍」和「系」〉、〈並非閒話〉和〈不是信〉等文章，
對現代自由主義知識分子保持警惕，並在〈並非閒話（二）〉中說
道：「人自以為『公平』的時候，就已經有些醉意了。」這是魯迅
作為現代知識分子非常難得的清醒。

魯迅在左聯時期，還與左聯外人士乃至其內部人士進行了激烈
的論爭。在這一時期的論爭中，魯迅既對攻擊左聯的梁實秋、傅彥
長、陶愚川等人進行了有力反擊，也對左翼文壇內部人士所犯的機
械化、簡單化、左傾關門主義等錯誤進行了批評，梳理了文學的階
級性、何謂革命文學、文藝與政治的關係等一系列問題。

不但如此，魯迅還圍繞〈咬文嚼字〉、〈青年必讀書〉和是否
應該勸青年人讀《莊子》、《文選》與袁小虛、施蟄存等人展開論
爭，這是屬中西文化之辯。至於魯迅與高長虹、顧頡剛等人的論爭
就帶有一點個人恩怨的味道了，也許是彼此個性使然。

縱觀這些大大小小的論爭，我們不得不佩服魯迅的勇氣和智
慧，他儼然像一個橫站在曠野中的戰士，用自己的身軀和靈魂抵擋

來自四面八方的「冷箭」，又以自己的智慧幫助論爭者認清自身的偏見和舊思想的流毒，這就是魯迅特立獨行的一面。

魯迅為什麼不能寬恕別人

一九三六年九月五日，魯迅在雜文〈死〉中寫道：「我的怨敵可謂多矣，倘有新式的人問起我來，怎麼回答呢？我想了一想，決定的是：讓他們怨恨去，我也一個都不寬恕。」顯然，這是魯迅去世前的真情告白，但留給後人的疑問是：魯迅為什麼會有這種睚眥必報「一個都不寬恕」的心理呢？

陳明遠在《文化名人的個性》一書中，運用現代心理學的個性心理分析方法對中國現代文化名人進行了個性剖析。在他看來，「二十世紀是我國現代知識分子——『文化人』解放個性、發展獨立人格、弘揚新思想新道德的新時期」，湧現了蔡元培、陳獨秀、魯迅等一大批個性鮮明的文化人。

陳明遠認為魯迅是一個「苛求型」的文化人，有某種道德優越感，一生為追求完美而不辭辛勞。在陳明遠看來，魯迅的「苛求型」個性具有以下特點：「（一）求真——反虛偽、辨真相、求真理；（二）追求完美——幹真事、認真、苛刻；（三）韌——堅韌不拔；（四）精——精練、精彩、精闢；（五）精神自由和人格獨立；（六）嫉惡如仇——對罪惡的壞事不能寬恕、不能縱容；（七）性情中人；（八）日常生活不拘小節。」魯迅參與各種論爭時，始終保持永不妥協的姿態，將這些鮮明的個性特點淋漓盡致地表現出來，而這些論爭也帶上了魯迅的個性烙印。陳明遠認為，童年時期的魯迅由於家道敗落，作為長子的他承受了沉重的精神壓力，「像在親戚家避難時被稱為『乞食者』、跑當鋪遭人奚落、受

到族人的欺侮等等，成為魯迅一生不可磨滅的記憶」。而陳漱渝在
《一個都不寬恕——魯迅和他的論敵》一書的序言中指出，魯迅並
非一開始就「不寬恕」怨敵，而「促使魯迅反對對敵寬容的原因主
要是中國歷史上無數血的教訓」，即「面對壓迫要反抗，對敵寬容
是縱容」。

綜合起來說，魯迅的「不寬恕」大抵是因為缺乏「愛」的環
境。魯迅在童年時代的陰暗體驗，剝奪了他的幸福和快樂，促使他
產生了怨恨的心理，包括對人、對社會的怨恨。不幸的是，魯迅又
生活在一個缺乏愛的環境裡，親眼目睹了社會上許多不寬容的事
件，這更加深了魯迅的怨恨心理體驗。

還有一點就是魯迅的處境非常不自由，正如學者林賢治指出
的：「當個人的自由和社會正義遭到剝奪之後，唯有靠鬥爭來贏來
這一切。」所以魯迅在論爭時的「拳來拳對，刀來刀擋」，也就不
足為奇了。

每一場論爭都需要寬容

一九三六年十一月十八日，魯迅去世僅僅一個月，新月派女作
家蘇雪林寫信給胡適，稱魯迅為「刻毒殘酷的刀筆吏，陰險無比、
人格卑汙又無恥的小人」。這種評價未免尖刻，但不可否認的是，
魯迅的確曾經不惜個人安危與他人進行筆墨之爭。但是，我們該如
何看待魯迅這種「一個都不寬恕」的人生態度呢？與魯迅有關的這
些論爭，又給予後人什麼樣的啟示呢？

首先，我們要理解魯迅「一個都不寬恕」的特殊語境。陳漱渝
在《一個都不寬恕——魯迅和他的論敵》一書中分析說：

　　在魯迅著作中，「一個都不寬恕」的對象僅限於「怨敵」，
即指那些堅持錯誤立場並心懷怨恨的人，而不是在思想和行
動上都改正了錯誤的論爭對手。所謂「不寬恕」就是不在原
則問題上妥協，不以背棄真理為代價進行個人的情感交易。

　　從這個意義上說，魯迅在歷次論爭中的「不寬恕」是有原則
的，這個原則就是對「惡」的不妥協，凡是對人不公正、扼殺生
命、違反人權、抹殺自由等壞事，都不能原諒。

　　其次，應當理性看待魯迅參與的歷次論爭。從歷史角度來看，
這些論爭的起因非常複雜，既有思想觀念因素，也有個人性格因
素。但不管怎麼樣，魯迅在論爭中所體現出來的智慧和思辨能力，
值得後人學習。尤其是魯迅在論爭中表現出的知識分子獨立性和批
判性，更是後人難得的精神資源。

　　需要指出的是，魯迅與高長虹、顧頡剛等人論爭則有點傾向
於私人恩怨。特別是魯迅與顧頡剛之間的論爭，最初是由魯迅小說
《理水》中的「禹」引發的，到最後鬧得不可開交，甚至在工作上
出現了「顧某若來，周某即去」的尷尬局面。兩人的論爭已經偏離
了原來軌道，而不再是思辨性的論爭。

　　我個人認為，論爭雖能活躍學術氣氛，但更需要寬容。古往今
來，論爭一直是人類生活中的一個重要傳統，它能展示人類的智慧
和才華，能活躍學術氛圍，打破單一的文化模式，使文化走向多元
化。由於魯迅等人的相互論爭，使中國文學在二十世紀二〇年代之
後出現了群芳爭豔的可喜景象。

　　論爭離不開寬容，缺乏寬容的論爭不是真正意義上的論爭。
論爭僅限於話題的思辨性爭論，而不可彼此進行人身攻擊。所以，
陳涑渝認為：「如果心胸褊狹，睚眥必報，不給對方留餘地，也不

給自己留餘地，則不利於社會的穩定與人際關係的祥和。」這就是
說，我們不能將論爭演化為個人恩怨之爭，或將個人之爭作為學術
論爭。

　　時代需要論爭，論爭絕不是辱罵和誹謗。真正的論爭應當以事
實為依據，以尊重他人為基礎，在思辨中爆發出思想的火花。

　　當前，中國正處於一個文化多元開放的時代，文化觀念不斷更
新，出現各種論爭是無法避免的。在此背景下，我們從現代文化史
上的歷次論爭中汲取教訓，仍不失為一種積極的方法。

愛與痛的邊緣

　　魯迅所處的時代是新舊交替的時代，那時的婚姻還是以包辦婚姻為主。他慈愛的母親送給了他一件陳舊的禮物——無愛的婚姻。

　　一九〇六年，在家的母親聽人謠傳——魯迅「已娶了日本老婆，生了孩子」，便以自己生病為由將魯迅召回了家裡。魯迅一回到家，慈愛的母親便讓他與一個叫朱安的女子結婚。魯迅最初並沒有直接拒絕這門婚事，只是以朱安纏腳為由叫她放腳。魯迅對這門婚事只是默認，但在潛意識中則是一種難言的無奈。

　　魯迅與朱安結婚，多半是出於「孝道」。在很多年之後，他只能無奈地對友人許壽裳說：「這是母親給我的一件禮物，我只能好好地供養她，愛情是我所不知道的。」後來，魯迅又寫下了這樣的文字：「死於敵手的鋒刃，不足悲苦；死於不知何來的暗器，卻是悲苦。最悲苦的是死於慈母或愛人誤進的毒藥……」

　　對於母親的這件禮物，魯迅難掩內心的無奈。婚後第四天，即攜周作人去了日本。這次離家出走與其說是去日本求學，不如說是在逃避這場婚姻的尷尬。從一九〇六年到一九二六年這二十年間，魯迅實際上都是獨身生活的。魯迅曾經對朱安也寄託過希望，叫她放腳，學著讀書，也希望藉此能挽救這場失敗的婚姻。但結果終究讓他失望，他面對的依然是一個毫無共同語言的局外人。據後來的魯迅家的老媽回憶道：在北京時，大先生與太太每天只有三句話。早晨太太喊先生起來，先生答應一聲「哼」，太太喊先生吃飯，先生又說「哼」，晚上太太問先生關不關燈時，先生才有簡單的一句

話：「關」，或者「不關」……

事實上，魯迅在逃避的同時也在不斷麻痺自己，以求生命早點消逝。一九一二年，魯迅奉命去北京工作。他住的地方是一個據說吊死一個女人的S會館，在那種陰深恐怖的環境下，魯迅每天在一棵樹下不停地抄寫碑文。這種生活與其說是為了應付當時惡劣的環境以逃避文字獄的迫害，不如說是將自己的生命耗費在無聊之中以求得生命早早結束。「只是我自己的寂寞是不可不驅除的，因為這於我太痛苦。我於是用了這種法，來麻痺自己的靈魂，使自己沉入於國民中，使我回到古代去……」學者孫郁說：「讀魯迅的文字，有夜色的憂鬱、冰川的冷意……我常常在其著作中感到苦意，他那麼深厚地將人性中最陰鬱的、最絕望的心緒外化到藝術的結構裡，以致讓人被一種壓迫感衝動著。」一個人在那樣冰冷毫無生氣的環境裡薰陶下，不管他是一個多麼堅強的人，這樣的環境多少會對他的思想與文字產生影響，多少會使他變得壓抑與苦悶。「總之：逝去，逝去，一切一切，和光陰一同逝去，在逝去，要逝去了。——不過如此，但也為我所十分甘願的。」「我只很確切地知道一個終點，就是：墳。」（《墳・寫在〈墳〉後面》）

他也知道獨身生活是相當有危險性的：「至於因為不得已而過著獨身生活者，則無論男女，精神上常不免發生變化，有著執拗猜疑陰險的性質者居多。歐洲中世的教士，日本威信前的御殿女中（女內侍），中國歷代的宦官，那冷酷險狠，都超出常人許多倍。別的獨身者也一樣，生活既不合自然，心狀也就大變，覺得世事都無味，任務都可憎，看見有些天真歡樂的人，便生恨惡。尤其是因為壓抑性欲之故，這樣於別人的性底事件就敏感，多疑，欣羨，因而嫉妒。」（《墳・寡婦主義》見《魯迅全集》第1卷）許廣平的出現與介入給他的生活帶來了一點生機。但是，這時候的魯迅又陷入

了矛盾之中。的確，魯迅是過於年老，他的青春已經消逝，他的靈魂都已經在現實中被磨蝕得十分粗糙。「魯迅一方面渴求著拋棄舊的不合理的兩性生活，建立起新的生活，另一方面於新、舊生活兩方面都不能不顧及。他既為是否因此在舊社會難以存身而憂慮，又擔心愛情的對方（許廣平）為自己作出的犧牲太大，不斷地用『我不（是）太將人當作犧牲麼？』這類問題譴責自己。一貫果斷的魯迅突然顯出優柔寡斷的另一面，長時間地在愛情的門口徘徊，沒有勇氣跨出『那一步』，並且不止一次地在有意折磨自己」。（錢理群：《心靈的探尋》第一百四十二頁）誠然，魯迅對心中產生的愛採取了壓抑和克制的態度。在〈臘葉〉中，他明確表示自己是一片「病葉」，沒有生氣，黃蠟似地躺著，遲早要逝去的。他又一次憂慮了。

　　就在這矛盾之中，許廣平的大膽感動了他。一九二六年十一月二十二日，她在給魯迅的信中說：「我們是人，天沒有叫我們專吃苦的權利，我們沒有必要受苦的義務，得一日盡人事求生活，即努力去做。我們是人。天沒有硬派我們履險的權力，我們有坦途有正道為什麼不走，我們何苦因了就社會而為一個人犧牲幾個，或牽連多數人，我們打破兩面委屈忍苦的態度！」（一九二六年十一月二十二日許廣平致魯迅書）早在一九一九年的時候，魯迅認為應當將這愛情寄託於下一代，而自己則「也只好陪著做一世犧牲，完結了四千年的舊帳」（《熱風‧忽然想到四十》）。那時的魯迅已經在那無愛的荒漠中感到人生的無意義，那時的魯迅在那人生的虛無感中，想到更多的是以一個先行者的身分「自己背著因襲的重擔，捐住了黑暗的閘門，放他們到寬闊光明的地方去」，（《墳‧我現在怎樣做父親》），那樣的心情也是可以理解的。但現在不同了，「我們還要叫出沒有愛的悲哀，叫出無所可愛的悲哀。」

（《熱風‧忽然想到四十》），他終於喊出了愛的心聲：「我先前偶一想到愛，總立刻自己慚愧，怕不配，因而也不敢愛某一個人，但看清了他們的言行思想的內幕，便使我自信我絕不是必須貶抑到那樣的人了，我可以愛。」（《兩地書‧一一二》）正如他的小說《傷逝》中的子君說道：「我是我自己的，他們誰也沒有干涉我的權利。」對於朱安，「因為是母親娶來的，所以送給母親了。」〔《魯迅回憶錄》（專著）第一三七五頁〕可以說，正是許廣平使他真正完結了「四千年的舊帳」。一九二六年夏，魯迅與許廣平雙雙離家南下，這是魯迅邁向新生活的重要一步。

　　無疑，魯迅的情愛選擇從一個正常人的需求來看，他的愛又是遲到的。寫於一九一八年的〈我之節烈觀〉一文，猛烈批評了封建倫理道德對婦女所造成的巨大危害：這種節烈無非就是一種對生命的踐踏，在踐踏生命中壓抑著一種本能的衝動。魯迅的生活又何嘗不是如此？在此文的最後，魯迅發出了這樣的呼聲：「我們追悼了過去的人，還要發願：要除去於人生毫無意義的苦痛。要除去製造並賞玩別人苦痛的昏迷和強暴。我們還要發願：要人類都受正當的幸福。」

魯迅的微言大義

　　發表於一九一八年的小說〈狂人日記〉是一篇非常特殊的小說。它是魯迅沉默多年之後，發表的第一篇小說。小說的發表，開啟了一個全新的文學時代。它的發表標誌著中國現代文學史上第一篇白話文小說的誕生，標誌著現代中國的啟蒙者是以一個狂人的形象誕生的，也標誌著中國小說敘述開始從「無我」向「有我」轉變。

　　這是一篇日記體的小說，展示給讀者的是一個患「迫害狂」的人。在這篇小說中，作者是以第一人稱「我」開始敘述的，帶有很大的自傳性質。二十世紀的八〇、九〇年代，國內的魯迅研究者對魯迅的研究闡釋有了一個很大的轉變，即開始從作家魯迅的思想文化研究轉向作家魯迅內心深處的研究，並開始構建魯迅的心靈圖景。這樣的研究者有錢理群、王曉明、吳俊等，譬如錢理群先生從作家魯迅的「心靈辯證法」研究他的一顆敏感而痛苦的心靈，王曉明從作家魯迅的心理世界探討他的創作障礙，吳俊從作家魯迅的生活實際探討他鮮明的個性及複雜的內心世界……從他們的研究成果中，我們可以發現這樣一個隱祕的東西，即作家魯迅的很多作品中帶有很大的傳記色彩，尤其像他創作的小說更有這種心理傾向。對於這個問題，研究者吳俊在《魯迅個性心理研究》一書中說道：

　　　　……我則認為，魯迅小說的自傳性意義和價值，主要的恐怕並不在於實際方面的人事有所依託或影射，而在其深層心理

和意識的強烈投射，即魯迅的小說創作常常是他心理活動和
自身靈魂的直接投射。[1]

對於小說〈狂人日記〉，研究者王曉明在編選《魯迅：自剖小
說》時就將此篇收入了書中。他在此書前言中說道：

> 至於〈狂人日記〉、〈孔乙己〉和〈故鄉〉那樣的作品，自
> 我描寫的成分就更是淡薄，在某種一樣上，你簡直只能將它
> 們看成是〈孤獨者〉那樣的自剖小說的先聲。但是，儘管有
> 這些不同，這一批作品卻共同成了魯迅小說中的自我形象，
> 清晰地展現出他通過自我描述和自我解剖來把握自己的艱難
> 的內心歷程。[2]

由此我們可以看得出，〈狂人日記〉應當是一篇屬作家魯迅自
傳性質的小說。應該說，魯迅的這篇小說與他自己獨特的心理體驗
是十分相關的。

作家魯迅以小說的形式，將自己深層的「心理活動和自身靈
魂」直接地投射到小說中的主人公身上，從而「把握自己的艱難的
內心歷程」。小說中的狂人患有「迫害狂」，主人公在面對所處的
世界有一種被人遺棄被人放逐的感覺。狂人常帶著驚恐的目光去面
對周圍的人，但常常被周圍的人當作瘋子。不難發現，狂人的這種
深層的「心理活動和自身靈魂」是作家自己不斷體驗的結果。正因

---

[1] 吳俊：《魯迅個性心理研究》，（上海：華東師範大學出版社，1992
年），第21、26頁。

[2] 王曉明：《太陽消失之後——王曉明書話》，（杭州：浙江人民出版
社，1997年），第181-182頁。

為這種特殊的體驗使得魯迅能夠在敘述時是那樣地從容，「清晰地展現出他通過自我描述和自我解剖來把握自己艱難的內心歷程」。作家魯迅之所以能夠創作出這樣一篇具有啟蒙意義的小說，實際上滲透著他對這個世界的深刻體驗與思考。

一、被黑夜刺痛的人

　　一般而論，作家的創作心理都有他們獨特的圖景；作家的創作心理機制形成都有他們獨特的體驗歷程。從文字和現實的審美關係來看，作家文字的表達依賴於作家從生活中所獲得的特殊感覺、感受和印象。一個作家在面對汪洋大海般的文字表達之前，他首先要面對的是他獨特的生存空間和這種生存空間所帶給他的獨特體驗，然後他才開始他文字跋涉。從某種意義上說，作家的審美取向在他面對文字表達之前就已經決定了。在這裡，體驗在一定的情況下可以轉化為藝術，藝術是作家體驗的一種外化形式。有一種體驗叫「缺失性心理體驗」，它是作家的一種情感體驗。所謂「缺失性心理體驗」，是說作家對自身的存在價值和生活處境的一種不滿意情緒歷程，是一種作家的正當需要沒有得到滿足所表現出來的苦悶、壓抑、憂傷、焦慮、孤獨等情緒的內在精神體驗。作家的這種缺失狀態有時是物質上的，有時是精神上的，也有時是物質與精神雙重的匱乏。一般地而論，作家的缺失越多，其缺失性心理體驗也就越強烈。從作家創作心理機制來看，社會的不幸和個人的不幸往往會成為作家潛入生活的深層，感受生命意義的契機。當作家所面臨的這種缺失觸及到他的靈魂深處的時候，當作家所擔當的這種缺失超過他的實際承受能力的時候，當作家將自己所體驗的缺失昇華到靈魂高度的時候，這種缺失實際上就已經深深地烙在作家的身上，它

不再是一種缺失所帶給作家的痛苦而已成為作家創作的源泉。哲學家費爾巴哈說道：

> 痛苦是詩歌的源泉。只有將一件有限的事物的損失，看成一種無限損失的人，才具有抒情的感情和力量。[3]

　　費爾巴哈所說的「痛苦」實際上是作家的一種缺失性心理體驗，是作家在體驗過程中所經常表現出來的心理狀態。「痛苦」的體驗作為一種精神歷程，作為一種具有強烈個性色彩的精神歷程，對作家獨特的創作個性的形成，對作家獨特的深層意蘊的形成，有著不可低估的作用。作家往往會在這種缺失狀態下，以藝術的方式去改造和超越現實。

　　在世界上眾多作家的內心差不多都有他們獨特的缺失性心理體驗，這種嚴重的缺失性心理體驗也就成為了作家創作的源泉。可以說，〈狂人日記〉就是作家魯迅對現實的不斷體驗和思考的結果；可以說，在〈狂人日記〉誕生之前，現實的獨特性早已決定了魯迅作品的美學特徵。

　　每一個作家都有他自己的心靈世界，作家的童年和少年的心理體驗也就成了我們讀者觀察作家創作成因的一個最好的窗口。研究者吳俊說：

> 人們常常說，魯迅的一生是戰鬥的一生，革命的一生。其實，從某一方面看，我以為也可以說魯迅的一生是困頓的一生，是不斷遭受挫折和失敗的一生。試看有誰曾遭到過猶如魯迅

---

[3] 〔德〕路德維希‧費爾巴哈：《費爾巴哈哲學選集》下卷，榮震華、李金等譯（上海：三聯書店，1962年），第110頁。

所遭到過的打擊？而又有誰也曾終於承受並抵抗住了如此之
多的沉重和殘酷的打擊？可以說，從童年、少年時代起，直
至他逝世前的那一刻，他無時無刻不處在一種壓迫和近乎窒
息的氛圍的包圍之中。這種種的壓迫和打擊，既無不有其實
際客觀的一面，也不可諱言地有著魯迅個人主觀的強化和誇
張的一面——有時，這甚至會形成一種明顯的「被迫害幻想」
傾向，猶似〈狂人日記〉中的「狂人」心態——魯迅的第一
篇白話小說就創作了這樣一個患有「被迫害狂」的狂人形象
純粹是偶然的嗎？[4]

　　從魯迅的誕生之日起到一九一八年創作〈狂人日記〉，這一段
時間成為他積蓄創作力量的黃金時間。魯迅的童年和少年與一般人
不同，他是從一個富有的家庭突然墜入貧困潦倒家庭的人。這一切
的變故是在魯迅十三歲那年開始的。「但到我十三歲時，我家忽而
遭了一場很大的變故，幾乎什麼也沒有了；我寄住在一個親戚家，
有時還被稱為乞食者。」[5]那年，祖父周福清因在考場受賄而被關進
了監獄，並被定為「斬監候」。這一場大變故，對整個周家都是一
個巨大的災難，它無情地將周家從一個安寧的天堂拋入混亂不堪的
地獄。據說當時周家為營救周福清，每年都得花一大筆錢去通融，
八年間竟幾乎將周家的全部家財都用上了。[6]家庭的不幸使得魯迅

[4] 吳俊：《魯迅個性心理研究》（上海：華東師範大學出版社，1992
年），第21、26頁。
[5] 魯迅：《集外集·俄文譯本〈阿Q正傳〉序及著者自敘傳略》，《魯迅全
集》第7卷（北京：人民文學出版社，1981年），第82頁。（此後都為這
個版本）
[6] 林非、劉再復：《魯迅傳》（北京：中國社會科學出版社，1981年），
第13-14、38頁。

及其家人不得不往外婆家去避難。在外婆家的魯迅並不像以前那樣
作為一個客人而受到親戚們的歡迎,現在的他則是以一個落魄者的
身分而求得一個避風港。往日還親如一家人的親戚們早已將他們的
到來看作是一夥「乞食者」,經常以一種異樣的眼光看著魯迅及其
家人,經常會在不經意中說些帶有踐踏和侮辱人格的話。殘酷的現
實,已經將他五彩繽紛的夢拋到了潮濕和充滿泥濘的大地上。現實
的黑暗殘酷與往日的天堂般的生活剛好形成鮮明的對比,這種黑暗
殘酷的現實就像一把來自地獄的魔劍斬斷了往日的歡樂與幸福,使
他的心深深地感到了世道的炎涼、冷漠、無情、醜惡和骯髒,也使
他的心深深地感到了憤恨與恥辱。後來,他在《吶喊·自序》中
說:「有誰從小康人家而墜入困頓的麼,我以為在這途中,大概可
以看見世人的真面目。」

　　凡人都有實現自己願望的本能,凡人都會為自己缺失而感到自
我的焦慮。在這樣的境遇之下,一個稍有點正常感覺的人,都會感
到世間的不公道,並會為自己的前途而感到焦慮不安,尤其像魯迅
這樣一個是「從小康人家而墜入困頓」的人,他對環境的變化尤其
會感到焦慮不安。祖父的不幸遭遇已經深深地讓他嘗到世間的黑暗
殘酷和噁心,但就在這時候,父親又病了。作為長子的魯迅,自然
不能不過早地承擔起家庭的重擔。在為父親治病的那一段日子裡,
「我有四年多,曾經常常,——幾乎每天,出入於質鋪和藥店裡,
年紀可是忘卻了,總之是藥店的櫃檯正和我一樣高,質鋪的是比我
高一倍,我從一倍高的櫃檯外送衣服或首飾後,在汙蔑裡接了錢,
再到一樣高的櫃檯上給我久病的父親去買藥。」[7]在沒落淒涼的家庭
氛圍中,這種愁苦掙扎的滋味是很難受的。不但如此,同家族的人

---

[7]　魯迅:《吶喊·自序》,《魯迅全集》第1卷,第415、417頁。

也會以一種挖苦和勢利的眼光去看待他。有一次，魯迅去堂房的叔祖母子傳太太那裡閒談。在談話中，魯迅談及有很多東西需要買，但缺的正是錢。子傳太太便慫恿他說：「母親的錢，你拿來用就是了，還不就是你的麼？」其實他們是知道魯迅的現狀的，但為什麼要說出這樣的話呢？我們不難看出，這其中帶有嘲諷的味道，分明是在侮辱一個年輕的落魄者。世界並非像人想像的那樣完美無缺，世界並非是每一個人的天堂，對大多數的人而言，這個世界充滿著醜惡、骯髒、漆黑與淒涼。世界上人的命運是變幻莫測的，就像大海中的小舟什麼時候會被大海裡的浪潮淹沒是無法預測的。從某種意義上說，一個人能在不幸的遭遇中看到世界的瑕疵，就已經意味著一個全新的體驗在誕生。當這種體驗進一步觸及到他的靈魂深處的時候，一個新的靈魂也即將誕生在大地上。一個人長期處於這樣的環境之下，不管他的意志力有多麼地堅強，他都會有一種恐怖的感覺。世界不再是一個完美的天堂，世界的人們的冷漠無情將不斷地在他的腦海中出現，並且這種情緒性的記憶將不斷地折磨著他的靈魂。在作家眼裡，世界的無愛無情是一種對他的生存空間的巨大挑戰。

　　童年與少年的陰暗體驗帶給作家的是一種怨恨的心理。從某種意義上說，是這種無愛無情的冷漠世界剝奪了他的幸福和快樂，是這種無愛的缺失性心理體驗使他產生了對人對社會的怨恨。怨恨是一個屬心理學的範疇，是人的一種天性。「怨恨是一種明確的前因後果的心靈自我毒害。這種自我毒害有一種持久的心態，它是因強抑某種情感波動和情緒激動，使其不得發洩而產生的情態；這種『強抑』的隱忍力通過系統訓練而養成。」[8]哲學家舍勒在這句話

---

[8]　〔德〕M.舍勒：〈道德建構中的怨恨〉，《舍勒選集》上卷，劉小楓選編（上海：三聯書店，1999年），第401頁。

中提出的怨恨的產生是「因強抑某種情感波動和情緒激動」，這種
情感的波動和情緒的激動正是人的某種心理上的缺失，因為自己得
不到滿足而不得不強抑自己的情感衝動和情緒上激動。魯迅後來在
〈狗‧貓‧鼠〉一文中回憶道：

> 當我失掉了所愛的，心中有著空虛時，我要充填以報仇
> 的惡念！
> 我的報仇，就從家裡飼養著的一匹花貓起手，逐漸推
> 廣，至於凡所遇見的諸貓。[9]

　　魯迅一直很愛老鼠，而不幸的是他的所愛卻被無情地剝奪，
由此而產生怨恨貓的心理，「充填以報仇的惡念」。作家童年與少
年時期愛的缺失，更容易使自己產生一種難以抑制的「怨恨」心
理。這種怨恨的心理，也就成為他觀察社會和體驗人生的一種價值
標準。
　　我們不難發現魯迅的這一段人生體驗與小說中狂人的出場是何
等地相似。小說中的狂人是以一個「精神病患者」的角色出場的，
同時也是一個世界的「怨恨者」。這裡所謂的「精神病患者」就是
說主人公以一種非理性的方式來進行啟蒙，以一種狂暴瘋癲的浪漫
主義激情來否定一切歷史價值與文化價值。主人公的出場實際上是
對現有理性的一種反叛，他的狂暴瘋癲實際上是一種非理性的情感
對理性的反抗。狂人的意義也就在於此。在世界文學史上，這樣的
狂人有索福克勒斯筆下的俄狄浦斯王、莎士比亞筆下的哈姆雷特和
李爾王，他們同樣都以這種非理性的方式來對抗理性的不合理性。

---

[9] 魯迅：《朝花夕拾‧狗‧貓‧鼠》，《魯迅全集》第2卷，第239頁。

俄狄浦斯王瘋了，是因為他看到了世界的荒唐與命運的不可捉摸；哈姆雷特瘋了，是因為他第一次看到了世界的混亂不堪；李爾王瘋了，是因為他第一次以人的眼睛看到了世界的荒誕與人心的邪惡。他們的發瘋實際上是一個時代的錯誤，因為他們最先體驗到了世界理性的不合理，正如莎士比亞在《李爾王》中說的：「瘋子領瞎子走路本來是我們時代的一般病態。」狂人的覺醒是在「很好的月光」下開始的，是一個偶然的機會讓自己明白了以前三十多年全是發昏。偶然的覺醒，讓他看到世界的荒誕、黑暗、殘忍與血腥，也讓他體驗到了世人的懦弱、昏迷、醜惡與殘暴。

狂人是以一種怨恨的眼光去觀察和感知這個世界。這位「精神病患者」，同時也是一個典型的世界「怨恨者」。在日記中，狂人這樣寫著：

> 早上小心出門，趙貴翁的眼色便怪：似乎怕我，似乎想害我。還有七八個人，交頭接耳的議論我，又怕我看見。一路上的人，都如此。其中最兇的一個人……

在這裡，我們看到了狂人與這個世界的對立。一個有一種與世界對立的心理傾向，是因為這個人感到了世界的可怕，是因為這個人由此誕生了一種對世界怨恨的心理。一出門，狂人就感覺到有人要吃他，是因為在這之前他早已將世界當作了自己的仇敵，也就有了那麼一種心理傾向。狂人的這種心理體驗常常是在人們意想不到的場合出現。在平常人覺得很正常的趙貴翁家的狗，對狂人來說卻是一種吃人的眼光；在平常人覺得的很正常的老子打兒子，對狂人來說卻是一種野蠻的吃人行為……在這裡我們看到了狂人作為一個剛誕生不久的孩童同昏庸麻木的平常人的對立。於是，他們對社會

就有著不同的看法：

平常人	狂人
趙家的狗	吃人的同謀
一夥青面獠牙的牙齒	吃人的利器
歷史上的「仁義道德」	吃人的傢伙
餐桌上魚的表情	吃人者的表情
養病	被人吃掉
醫生	吃人的幫兇
整個周圍世界	布置著吃人的羅網
整個歷史	吃人的歷史
自己	吃人者

在狂人的視野裡，整個周圍的環境是一個吃人的世界，到處彌漫著吃人的血腥；過去的歷史也是一部吃人的紀錄，連自己都被捲入吃人的行列。正因為這種心理的存在，狂人不僅在怨恨周圍的世界，也在怨恨自己生存在整個吃人的世界裡。狂人與平常人的看法的對立，正好反映了他對世界的怨恨心理。這位世間「怨恨者」在感到自身崇高的時候，同時感到的是一種對平常人的「哀其不幸，怒其不爭」的無奈。在這無奈的氣氛裡，狂人更多感覺到的是對平常人的怨恨。狂人的這種獨特的世間體驗，並非一般人所能夠體驗得到的。只有那些「從小康人家墜入困頓」的人，只有那些有著深刻體驗並將這種體驗化為一種獨特的記憶的人，才能真正地感受到世間吃人的恐怖與醜惡，也才能將這種吃人的恐怖與醜惡完全無誤地敘述出來。在這一點上，魯迅應當說是一個記憶的天才，同時更重要的是一個洞察世間罪惡的天才。但是，童年與少年的這些陰暗體驗果真能帶給作家如此多的創作經驗嗎？如果說〈狂人日記〉的

誕生完全是因為魯迅童年與少年這些陰暗的體驗，那麼作家魯迅的心胸也未必太狹窄了？倘若這之後，魯迅能遇到一個令人振奮的時代，童年與少年的這些陰暗體驗對他的創作又會有多大的影響呢？

二、控訴環境，也控訴歷史

　　我們不難發現，一個成年人對世界的體驗與感受將遠比童年或少年時候體驗與感受豐富得多，他勢必將根據自己新的人生體驗去調整自己的認識傾向。童年與少年的缺失性心理體驗只是給了作家一個重新打量周圍世界的契機，給了作家一個反思自己存在意義與思考人類生存意義的機會。但是作家如何使自己的作品具有普遍性的意義，這是作家進一步體驗與思考的結果。歌德說：「時代給予當時的人的影響是非常大的，我們真可以說，一個人只要早生十年或遲生十年從他自己的教養和外面的活動看來，便成為全然另一個人了。」[10]〈狂人日記〉中為什麼會出現吃人的意象呢？作家在〈狂人日記〉中「意在暴露家族制度和禮教弊害「的思想是否與他日後的進一步體驗思考相關呢？

　　作家的成長是一個不斷體驗思考的過程，而環境的惡劣則給作家一個思考人生的機會。魯迅並不是一開始就立志從事文學創作的，他走上這條道路是一個不斷探索思考的結果。研究者李歐梵說：「魯迅絕不是一位從早年就毫不動搖地走向既定目標的天生的革命導師，相反，他終於完成自己在文學方面的使命，是經過了許多的考驗和錯誤而得來的。他的心智成長發展的過程，實際上是一系列的從困惑挫折、失敗得來的，以及一次又一次的靈魂探索

---

[10]〔德〕歌德：《歌德談話錄》，轉引自《西方古典作家談文藝創作》，段寶林編（遼寧瀋陽：春風文藝出版社，1980年），第157頁。

為標誌的心理危機的過程。」[11]我們不難看出，促使魯迅從最初的科學救國到後來的文藝救國的直接原因應當是時代讓他感受到了澈底的絕望。救治這個時代的最有效的藥方不是科學上的啟蒙，而應當是文藝上的傳播啟蒙。魯迅所生活的時代是一個黑暗而充滿著愚昧氣氛的時代。雖然當時已經進入了二十世紀，但國民的愚昧與落後並沒有因為進入了一個新世紀而改頭換面。中國依然是一個黑暗的「中世紀」，眾多國民依然麻木不醒地生活著。對這些有著覺醒意識的知識分子來說，這無疑是一大悲劇。在這樣的大背景下，像魯迅這樣有過切身痛苦體驗的人是很容易產生一種懷疑思想的。作家的懷疑首先表現出他對環境的反思。到底是這個環境出現了大問題還是環境中的人出現了大問題，這是一個作家首先要面臨的問題的。在魯迅的周圍，是一種非人的統治。這種非人的社會，到處彌漫著吃人的血腥。現實中的辛亥革命也只是像一場夢，並沒有給人民帶來多少好處。袁世凱為了建立自己的封建統治，實現復辟帝制的目的，在極短的時間裡就暗殺了很多革命人士，秋瑾、徐錫林等革命人士就是在這場暴風雨中被殺掉的。恐怖彌漫著中國大地上。魯迅後來這樣描述道：

> 北京城裡，連飯店客棧中，都布滿了偵探；還有「軍政執法處」，只見受了嫌疑而被捕的青年送進去，卻從不見他們活著走出。[12]

但是更讓魯迅失望的是，袁世凱復辟之後，又來了一個張勳

---

[11] 李歐梵：《鐵屋中的吶喊》（湖南長沙：嶽麓書社出版社，1999年），第3頁。
[12] 魯迅：《偽自由書·「殺錯了人」異議》，《魯迅全集》第5卷，第94頁。

復辟，國內政治活像一場小丑演的鬧劇。「我覺得革命以前，我是做奴隸；革命以後不多久，就受了奴隸的騙，變成了他們的奴隸。」[13]「民元革命時，對任何人都寬容（那時稱為『文明』），但待到二次革命失敗，許多舊黨對於革命黨卻不『文明』了：殺。」[14]在魯迅眼裡，辛亥革命並沒有給中國人帶來什麼益處，革命前是做奴隸，革命後依然是做奴隸。整個中國的環境，並沒有隨著革命而有所改變。後來，魯迅這樣寫道：

> 見過辛亥革命，見過二次革命，見過袁世凱稱帝，張勳復辟，看來看去，就看得懷疑起來，於是失望，頹唐得很了。[15]

這到底是誰的錯呢？作為青年時代就立下「我以我血薦軒轅」的誓言並已經具有覺醒意識的魯迅，在這樣一個充滿著黑暗、醜惡、混亂和血腥的時代，他所感到的更多的是失望與痛苦。控訴環境也就成了他本能的一種表達。研究者王曉明認為魯迅在〈狂人日記〉中運用了雜文的筆法，用一種議論的方式來表示作家對環境的憤恨與不滿。[16]在小說中，狂人對徐錫林這一「惡人」的敘述，無疑是在警戒讀者：環境在吃人。狂人對路人的研究無疑是帶有議論性的：「他們——也有給知縣打枷過的，也有給紳士掌過嘴的，也有衙役占了他妻子的，也有老子娘被債主逼死的；他們那時候的臉色，全沒有昨天這麼怕，也沒有這麼兇。」用這種議論的方式表達

---

[13] 魯迅：《華蓋集·忽然想到》，《魯迅全集》第3卷，第16頁。

[14] 魯迅：《兩地書·三五》，《魯迅全集》，第11卷，第102頁。

[15] 魯迅：《南腔北調集·〈自選集〉自序》，《魯迅全集》第4卷，第455頁。

[16] 〈雙駕馬車的傾覆——論魯迅達到小說創作〉，《王曉明自選集》（桂林：廣西師範大學出版社，1997年），第8頁。

狂人當時對環境的不滿。更帶有議論性的是小說的後面，狂人在認
清世界的本來面目的時候，他歇斯底里地告誡周圍的人：「你們可
以改了，從真心改起！要曉得將來容不得吃人的人，活在世上。你
們要不改，自己也會吃盡。即使生得多，也給真的人滅了，同獵人
打完狼子一樣！——同蟲子一樣！」狂人的這種告誡語氣，實際上
是作家遭遇到情感的洪流，表達自己內心深處最強烈的悲憤之情。

　　當作家發現，一個環境之所以會出現那麼多吃人現象，實際
上是人自身出現了問題，他必然會深入到對人自身的思考。在這過
程中，魯迅曾一度懷疑起歷史，想從歷史的角度來尋找原因。「但
我們應該明白，從前的經驗，是從皇帝腳下學得；現在與將來的經
驗，是從皇帝的奴才的腳下學得。奴才的數目多，新傳的經驗家也
愈多。」[17]魯迅認為造成社會恐怖的是歷史的緣故，歷史的基因遺
傳給了中國大地上的人們。所以歷史上的「豫言者，即先覺，沒為
故國所不容，也沒受同時人的迫害……」[18]「暴君的臣民，只願暴
政暴在他人的頭上，他卻看著高興，拿『殘酷』做娛樂，拿『他
人的苦』做賞玩，做慰安。」[19]中國的歷史無非是兩種狀態：一是
「想做奴隸而不得的時代」，二是「暫時做穩了奴隸的時代」。[20]
這兩種歷史一直輪換著，使得中國的社會「無論是專制，是共和，
是什麼什麼，招牌雖換，貨色照舊，全不行的」。[21]歷史往往帶有
很大的遺傳性，正因為這種性質使得封建社會的兇殘與愚昧也走進
現代社會。所以就有了「現在與將來的經驗，是從皇帝的奴才的腳

[17] 魯迅：《熱風·隨感錄·三十九》，《魯迅全集》第1卷，第318頁。
[18] 魯迅：《華蓋集續篇·無花的薔薇》，《魯迅全集》第3卷，第256頁。
[19] 魯迅：《熱風·六十五·暴君的臣民》，《魯迅全集》第1卷，第366頁。
[20] 魯迅：《墳·燈下漫筆》，《魯迅全集》第1卷，第213頁、215~416頁。
[21] 魯迅：《兩地書·八》，《魯迅全集》第11卷，第31頁。

下學得」，使得社會上的人們有著一種「拿『他人的苦』做賞玩，做慰安」的心理。但是，中國的愚昧與落後是「古而有之」嗎？當時，國內的改革派梁啟超、章太炎等人開始從國民性的弱點探討中國的出路問題。例如在日本的梁啟超就指出了國民的四大弱點，即「愛過心之薄弱」、「獨立性之柔脆」、「公共心之缺乏」、「自治力之欠缺」。要想國家富強，就應當拋棄國民品格中的弱點。在日本留學的魯迅也開始注意到了國民性問題。那時，他常與朋友許壽裳一起認真地思考和討論著三個相互關聯的問題，即第一，怎樣才是最理想的人性？第二，中國國民性最缺乏的是什麼？第三，它的病根在哪裡？在魯迅看來中國國民性格中最缺乏的是「誠」與「愛」，正因為這種缺乏使得中國國民處在一種被欺騙的環境中。[22]國民的生命狀態，也已經被舊有的歷史道德所無情地窒息掉了。在對這個進行思考的基礎上，魯迅已經深入到對歷史道德的懷疑。中國的傳統道德理念是以儒家的道德為基礎的，摻和了歷代統治者對道德的改造。從本質上講，它是以長者為本位無理地侵犯人的生命價值與對人的生命存在合理性的非人道的干預，以此來維護封建統治。魯迅認為，儒家的道德理念是對中國人精神奴役的根源。這種道德理念將人的基本的生存權都統統剝奪掉了，取而代之的是一種虛幻的道德意識。在這種虛幻的孝道、節烈、貞操等面紗下，隱藏著的是對人的生命自我的否定，對生命自身的鄙夷。在〈燈下漫筆〉一文中，作家這樣剖析道：

> 所謂中國的文明者，其實不過是安排給闊人享用的人肉的筵席。所謂中國者，其實不過是安排這人肉的筵席的廚房。……

---

[22] 林非、劉再復：《魯迅傳》（北京：中國社會科學出版社，1981年），第13-14、38頁。

有貴賤，有大小，有上下。自己被人凌虐，但也可以凌虐別人；
自己被人吃，但可以吃別人。一級一級地制馭著，不能動彈，
也不想動彈了。[23]

魯迅已經找到了造成中國社會愚昧與落後的原因：儒家的道德
理念桎梏著國民的精神，在裡面隱藏著吃人的本質，「所謂的中國
的文明者，其實不過是安排給闊人享用的人肉的筵宴」。在魯迅的
晚年還關注著中國人的精神問題，他這樣說道：

我至今還在希望有人翻出斯密斯的《支那人氣質》來。看了
這些，而自省，分析，明白那幾點說的對，變革，掙扎，自
做工夫，卻不求別人的原諒和稱讚，來證明究竟怎樣的是中
國人。[24]

所以在這個意義上，誕生〈狂人日記〉並不是什麼奇怪的事。
〈狂人日記〉正好給了作家一個闡釋他的思想的舞臺。在這個舞臺
中，作家將自己的體驗與思考淋漓盡致地展現在讀者面前，作家也
將中國社會的這種「吃人」的本質剖析給人看。

小說中的狂人在覺醒之後，當他發現周圍的人想吃他的時候，
他開始想到的是二十年以前把古久先生的陳年流水簿子「踹了一
腳」，由此翻開歷史尋找原因。狂人在思考中說出了一段深刻揭示
歷史道德的話語：

---

[23] 魯迅：《墳‧燈下漫筆》，《魯迅全集》第1卷，第213頁、215-416頁。
[24] 魯迅：《且介亭雜文末篇‧「立此存照」（三）》，《魯迅全集》第6
卷，第626頁。

> 我翻開歷史一查，這歷史沒有年代，歪歪斜斜的每葉上都寫
> 著「仁義道德」四個字。我橫豎睡不著，仔細看了半夜，才
> 從字縫裡看出字來，滿本都寫著兩個字「吃人」。

中國四千年的歷史不過是一部吃人的紀錄，溫情脈脈的道德藏著一部吃人的工具。狂人的這一發現為解釋吃人環境的誕生，找到了一個合理的理由。狂人對歷史的考察是相當細膩的，他已經深入到對人的本性的思考。狂人在日記中敘述了吃人的紀錄：「易牙蒸了他兒子，給桀紂吃，還是一直從前的事。誰曉得從盤古開天闢地以後，一直吃到易牙的兒子；從易牙的兒子，一直吃到徐錫林；從徐錫林，又一直吃到狼子村捉住的人。」在醫學史上，李時珍在他的醫學著作上，「明明寫著人肉可以煎吃」。可以說，吃人的現象一直是呈線性發展的，從蠻荒時代的「易子而食」到後來的「吃易牙的兒子」，將這種吃人的習慣一直延續到現代社會。小說中出現的趙家的狗及吃死肉的「海乙那」，其實是說明人與牠們是一樣的，暴露出人的野蠻性與兇殘性，將人的歷史推到了「蠻荒時代」。狂人這一破天荒的發現，是作家對中國歷史不斷考察思考的結果。狂人由對吃人環境的懷疑，進而控訴並追根溯源地查找吃人的根據，同時也無形地敘述著作家自身的體驗歷程。從某種意義上說，狂人對整個歷史的解讀，其實也是作家對中國歷史隱祕的解讀；狂人控訴整個歷史是一個吃人的歷史，其實也是作家對中國歷史的控訴。

三、「誤入世界」的陌生者

〈狂人日記〉中狂人在對環境與歷史產生憂患時，主體對客體

的懷疑性思考，也在一定程度上反映了主體對人的生命、存在的思考。狂人在體驗世界的黑暗時所表現出的怨恨心理，以及他對周圍環境和歷史的控訴，正好反映了他的一種孤獨心境。孤獨是現代人的情結。現代人的孤獨是因為他感到了世界的荒蕪，對少數的思想者來說，世界是一片「荒原」。「荒原」是二十世紀人類發展史上的一個精神事件。世界的「荒原」是因為人類被欲望驅使著，到處是權力、金錢、享樂……人類的精神出現高度的貧乏。世俗的享樂充裕人的靈魂，世界是一片被欲望吞噬了的混亂與漆黑。貧瘠。荒蕪。恐怖。死亡。黑夜在降臨。詩人艾略特這樣描述道：

> 四月是最殘酷的月份，在大地上
> 養育出丁香，攪混了
> 回憶和欲望，用春雨
> 驚醒遲鈍的根。
> ……
> 虛幻的城市
> 冬晨的棕色煙霧下
> 人群湧過倫敦橋，那麼多人，
> 我想不到死神毀了那麼人，
> ……
> 這裡沒有水，只有岩石
> 只有岩石，沒有水，一條砂路
> 蜿蜒而上，繞進群山
> 山裡只有岩石，沒有水
> ……
> 什麼聲音在高空響

> 是母親悲哀的地語
>
> ……
>
> 我坐在岸上
>
> 垂釣，背後是荒瘠的平原 [25]

　　詩人給我們描繪的是一個冷硬而荒寒的世界：「只有岩石，沒有水。」在黎明光明的邊緣寫著：漆黑。在荒原上，人與人之間感情聯繫都被殘酷的現實無情地割斷，取而代之的是人與人之間的「陌生感」，就像一堵厚厚的牆阻礙了人與人之間的交流，疏離了人與人之間的感情。魯迅所體驗這種缺失性心理體驗正是這種世間的「陌生化」造成的。在思想者眼裡，沒有比這更讓人感到恐怖與孤獨的了。哲學家加繆說：

> 一個能用歪理來解釋的世界，還是一個熟悉的世界，但是在一個突然被剝奪了幻覺和光明的宇宙中，人就感到自己是個局外人。這種放逐無可救藥，因為人被剝奪了對故鄉的回憶和樂土的希望。這種人和生活的分離，演員和布景的分離，正是荒誕感。
>
> 世界的這種厚度和這種陌生性，正是荒誕感。[26]

另一位哲學家克爾凱郭爾說：

---

[25] 〔美〕T.S.艾略特：《荒原》，《美國現代詩選》（上冊），趙毅衡編譯（北京：外國文學出版社，1985年），第196-213頁。

[26] 〔法〕阿爾貝·加繆：《西緒福斯神話》，《加繆文集》（精選集），郭宏安等譯（南京：譯林出版社，1999年），第626、632頁。

外部世界的一切都屬所有者，一切都服從冷漠的法則。[27]

世界充滿著荒涼與冷漠，一切的感情都在競爭中被無形地分離掉。人只剩下一副瘦弱的軀體，沒有靈魂地在「冷漠的法則「中死去。人與人之間正被一種「厚度與陌生性」相隔離著，一個人在對方看來就成一個被放逐的「局外人」。現代人所產生的那種孤獨感，正是由於人與人之間不相通的陌生性體驗的結果，由此而產生了一種莫名其妙的疏離感與被放逐感。小說中狂人對世界的怨恨心理的產生，實際上是他對這個世界陌生性體驗的結果，是這種陌生性使得他感到世界的恐懼與陌生，使得他找不到故鄉，找不到自己的身分。恐懼是陌生性心理體驗的一種經常心理表現，恐懼的誕生常常伴隨著人對世界陌生性體驗的加深。小說中，狂人一出場就被一種「陌生感」糾纏著：

> 早上小心出門，趙貴翁的眼色便怪：似乎怕我，似乎想害我。還有七八個人，交頭接耳的議論我，又怕我看見。一路上的人，都如此。
> ……
> 拖我回家，家裡的人都裝作不認識我；他們的眼色，也全同別人一樣。進了書房，便反扣上門，宛然是關了一隻雞鴨。

小說中狂人一出門就發覺周圍的世界是一個冷漠的世界，周圍的人都以一種異樣的目光看待：似乎想害他，又似乎有點怕他。

---

[27] 〔丹麥〕日蘭·克爾凱郭爾：《恐懼與顫慄》，劉繼譯（貴陽：貴州人民出版社，1994年），第3頁。

連最熟悉不過的家人，此時也充當了一個陌生人的角色。狂人在大街上是被家人拖進房裡的，結果「家裡的人都裝作不認識我」，以一種陌生人的眼光看待他；當狂人最後發瘋似地告誡周圍的人一定要改掉吃人的惡習時，陳老五卻氣憤地按住他的嘴。世間唯一的一點親情都在那一刻被無情地剝奪掉，這又是一種怎樣的不幸與悲哀呢？聯繫起魯迅的生活體驗，我們有理由說魯迅的這種缺失性心理體驗，同時是一種異鄉的陌生體驗。魯迅童年與少年的那些陰暗心理體驗以及這之後的孤獨體驗，實際上對這個世界的陌生體驗。小說中出現的狂人與周圍人的對立，實際上有著早年時候的魯迅與周圍世界對立的痕跡。研究者汪暉認為：

> 這種惶惑感在〈狂人日記〉等小說中則通過對「死亡」的體驗而轉化為對世界感到無名恐懼的陌生和迷惘的情緒，轉化為被拋入一種不可理解的荒謬現實之中，聽憑死亡、罪過以及深刻的焦慮、不安、懺悔擺布的情緒。在這種無限的孤獨和由於疏離了世界秩序而產生「放逐感」中，留給人的只有絕望和對自身存在的實際狀況的深切體驗。[28]

　　早年的家道敗落，使魯迅被迫淪為一個「乞食者」，在歧視與嘲諷中度過他陰暗的童年與少年。異鄉的留學生活，魯迅並沒有得到應有的尊重與溫暖，更使他感到一種拋入陌生地的感覺。回國雖然給他帶來一線的希望，但這希望很快地被袁世凱等反革命勢力毀滅掉，在魯迅心裡藏的更多的是寂寞、空虛、無聊與絕望。自己

---

[28] 汪暉：〈魯迅小說的精神特徵與「反抗絕望」的人生哲學〉，《二十世紀中國文學系史記》第1卷，王曉明主編（上海：東方出版中心，1997年），第416頁。

的滿腔熱血竟然被黑暗吞噬掉，世界不再是一個熟悉的故鄉，而是一片荒蕪的充滿敵意的陌生地，自己更是一個來自異鄉的陌生者。查一下魯迅先生的日記，我們不難發現他在面對「荒原」的心境是多麼地淒涼與孤獨。一九一三年十月，他這樣寫道：「無日不處憂患中，可哀也。」一九一六年夏，他這樣記著：「作箑半夜，可憫！」在創作〈狂人日記〉的前一年除夕之夜，他同樣處於一種孤獨之中：「夜獨坐錄碑，殊無換歲之感。」從這些零星的記載中，我們可以發現這樣一個問題，即魯迅始終保持著一種獨立的姿態拒絕著社會的血腥、愚蠢、荒誕與險惡。世界對於魯迅來說，已經是相當的陌生。在《吶喊‧自序》中，作者同樣流露出一種難言的孤獨感：

> 叫喊於生人中，而生人並無反應，既非贊同，也無反對，如置於毫無邊際的荒原，無可措手的了，這是怎樣的悲哀呵，我於是以我所感到中為寂寞。[29]

魯迅所說的「毫無邊際的荒原」，實際上指的就是他所體驗過的周圍世界。一個非常清楚社會本質的人，他在敘述的過程中更會關照自己的處境。個體對世界的某種啟蒙，是以自己對這個世界的啟蒙信心為基礎的。倘若這個世界並不會帶給他多大的啟蒙信心，他更多地會以一種拒絕的姿態來迴避世界。如果不是錢玄同的再三邀請，很難想像魯迅這樣一個人給人某種驚喜，很難想像中國現代文學史上會有一部〈狂人日記〉。

《吶喊》是魯迅的第一部小說集，很大意義上是他對這個荒原

---

[29] 魯迅：《吶喊‧自序》，《魯迅全集》第1卷，第415頁、417頁。

世界心理體驗的結果。魯迅後來也說道：

> 我的確時時解剖別人，然而更多的是無情面地解剖我自己，
> 發表一點，酷愛溫暖的人物已經覺得冷酷了，如果全露出我
> 的血肉來，末路上不知要到怎樣。[30]

　　顯然，魯迅是非常清楚自己的情形的，他的小說在一定程度上是敘述自己的痕跡。在他後來的眾多作品中，同樣出現了狂人的影子，同樣出現了一個荒原的世界，我們不能不說在魯迅的心靈深處確實存在著一股揮不去的「荒原」意象。在〈長明燈〉中的那個世界與那個瘋子，在〈在酒樓上〉的那個世界與那個叫呂緯甫的人，在〈孤獨者〉中的那個世界與那個叫魏連殳的人，在〈鑄劍〉中的那個世界與那個「黑色的人」，這些人與狂人似乎都是一脈相承的。在那本心靈獨白式的《野草》中，作者這樣描述道：

> 於是只剩下廣漠的曠野……（《野草·復仇》）

> 但我忽然墜入冰穀中。（《野草·死火》）

> 她在深夜中盡走，一直走到無邊的荒野；四面都是荒野，頭上只有高天，並無一個蟲鳥飛過。（《野草·頹敗線的顫動》）

> 我們的社會是一片沙漠。（《野草·一覺》）

---

[30] 魯迅：《墳·寫在〈墳〉後面》，《魯迅全集》第一卷，第284頁。

從這些敘述中，我們不難發現，作家的這些荒原意象一直糾纏著作家的心靈。從〈狂人日記〉開始，這種荒原意象的敘述在作家的作品中占了很大的位置。這種荒原的體驗，是作家一種缺失性心理體驗的還原。實際上，作家在無形之中已經表達了自己的一種記憶與感受，這也成了作家的一種情緒性的敘述。

四、結語

作為作家，一部藝術作品的誕生是他獨特的精神體驗，藝術創作完全是屬作家個人的事，但藝術創作的意義卻是超越個體的，藝術創作的意義是世界普遍意義的。當一個人處於一個激烈震盪的大背景下，當他個人的切身體驗正好與整個時代的創痛不謀而合的時候，個人的痛苦不再是一個人的痛苦，而已經成為整個時代、整個國家民族的痛苦；個人的不幸不再是一個人的不幸，而已經成為整個時代、整個國家民族的不幸；個人的缺失不再是一個人的缺失，而已經成為整個時代、整個國家民族的缺失。個人承擔不幸與痛苦，也就是在為整個時代、整個國家民族承擔不幸與痛苦；個人的思考與奮鬥，也就是為整個時代、整個國家民族的前途思考與奮鬥。作家的精神世界是如此地豐富，作家的自我意識、自我實現的欲望是如此的強烈，作家的愛人類與人類交流溝通的衝動是如此地強烈，使得作家絕不可能把一切都埋在心裡。相反，作家會通過藝術的方式來實現自己對人類的愛，來實現自己與人類交流溝通的願望。作家魯迅的這種深切的體驗成了他創作〈狂人日記〉的動力，同時實現了作家個人的願望。

小說中所揭示的荒原意象與狂人這個原形，已經超出了作家魯迅個體的敘述。〈狂人日記〉所揭示的吃人世界不再局限於作家生

存過的空間，它已經達到一個普遍的現實意義。這個現實的意義就是它開啟了國民的蒙昧狀態，對時代有著巨大啟蒙作用。作家魯迅通過筆下的狂人的生命感受，更為重要的是他從這個原形的人物身上感受到造成這種人人生悲劇的不是別的，正是特定的社會制度和特定的社會文化環境。這樣，作家對於內在的生命感受和對外在的生命感受統一到一個重要的觀念中去。這個觀念就是：通過對荒謬人生的體驗，激發人們開始對中國傳統文化進行反思，開始對人的正常生活和正當權利進行呼喚。這一切，無疑讓我們意識到：作家魯迅所體驗的世界不僅是他自己的世界，而且是我們大家共同的世界。這是因為魯迅在感受歷史和現實的時候，他的體驗不是純粹的個人體驗，而是一種整體性的心理體驗，這種體驗反映了我們大家共同的思想意識。小說發表之後，魯迅對為什麼做這樣一篇小說做過幾次解釋。有兩次很有意思，一次是在〈我怎麼做起小說來〉，他這樣說道：

> 自然，做起小說來，總不免自己有些主觀的。例如，說到「為什麼」做小說罷，我仍抱著十多年前的「啟蒙主義」，以為必須是「為人生」，而且要改良人生。……所以我的取材，多採自病態社會的不幸的人們中，意思是在揭示病苦，引起療救的注意。[31]

另一次是在給許壽裳的信中，他這樣寫道：

> 〈狂人日記〉實為拙作……。前曾言中國根柢全在道教，此

---

[31] 魯迅：《南腔北調集》，《魯迅全集》第4卷，第512頁。

說近頗廣行。以此讀史，有多種問題可以迎刃而解。後以偶閱《通鑑》，乃悟中國人尚是食人民族，因成此篇。[32]

　　魯迅認為他做小說抱的是「啟蒙主義」的心態，為的是「要改良人生」。作家一旦有了這樣的一種心態，他必然已經意識到個人的痛苦也就是的全人類的痛苦，他必然已經將個人的缺失上升到整體缺失的高度，他必然會以個人的啟蒙姿態來啟蒙蒙昧的大眾。在這個意義上，作家魯迅的個體敘述已不再是純粹的個體情緒的表達，他已經在敘述中擔當起啟蒙大眾的任務。在當時軍閥混戰、民不聊生的黑暗時代，作家必然會與民眾同呼吸共命運，為大眾的悲哀而悲哀，為大眾的痛苦而痛苦，為大眾的吶喊而吶喊。所以，當他在閱讀過程中偶然發現「中國人尚是食人民族」的時候，他會將這種事實以藝術的形式來告訴人們。〈狂人日記〉的誕生是作家魯迅在自己缺失性心理體驗的基礎上，進而思索到國民整體性缺失的結果。它的誕生給魯迅一個表達啟蒙的機會，將作家內心的啟蒙思想如實地告知正處在昏睡狀態的人們。

　　顯然，魯迅所創作這篇〈狂人日記〉已經超越了他個人的某種怨恨心理的敘述，也已經超越他個人對自己缺失性心理體驗的表達，小說已經在無形的敘述中走向了普遍，無形中已經敘述了一代啟蒙的命運，也表達了整個時代、整個國家民族的整體性缺失。所以，與世界眾多偉大的作家一樣，魯迅的〈狂人日記〉也具有了普遍的意義。

---

[32] 魯迅：《書信・180820・致許壽裳》，《魯迅全集》第11卷，第553頁。

讓學生直接觸摸魯迅

近年來，魯迅作品在中學語文教學中的位置問題一直是頗受爭議的話題。在人教版新版中學語文教材中，魯迅的作品明顯減少，陪伴了幾代人的〈藥〉、〈為了忘卻的紀念〉等作品不見了，保留下來的只有〈祝福〉、〈拿來主義〉和〈紀念劉和珍君〉三篇文章，這引起了人們的廣泛關注。那麼，中學語文教材中的魯迅作品該不該刪呢？我們又該如何對待魯迅作品呢？

魯迅是誰

時下，中學校園裡經常流傳著一句順口溜：「一怕文言文，二怕寫作文，三怕周樹人。」造成魯迅作品在中學校園中面臨如此尷尬的狀況是有多方面原因的。比如現在的中學生與魯迅作品有時代隔膜，讀魯迅作品不會產生共鳴；學魯迅作品多半是為了考試，枯燥乏味；教師講解魯迅大都參照固定的教參，講的是乾巴巴的魯迅……但最主要的原因在於人們對魯迅的誤解。在中學語文教學中，「魯迅」是一個符號，他被定格為「文學家」、「思想家」、「革命家」，幾乎所有的魯迅作品都被烙上「反舊社會黑暗統治」的印記，篇篇文章都被闡釋為洋溢著戰鬥氣息的檄文。但是，魯迅僅僅是反抗舊社會的「戰士」嗎？他的作品僅僅是「反抗舊社會黑暗統治」的匕首嗎？

錢理群先生是研究魯迅的著名學者，他在《魯迅九講》一書中

澄清了人們對魯迅的錯誤認識。在錢理群先生看來，魯迅是一個實實在在的人，曾自稱為「白象」、「貓頭鷹」、「蛇」、「受傷的狼」、「孺子牛」……這是一個有血有肉真實可愛的魯迅，與中學語文教學中的魯迅形象大相逕庭。不僅如此，魯迅也不是「神」、「方向」、「主將」和「導師」。錢理群先生總結說：「魯迅和我們一樣：他不是神，是人，和我們一樣的普通人。」因此，魯迅也與世界上眾多文學家一樣，既有浪漫的情史，又有悲天憫人的情懷，不是中學生眼中的「橫眉冷對千夫指」的冷面人，也不是對舊社會充滿仇恨的糟老頭，更不是特定的宣傳標本或符號。魯迅首先是一個平常的人，有著普通人的情感，然後是一個能獨立思考的現代社會公民，最後才是我們文化史上的特殊分子，為後人留下了重要的文化遺產，給予後人「思想的啟迪」的大家。

魯迅作品固然有半文言半白話、艱澀難懂的一面，也有冷峻的一面，但不乏熱烈的情感，也不缺詼諧幽默，像〈狗・貓・鼠〉、〈兔和貓〉、〈鴨的喜劇〉等作品充滿童趣。即使像〈藥〉、〈祝福〉、〈故鄉〉那樣的冷小說，魯迅依然飽含熱情，對未來充滿了希望。而現在的中學語文教學卻將魯迅貼上特定的標籤，魯迅作品成了折磨人的考試工具，這難免會出現遭人誤解和被冷落的困境。我想，將魯迅從神壇上請下來，還給學生一個鮮活的魯迅，這是我們親近魯迅、走進魯迅的基礎。

我們為什麼需要魯迅

人們對於魯迅作品被刪的爭議焦點在於二十一世紀是否需要魯迅。大多數人認為魯迅是「文學宗師」、「民族脊樑」、「現代思想家」……讀魯迅的作品能喚醒國民的麻木，刪除魯迅作品便是刪

去希望和未來。

魯迅的確是我們文化史上的一個異類，他的思想承前啟後，為後人留下了許多寶貴的精神資源。錢理群先生認為，魯迅的思想和文學作品具有許多超越時代的因素，這使得我們今天讀魯迅作品，總感覺到他仍然活在現實中。一百年來，物質文明在不斷進步，但各種矛盾和困境依然並存於中國大地，從某種角度上看，國民的精神層面並沒有多大的進步，我們的時代處境正好被一百年前的魯迅言中。

魯迅作品中的啟蒙思想依然具有現實意義。魯迅所倡導的「自由」、「科學」和「民主」思想，對後人仍有重要的啟示。諸如在〈藥〉、〈祝福〉、〈為了忘卻的紀念〉等作品中，魯迅對「鐵屋子」的吶喊，喚醒沉睡、麻木的國民，為國民開天窗，對今天的人們仍然有一定的啟蒙作用。尤其是魯迅的懷疑思想，跳出了非此即彼的「二元對立思維」，在錢理群先生看來它能幫助我們「成長為一個有自由思想的、獨立創造的人」。在今天的中國，我們的確需要像魯迅那樣敢於獨立思考的大家。

魯迅的「立人思想」同樣具有強大的生命力。錢理群先生將魯迅的「立人思想」概括為兩個要素，即為「人之子」和做「人之父」。魯迅所寫的作品中幾乎都有「立人思想」，最著名的當屬〈我們現在怎樣做父親〉一文，對當代乃至未來都具有重要的教育意義。而我們的中學語文教材又擔負著育人的特殊功能，魯迅作品的「立人思想」就尤為值得借鑑。

當然，能真正理解魯迅的畢竟是少數，甚至後幾代人也不可能完全理解魯迅。所以，錢理群先生認為，能否容忍魯迅，是對當代以及未來中國文化發展寬容度、健康度的一個檢驗。總之，任何時代，只要我們還在使用漢語，只要社會還存在瑕疵，我們就需要魯

迅的聲音；只要人類存在精神的虛無和彷徨，我們同樣需要魯迅的
精神慰藉。

我們該怎樣親近魯迅

「魯迅教學」是中小學語文教學中不可迴避的話題。既然魯迅
那麼重要，那我們又該如何親近魯迅呢？近年來，一些中小學語文
教育研究者已經注意到了這個問題，特別是劉發建先生的《親近魯
迅：落地麥兒童語文課堂》直接觸及到了這個問題。

「親近魯迅」是一個全新的命題，既是一個魯迅作品解讀觀問
題，又是一個「魯迅教學」實踐問題。劉發建先生的《親近魯迅：
落地麥兒童語文課堂》一書，是他多年「魯迅教學」實踐的結晶。
他認為，現在的學生不喜歡魯迅反映出「魯迅教學」出了問題，尤
其是小學「魯迅教學」出了大問題。因為語文課擔當著啟蒙教育責
任，魯迅以什麼樣的面目與學生第一次相遇至關重要，將會對學生
在中學乃至大學裡學習魯迅產生重大影響。

「親近魯迅」就應當把魯迅當作一個鮮活的人看待。劉發建的
可貴之處便是從兒童的視野開始「魯迅教學」的嘗試，沒有將魯迅
單純地理解為「橫眉冷對」的戰士，更沒有將魯迅作品簡單地理解
為「革命」與「反舊社會」，而是從魯迅文本出發，將魯迅還給了
兒童，並且讓孩子直接觸摸魯迅的心靈，使魯迅與孩子之間沒有了
心靈隔閡。這樣，大多數的孩子都會體會到真實的魯迅，會有心靈
上的收穫和愉悅，因為他們認識了一位新朋友。

當然，教師的自身素養也需要提高。我們周圍之所以出現劉
發建這樣的「魯迅教學」實踐者，原因就在於他擁有高度的文化素
養、獨立的思考精神和美的鑑賞能力。若缺少這些基本素養，講出

來的魯迅也是變味的，難免只充當了語文教參的留聲機，很難讓人親近魯迅，更不用說走近魯迅了。有條件的教師也完全可以編寫相關的魯迅作品讀本，可以將自己的魯迅閱讀心得與學生交流，或是開闢更廣闊的「魯迅教學」實踐空間。

中小學語文教材增加或減少魯迅作品都不是問題的關鍵所在，關鍵在於我們該如何親近魯迅，走進魯迅作品。為此，教師需要一定的主動權，需要一定文化素養、獨立思考精神和美的鑑賞能力，為學生提供一個鮮活的可親近的魯迅。

第六輯　曠代的憂傷

鐵屋中困獸的悲鳴

　　《晉書‧嵇康傳》中寫道：「嵇康字叔夜，譙國銍人也。其先姓奚，會稽上虞人，以避怨，徙焉。銍有嵇山，家於其側，因而命氏。」嵇康有奇才，能特立獨行，後不幸入獄，作〈幽憤詩〉。此詩感情真切、濃烈，大體上反映了嵇康的身世及一生的思想面貌。此詩既是他一生的真情告白，又像是一隻鐵屋中的困獸在寒夜裡悲鳴。

　　嵇康自小「抗新希古，任其所尚」。《晉書‧嵇康傳》也記載嵇康「天質自然」、「寬簡有大量」。在中國的傳統社會裡，就有著「志當存高遠」的說法。立志既可以看出此人天生的稟賦，又可以看得出此人的胸懷。「志當存高遠」也就成了傳統社會中人們對人的一種期望，也就成了傳統社會對人無形的規範。是智者、是士人、是豪家子弟就應當胸懷大志，為國家建功立業，為家光宗耀祖。先秦以降，孔子的儒家思想一直在中國社會中占據著統治地位，文化理念的大一統達到驚人的地步。孔子的「志不可不弘毅，任重而道遠。仁以為己任，不亦重乎！死而後已，不亦遠乎」及「學而優則仕」的思想禁錮著每一個中國人。嵇康心志高遠，希慕古代賢人，是這種思想的自然流露。

　　「嗟余薄祜，少遭不造……母兄鞠育，有慈無威。恃愛肆姐，不訓不師。爰及冠帶，馮寵自放。」這是〈幽憤詩〉的開頭，意思是說嵇康從小喪父，由母親和兄弟撫養成人。母兄任其自然成長，並且慈愛有加，而使他養成了任性的性格。但是，人必然是環境中

的人。人的性情、言行必然要受到環境的強制改造。嵇康雖生性天真自然，但他畢竟是吮吸著儒家思想的乳汁長大，母兄的言行、旁人的一舉一動都在漸漸地規範著他。「孟母三遷」的故事，說的便是此意。榮格說：「人總是相信是他塑造了觀念，可是事實上，是觀念塑造了人，並且使他成為毫無思考力的代言人。」在〈與山巨源絕交書〉中，嵇康回顧了青年時代的生活：「榮進之心日頹，任一之情轉篤。」顯然，青年時代的嵇康是有著急功近利的思想與榮進仕途的願望的。直到後來，嵇康「與魏宗室婚，拜中散大夫」多半是有此心機的。他也嘗試著實現這個願望，只可惜個人與官場之間的張力太大，終究以失敗而告終。

盧梭認為，人生而自由，但又無往不在枷鎖中。盧梭在考察原始狀態下人的生存形態時發現，人本來是自由的，也是自然的。一個自由的人很少受社會觀念的束縛，能夠敏銳地感受到社會的不正常。在政治史上，魏晉是一個混亂無常的時期，同時又是一個殘暴到極點的時期。「司馬昭之心，路人皆知。」曹魏後期，國君昏庸無能，盜匪群起，政治集團內的鬥爭日益尖銳。司馬氏集團日益強大，有代替曹魏之勢。作為一個宮廷裡的中散大夫，他不會不為之震驚和憤慨：「詳觀凌世務，屯險多憂虞。施報更相市，大道匿不舒。夷路殖枳棘，安步將焉如？攉智相傾奪，名位不可居。」（〈答二郭〉）在〈幽憤詩〉中也寫道：「民之多僻，政不由己。惟此褊心，顯明臧否。」

一個處於亂世中的人，能震驚與憤慨已經是有著正常感覺了。儒家的「窮則獨善其身，達則兼濟天下」的思想多少會困擾著這麼一隻鐵屋中的困獸。這裡所說的鐵屋子是指暗無天日、到處充滿嫉妒仇殺血腥的非人社會。魯迅先生在《吶喊·自序》中這樣解釋鐵屋子：「是絕無窗戶而萬難破毀的，裡面有許多熟睡的人們，不久

都要悶死了，然而是從昏睡入死滅，並不感到就死的悲哀。」熟睡的人們（愚民）與醒來的人（啟蒙者）的區別就在此。是啟蒙者，他必然會感到世間的不正常，又會有孤獨與寂寞之感；魯迅既為愚民哀其不幸，怒其不爭，又要為他們的將來出路著想。

在一個愚民社會裡，人為什麼會喪失自然性、喪失正常感覺呢？那是因為他們所見的仇殺太多，所聞的血腥味太多。統治者殘酷地壓迫折磨殺戮人已不再是人對人的侮辱折磨和殺戮，而異化為人對於物的侮辱折磨和殺戮。看客在欣賞統治者的壓迫折磨殺戮人時自然不再是痛心疾首、憐憫萬般，而是帶有一種欣賞時的快感。其實，他們也在參與那種侮辱折磨與殺戮。做為一個傳統知識分子嵇康也只能徘徊罷了，只有悲鳴罷了，時不時地還會自責起自己：「感悟思愆。怛若創痏。欲寡其過，謗議沸騰。性不傷物，頻致怨憎。昔慚柳惠，今愧孫登。」通俗地說，大概是這樣：我當初為什麼那麼傻和偏激呢？我本來是不想得罪別人的，可別人卻總要誹謗我、逼我走上絕路。想當初我為什麼不聽柳惠歸隱？今天我又為什麼不聽孫登的勸告呢？

嵇康選擇玄學，走進竹林，那是一種人生的使然。他在〈幽憤詩〉中寫道：「託好老莊，賤物貴身。志在守樸，養素全真。」在〈與山巨源絕交書〉中也有：「老子、莊周，吾之師也。」玄學，也即以老莊哲學為衣鉢，崇尚自然無為，在自造的容器裡張揚生命力的一種思想。它的發生與發展往往與社會罪惡流弊、人文個體反抗意識的淪喪相關，實際上也是儒家「有道則仕，無道則隱」思想的一種變相形式。在中國，儒家、法家、道家本是一體的，本都是為了一個共同功利目的的：輔佐君王，贏得生前身後名。對嵇康來說，這是其一。其二，嵇康是曹魏時代的人，與曹魏有親家關係，而且又有「中散大夫」這一職位。選擇玄學隱居竹林無非是對抗司

馬氏集團的一個藉口，所謂的潔身自好不過是一個態度而已。其三，身不由己，保命要緊。司馬氏集團在「高陵之變」，一次就殺掉了數千人，一夜之間血流滾滾、屍體成山。嵇康隱匿竹林大講玄學，無非是對自己生命的一種保存。從社會學角度而論，他的這一做法是對眾人生命的一種回避和漠視，是對現實黑暗和不幸的一種逃避。其四，自愛禮教，保存信仰。魯迅在〈魏晉風度及文章與藥及酒之關係〉中說道：「嵇康的罪名，一向說他們毀壞禮教。但據我個人的意見，這判斷是錯的。魏晉時代，崇奉禮教的看來似乎很不錯，而實在是毀壞禮教，不信禮教的。表面上毀壞禮教者，實則倒是承認禮教，是用以自利⋯⋯於是老實人因為如此利用，褻瀆了禮教，不平之極，甚至反對禮教。」「阮籍、嵇康等對於禮教，意識中實憎，潛意識中卻實愛；憎之烈正是愛之深。」（錢理群）所謂隱居看似反禮教，其實是不得已而為之。

對文人而言，麻醉自己的方法大致有兩種：服藥與喝酒。

文人常與酒有難解之情，但在魏晉時代，文人還與藥有特別之情。服藥在當時似乎成了一種風氣，就如服飾流行一般：下至布衣，上至貴族子弟。對平常人來說，服藥大致有如下的原因：一是服藥後可以增加姿容的美麗，「而這時的風氣正是極端注重貌美」（王瑤〈文人與酒〉）。二是「服王石散後得到的刺激性，有助於房中術，有助於他們性生活的享受」（王瑤〈文人與酒〉）至於文人為何這麼注重服藥，恐怕還是當時的形勢危急，身不由己。王瑤說：「我們念魏晉人的詩，感到最普遍最深刻、能激動人心的，便詩那在詩中充滿了時光飄忽和人生短促的思想與情感：阮籍這樣，陶淵明也是這樣。每個大家，無不如此。」文人之所以服藥，「是對生命的強烈的留戀和對於死亡會突然來臨的恐懼」（王瑤）。文人喝酒自不在話下。酒中含有酒精，飲後能忘記自身，靈魂處於

飄然之壯,即所謂「嗈嗈鳴雁,奮翼北遊。順時而動,得意忘憂」
(〈幽憤詩〉)。「對於他們任其自然,飲酒實在是一種很好的寄
託和表現的方法……然而把飲酒當麻醉自己和避開別人的一種手
段,畢竟是有些效果的……酒從來一直被人視為一種方法,一種手
段,來躲避政治上的迫害和人事上的糾紛的……但既有迫害的危
險,則飲者內心的痛苦可知;所謂『見刀於繩,每欲自殺』,則其
飲酒時的悲痛心境,也就可想而知了……竹林名士的行為,表面
上都很任達放蕩,自由自在地好像很快樂,實際上則都有這樣憂
患的心境做背景,內心是很苦的。」這是時代的不幸,也是文人的
悲哀。

嵇康以竹林為屋,自責自虐,不斷以藥酒來麻醉自己畢竟是
短暫的;那竹林的清淡悠閒的生活終究逃不出現實的魔爪。司馬氏
集團早已將他們劃為異己,無奈之下,他們不得不紛紛下山。屈膝
的屈膝,投靠的投靠,保命的保命,最後還是「天下英雄皆入吾彀
中」。

嵇康是很想改頭換面重新做人的,可惜已經太晚了。他只能
作〈家誡〉,告誡後人不要再走他的路。文章最令人注意之處是他
在文中反覆強調的一個「慎」字:「夫言語,君子之機,機動物
應,則是非之形著矣;故不可不慎」;「人有相與變爭,未知得失
所在,慎勿豫也」;「若會酒坐,見人爭語,其形勢似欲轉盛,便
宜呕舍去之」;「凡人自有公私,慎勿強知人知」;「若見窺語和
儀,便舍起,勿使忌人也」;「若人來勸(酒),已輒當為持之,
勿請勿逆也」……等等,都是以「慎」為主,這些都與他以前的做
法頗不相合,所以張濤說:「嵇中散任誕魏朝,獨〈家誡〉恭謹,
教子以禮。」後來,嵇康的兒子嵇紹在山濤的推薦下,做了晉朝的
達官。

　　王曉明先生在〈追問錄〉一文中說道：「每個民族的知識分子，都有自己獨特的精神起點，他們日後會選擇怎樣的道路，在很大程度上正是取決於這個起點。如果說，對『天下無道』的確認，對邪惡人心的憂患，正構成了先秦知識分子的精神起點，或者說這個起點的兩塊主要的界石，那從這樣侷促的起點上，將會伸展出什麼樣的精神道路，我們是不是也就可以想像了呢？」倘若沿著王曉明先生的話題追問下去，我們不難發現中國古代的讀書人大都是帶著鐐銬生活，一方面要迎合君王的旨意，為君王立德、立功、立言，一方面又嚮往精神上的獨立與自由。像「竹林七賢」之所為，既是對官場生活的反抗，又是在追求自由飄逸的生活。

　　所以嵇康等人的最後下場，是不得已而為之，夾雜著多少辛酸與苦痛，這也足見中國古代的官場之殘酷與險惡。

作家的出走

　　契訶夫是一位非常有詩人氣質的作家。他的溫和而憂鬱的眼
神，他的細膩而柔美的敘述，他的善良而高貴的靈魂……作家柯羅
連科這樣回憶道：「我眼前是一位年紀很輕而外表尤為年輕的男
子，中等以上身材，臉呈橢圓形，端正而清秀，還沒有失青年人特
有的輪廓……連他那雙深邃而發光的藍眼睛，也顯示了他的思想近
乎孩子氣的天真直爽。」他多麼像一個來自鄉村的詩人，用天真而
憂鬱的眼睛打量著周圍的世界。

　　　　一八九〇年四月二十一日晚。莫斯科雅羅斯拉夫利火
　　車站。
　　　　契訶夫辭別了親人和朋友，毅然踏上了去薩哈林島的
　　火車。
　　　　從莫斯科到薩哈林島，是一段非常艱難的路程。

　　契訶夫的旅行路線大抵是這樣的：從莫斯科島雅羅斯拉夫利坐
火車，從雅羅斯拉夫利到彼爾姆坐伏爾加河和卡馬河上的輪船，從
彼爾姆到秋明再坐火車，從秋明到貝爾湖坐四輪馬車，再往下就交
替著坐輪船和四輪馬車，直達太平洋和薩哈林島。據計算，這段路
程總計近一萬俄里，其中四千俄里要乘坐鄉間的破車。這麼遠的路
程，又是這麼的艱難。對一個在斗室裡從事創作的人而言，這簡直
是拿自己的生命開玩笑。朋友們全都認為，契訶夫的這次旅行將是

一個錯誤。但作家卻不這麼認為。

　　契訶夫生活在一個由知識界人士包圍著的上流社會裡。周圍世界的冷漠、腐化和墮落，早已使作家感到了生活的沉悶與無聊。生活就像一片漆黑的深夜，灼傷了他的眼睛，靈魂在漆黑的深夜裡感到不安。契訶夫曾寫信告訴朋友蘇沃林：

> 這個知識界，高貴、麻木、冷漠，他們無精打采地高談闊論，卻不能將自己的言路付諸行動；這個知識界缺乏愛國思想、消沉、平庸，一小杯並不美妙的酒就足以使他們陶醉。他們出沒於只需花五十戈比的下等妓院，牢騷滿腹，樂於否定一切……這是一些軟弱的靈魂，軟弱的肌體，四肢不勤，思想變化無常……

　　最難以忍受的是周圍世界被謊言充斥著，契訶夫時不時地遭人誤解。周圍的青年作家常常拉幫結派搞陰謀詭計，常常為了一篇文章得到頌揚而不惜採取一切手段。契訶夫非常氣憤地告訴朋友普列謝耶夫說：

> 我害怕那些挖苦心思從我作品的字裡行間發現我是自由黨人還是保守黨人的傢伙。我既不是自由黨人，也不是保守黨人，既不是革命者，也不是修道士，當然也不是對世態炎涼漠不關心的人。我希望成為一個自由的藝術家，僅此而已。我感到遺憾的是，上帝沒有賦予我成為一個自由的藝術家的力量。我不能忍受任何形式的謊言和約束……偽善、愚昧和專橫，並不是在商號和監獄裡才存在，我發現，它們同樣有在於科學界、文藝界和年輕人之中。我以為那些商標或標

簽無異於偏見……我的聖中之聖……就是面對強暴與謊言的
自由。

當一個人發現了世界的醜惡與骯髒，他又無力去改變這一醜
惡與骯髒的時候，他所能選擇的生存道路已經很狹窄了：一種是他
毀，以仇恨的目光去否定世界的一切；一種是自毀，以一種自殺的
形式宣告他對這個世界的反抗；還有一種就是出走，以一種平和的
心態去尋一個避風港。

一八八八年，契訶夫寫了一篇政論文章〈普爾熱瓦爾斯基〉。
在文中，契訶夫讚揚了普爾熱瓦爾斯基的偉大：

> 像死者這樣一些人，在整個世紀，整個社會，除了對學術的
> 和國家的貢獻之外，還有巨大的教育意義，一個普爾熱瓦爾
> 斯基或者一個斯騰利抵得上一所學校和一百本好書……在我
> 們這時代，當歐洲社會懶惰充斥，生活鬱悶和缺乏信心時，
> 當到處爾虞我詐、對生活厭倦和對死亡恐怖時，甚至當好人
> 憂鬱缺乏生活目標，無所事事，為自己的懶惰和腐化辯解時，
> 苦行者是十分需要的，就像需要太陽一樣……

契訶夫的出走，似乎已是必然中的事了。當一名時代的苦行
者，就像普爾熱瓦爾斯基一樣，去尋找生活的目標，這是多麼值
得啊！

一八八九年年底，契訶夫偶然讀到弟弟米舍爾在一堂刑法課上
記的筆記，他這樣自言自語道：

> 我們對於犯人的注意力，一直集中到宣布判決時為止。當犯

人被送進監獄，我們就把他澈底遺忘了。然而，監獄裡的情況又怎樣呢？

從那一刻起，契訶夫眼睛一亮，彷彿在黑暗的地獄裡看到了陽光，感受到了陽光的溫暖。在動身去薩哈林之前，契訶夫告訴朋友蘇沃林：

> 只有對於一個不往那裡流放成千上萬的人、不為之耗資數百萬的社會，薩哈林島才是無用和無意義的……薩哈林是一個不可容忍的痛苦之地，這樣的苦痛，只有人，不管他是自由人還是奴隸，才忍受得了……遺憾的是，我不是一個愛動感情的人，否則，我會對您說，我們應該到薩哈林這一類的地方去朝聖，就像土耳其人到麥加去朝聖那樣……今天，整個文明的歐洲都知道，誰應對此負責：不是獄吏，而是我們中間的每一個人；難道這與我們無關，難道這不使我們感興趣嗎？……不，我可以向您肯定地說，薩哈林必須去，去是有意義的。

薩哈林在作家的心裡已是一個舉足輕重的地方，就像是一個古老的宗教朝聖地。雖然作家不像土耳其人那樣狂熱地去朝聖薩哈林，但作家所具有的那種勇氣就已經讓人感到敬佩。

也許，一個充滿著傷痛與苦難的地方總需要一些善良而溫和的人們去撫慰去拯救；也許，俄羅斯大地上誕生像契訶夫這樣的作家是理所當然的。

在漆黑的夜裡，作家出走了……作家的出走，也就不是一般意義上的出走了。契訶夫的出走，讓我們感受到俄羅斯作家的苦

難意識與悲憫意識；讓我們感受到俄羅斯的作家實際上很具有人
情味的。

動盪年代裡的剛毅背影

　　二十世紀上半葉，中國處於內憂外患的局面，但同時出現了梁啟超、沈從文、晏陽初、馮至等一大批著名的文化名人，陳遠的口述史《在不美的年代裡》，對於人們瞭解這些文化名人的風骨和功績以及中國知識分子的苦難史具有特殊的意義。

知識分子的風骨

　　《在不美的年代裡》是一部「名人後代說名人」的口述史，這些文化名人中有大學者、作家、記者、報人、出版家、教育家、社會活動家等，他們都是二十世紀中國社會的精英，活躍於二十世紀的社會舞臺上。

　　這些文化名人大都是在民國時期成長起來，並在各自的領域內取得了令人矚目的成績，例如：教育家陳鶴琴身為大學教授，卻甘當幼稚園園長；陸費逵用畢生的精力，創建了中華書局；大學者魏建功編撰《新華字典》，卻未留其名……這樣的例子還很多，每個文化名人的背後都有一個美麗的故事。

　　儘管民國時期社會戰亂不斷，但這樣的時代也錘鍊了知識分子的精神，使他們的骨子裡流淌著正直、勇敢、獨立、自強、博愛、溫厚、謙卑、愛國的血液。客觀地說，他們都有民國時代特立特行的風骨。晏陽初留學歸國之後，深感國民素質落後，於一九二二年發起全國識字運動，號召「除文盲，做新民」，還幫助他家四合院

邊上住的許多農民。後來，晏陽初親自穿粗布大褂，號召知識分子
「走出象牙塔，跨進泥巴牆」，與農民一同吃苦，吃穿住一樣。當
時，晏陽初還在定縣推行鄉村教育，普及文化。無論結局如何，這
都是當時的新鮮事，晏陽初也因此獲得了「平民教育家」的稱號。

　　無獨有偶，留洋回來的陳鶴琴最初在大學裡任教，將大部分精
力用於兒童教育理論研究和學術活動。一九二三年春天，陳鶴琴在
教育界提出設立幼稚園的主張，得到了東南大學教育科的支持，並
很快創辦了南京鼓樓幼稚園。最初的時候，幼稚園設在家中，陳鶴
琴是第一任園長。當時，就有不少人嘲笑：「一個留學生，堂堂大
學教授，搞娃娃教育有什麼出息？」然而，時間證明了陳鶴琴的思
想非常正確。

　　民國社會雖亂，但也有一定的自由度，這份自由度讓民國知識
分子顯得更為可愛。學者楊振聲在得知閻錫山的親信喬萬選在武裝
人員護送下接收清華後，親自帶領一批教授和學生把守學校門口，
直到他們灰溜溜地回去。後來，楊振聲發現沈從文的才華後，還把
他請到了青島大學任教。這樣的事例在民國時期非常普遍，這種善
於發現人才、視人才如寶的精神令人敬佩不已。

那一代人的愛和怕

　　愛國是這些知識分子的底色。國民黨敗退臺灣之後，大多數知
識分子因為對新生政權充滿期待，留在了大陸。朱光潛的例子很有
代表性，當年蔣介石曾派飛機來接他去臺灣，但他留了下來，這其
中的最主要原因在於一些地下工作者的動員。

　　然而，他們不曾想到會遭遇「反右」、「文革」等歷史事件，
批判和改造，留給他們的是永恆的創痛。

　　一九五五年，胡風因「三十萬言書」被定為「胡風反革命集團」之首，被捕入獄，受到全國範圍的批判和鬥爭。他的孩子因為政審不合格，與大學失之交臂。直到一九七九年一月，胡風才被恢復自由，離開了監獄。

　　梁漱溟在思想改造和「反右」運動中，被批為「反動派」，親人與他劃清界限，不僅經濟上不能往來，政治上各有各的立場，生活上更不能有親密接觸。在整整三十年裡，他與親人、朋友斷絕了往來，這是何等殘酷的事情。

　　像梁漱溟一樣，馮友蘭、沈從文、潘光旦等知識分子都接受了思想改造。錢大都在回憶父親錢端升時說：「雖然父親他們那一代人也算是挺過來了，但是我覺得從那以後，父親周圍的那個圈子裡的人都不說真心話了……真的是『脫胎換骨』，變了一個人一樣。」沈從文自殺未遂，被送到了精神病院。後來，他到了歷史博物館埋頭鑽研絲綢、服飾，也算是一種無奈和明哲保身。

　　當然，他們當中也有一些傲骨。章乃器在被定為「右派」之後，被連續批了八個晚上，但他仍然堅持自己的觀點，導致後期對他的加重處理，被打成「極右分子」。從表面上看，容肇祖不是桀驁不馴的那種人，但他仍然保持自己的學術操守，也顯現了他作為一個剛正學者的風骨。

　　一些知識分子在運動中選擇了否定自我和沉淪，這其中的原因並非一言兩語所能道明白。這裡面既有外在的因素，也有內在的原因。我們不可否認，他們所經歷的運動強度之大超乎想像，使得他們難以挺直腰桿。從知識分子角度而言，他們確實喪失了獨立人格，也做了一些違背良知的事情，這是他們的缺陷；但他們也是平常人，有求生的欲望，有平常人的軟弱、無奈和痛苦。這是中國現代知識分子所面臨的共同困境。

儘管如此，這些知識分子並沒有放棄愛國之心，他們響應國家的號召，依然用自己的微薄力量為文化事業操勞。魏建功親自主編《新華字典》，連一分工資都沒有領過。字典出版後，魏建功還積極投入到文字簡化等工作中，從不計較個人得失。

構建未來的精神家園

這些知識分子的品格和精神，是後人的一筆寶貴財富。儘管他們也有瑕疵，但他們的精神歷程，卻非常值得我們反思。

在書中，我們發現有幾位文化名人去了臺灣，比如羅家倫、陶希聖、李濟，晏陽初於一九五○年移居美國。與留在大陸的知識分子相比，他們沒有遭遇過各類政治運動。雖然臺灣有過一段戒嚴時期，有書信檢查，但這些知識分子，仍可以像往常一樣在大學任教、到政府上班或辦雜誌。

陶希聖是蔣介石身邊的一枝筆，是當時《中央日報》的董事長，寫過無數社論。他在晚年的時候，創辦了食貨雜誌社，一辦就是十七年。平時，他就住在出版社裡。文化人辦雜誌，搞出版，這都是民國時期的遺風。後來，陶希聖的兒子陶恒生這樣回憶說：「在父親的晚年，《食貨》是他的最愛，他用這種方式，又回到了他曾經生活的五四新文化運動時代。」

羅家倫是五四運動的健將之一，他去臺灣之後，一直站在一些保守派的對立面，這主要是因為他的內心深處的五四情結。李濟滯留臺灣後，兼任臺灣大學教授，主持考古人類學系。不可否認，他們都保存著五四的記憶，而且以各種方式紀念五四，這是他們的幸運。

晏陽初深感平民教育在國內無法運作下去，就去了美國推廣他

的平民教育。一九五五年，晏陽初被美國《展望》雜誌評選為「當前世界最重要百名人物之一」。可見，他的平民教育在美國社會影響之大。

相比之下，當時的大陸到處燃燒著思想改造和批鬥的火焰，知識分子被改造、被批鬥是常有的現象。回顧這段歷史，令人感到痛心疾首的是許多優秀的文化被人為地毀掉。失去的不僅僅是這些，還有那一代人的精神風貌。

我們經常抱怨這個時代出不了大學問家、大科學家、大作家、大商人……反觀民國時期，湧現出了大批大家，個中的原因就在於文化沒有斷層，古代、近代和現代之間的文化沒有遭受大規模的破壞，並且銜接得很好。

其次在於社會的自由和寬容，彼此有爭議但相互尊重。在民國時期，給人印象最深的便是知識分子主動參與社會改造和自治，像晏陽初等人所發行的「平民教育運動」，對社會的穩定和發展起到了很大的作用。一個良性的社會是一個寬容和自由的社會，允許各式各樣的人存在，也允許各種言論自由表達，這樣的社會才能爆發出思想的火花，造就一大批大家。

當然，構建未來的精神家園也需要時間，不可一蹴而就。文化建設是一項慢功夫，需要大量的文化元素積累，只有以開放的姿態對待古今中外的優秀文化，才有助於知識分子的精神成長。

親情背後沉甸甸的歷史

　　《追憶雙親》是一本特殊的親情回憶之書，書中收錄了樂黛雲、錢理群、北島、林賢治、阿城等近三十位文化名人、學者、作家追憶雙親的文章。書中不只有對親人溫情的回憶，也有罕見的「揭短」。這些從親人角度對歷史事實的追憶，其實是對老一輩人心路歷程的剖析，也是對他們在特殊歷史背景下正義與懦弱、良知和擔當的追問。

　　《追憶雙親》所回憶的雙親不僅僅是父母，也有公公和婆婆，這在民間的倫理裡同樣被視為雙親。這些作者在回憶中，不僅懷念雙親的恩情，禮讚雙親的美德，而且偏重於展示親情的坎坷，站在歷史的高度，重新審視那一代人的痛楚和無奈。

那一代人的傷痕

　　《追憶雙親》所涉及的人物除法學家蔡定劍外，其餘都出生於晚清或民國時期。儘管他們的出身、學識、品性不同，但都經歷過特殊年代，留有那一代人的傷痕。

　　無論歷史怎麼前進，總繞不開「反右」、「文革」等歷史事件和那段特殊年代的親情，正如丁東在序言中說道：「對於國人來說，剛剛過去的一個世紀，又經歷了幾多血與火的洗禮！政治衝擊了親情，鬥爭考驗著人倫，多少悲歡離合在這片古老的土地上反覆上演……」這些雙親在時代的漩渦裡，如同一枚枚棋子散落於人

間，或潔身自好，或隨波逐流。

在那樣特殊的年代裡，我們且不說湯用彤、周一良、章乃器等知識分子遭到怎樣的批判，即便像于昌節、林舉萌、徐幹生等普通百姓也難逃不幸的遭遇。于建嶸的父親于昌節出生於一個貧苦人家，年輕的時候參加過游擊隊，可到後來，他依然挨了批鬥，還被下放到車間勞動改造。徐賁的父親徐幹生只是一名普通的中學教師，但他仍舊被捲入了時代的「潮流」中，過著一種勞動改造、交代、認罪、揭發和檢討的生活。

不但如此，複雜的人性在那個時代裡顯得特別清晰。北島的父親趙濟年在一九五七年的時候，定期向在黨中央掛名當宣傳部長的謝冰心彙報工作。令人匪夷所思的是，趙濟年還擔負暗中把他與謝冰心的談話內容記錄下來交給組織的任務。無獨有偶，周啟博的父親周一良在一九五五年的時候，對他尊敬的師長胡適進行了猛烈批判，他因此獲得了提升重用，從此疏遠了身邊的人。周啟博這樣回憶說：「父親在五〇、六〇年代『改造思想』得法……數次被派出國。」李南央筆下的母親范元甄曾傷害過別人，卻至死都沒有些許歉疚之意。像這樣的例子還有很多，可見這些雙親在特殊年代裡也壓抑了人性中善的一面，甘願做一個「犬儒」或「品格低劣者」。

誠然，他們的身心都受到了不同程度的傷害，自覺或不自覺地喪失了獨立的品格，其中同樣有深層次的原因。周啟博在反思他的父親周一良未能堅守獨立人格時說：「在中國文化中抽象的價值高於具體的個人人權，於是衍生出把抽象價值推崇到極端的各種『古訓』……」比如傳統文化中的「君臣」關係業已深入骨髓，使得他們在強大的時代漩渦中，寧願捨「玉碎」而求「瓦全」。這也是國人的通病。

一言難盡的親情

　　每個時代都有親情，不同的是在特殊年代裡，親情變得特別坎坷和稀有。原本溫情脈脈的親人關係，終究變得陌生和冰冷。在錢理群看來，其父錢天鶴帶給他的不僅是傷痛的記憶，更是難以言喻的夢魘。一九四八年的冬天，錢天鶴帶兒子在南京中山東路一家小吃店裡吃湯圓。此後，錢天鶴去了臺灣，擔任臺灣農業復興委員會農業組組長，留給錢理群的是一張照片。由於這一複雜關係，一九五三年，剛滿十四歲的錢理群被拒絕加入「新民主主義青年團」，因為他逃脫不了「老子反動兒混蛋」的革命邏輯。在安順教書期間，錢理群遭到了批判，他親手將自己父親的照片付之一炬。後來他不無悲痛地說：「我親手點燃的火，一點一點地吞噬了我的父親，他的沉思、微笑，連同他對我的全部愛和期待……我彷彿又聽到了早已埋葬在童年記憶裡的父親的那一聲歎息……」

　　老鬼的母親楊沫是位著名的作家，她對孩子有過傷害。楊沫和丈夫對孩子的教育甚為嚴格，有一次還毒打孩子。一九七六年初，楊沫發現老鬼在寫《血色黃昏》，內心極度恐慌，唆使丈夫偷走了孩子的書稿，還聲明與孩子斷絕一切關係。老鬼到北大後，其母楊沫因與他有思想衝突，再次斷絕了親子關係。李南央的母親范元甄也與孩子斷絕過關係，直到一九九九年還這樣汙蔑孩子：「李南央現在是靠無孔不入的鑽營手法在美國混，不擇手段利用任何可利用的關係達到她各種大小目的。」邢小群的父親邢野「很少露出笑容」，他從沒關心過孩子的事情，還對孩子們動輒毆打。這些都是典型的特殊年代親情，這些人打著理想主義的旗號，紛紛投身於「上綱上線」的洪流之中，倫理親情都變得脆弱和飄零，這是一種

扭曲的親情。

當然，我們依然能在書中看到一些流淌著溫暖和愛意的親情。馬懋如的婆婆是一位勤勞的農村婦女，她雖然沒有文化，但善良而明事理，她擔負起養育孩子的重責，親手為孩子縫製棉衣、棉褲，還曾和孩子們共度了三年困難時期，也走上了「五七」道路，一生任勞任怨。野夫筆下的母親成克蘭在「反右」運動中被戴上右派的高帽，接受工人監督改造。不幸的是，她的丈夫又被打倒，她用微薄的工資維持全家的生活。作家阿城的父親十分寬厚，阿城十八歲那年，其父鍾惦棐專門對孩子說：咱們現在是朋友了。這樣的親情的確令人讚賞，因為它散發著人性中的善良。

悲劇人生總伴隨著痛苦，讀著泣血的親情故事，我們依然會發現這樣的祕密：時代的殘酷性並沒有完全泯滅人性的光輝，那些依靠良知保存的親情永遠值得人們懷念和學習。

他們為後人留下了什麼

這些作者的雙親已經遠去，他們會給後人留下什麼呢？這不但是作者在思考的問題，也是每一個讀者都應該反思的問題。

不可否認，他們曾留給後人很多精神遺產。他們大都受過良好的傳統教育和現代教育，像湯用彤、章乃器、梁漱溟等便是學貫中西的知識分子，既有敦厚、儒雅、正直的一面，也有秉持正義、自由、獨立的一面。樂黛雲的公公湯用彤是一位寬容溫厚的學者。當年樂黛雲與其長子湯一介辦了一個「反傳統」的婚禮，湯老先生和夫人笑眯眯地看著眾人嬉鬧。同時，他又是一個耿直而不計較名位的人。一九五四年，湯用彤參加批判胡適會議，對他的打擊非常大。當晚，他神情木然地回到家。此時，湯用彤顯得特別木訥，但

傳統的力量一直扎根在他的心中。

章乃器則是另一種類型的學者。據章立凡回憶，其父一直主張獨立思考。早在「反右」運動中，章乃器不顧生命安危，伏案寫提案。一九六〇年，章乃器在全國政協會議上，對大躍進提出了書面質疑。隨後，他受到了批判，但他並沒有放棄獨立思考，依然對國家經濟建設、政治運動、民主法治等問題發表了自己的看法。詩人郭小川因為堅守自己的創作底線，被劃為右派。其子郭小林這樣回憶說：「父親對這種毫無自尊的奴性人格表示了極大的蔑視。並以犧牲身體健康為代價保全了自己的獨立人格。」他們的特立獨行同樣贏得了後人的尊重。

在經歷特殊年代之後，有不少知識分子都對自己的行為進行了反思。比較有代表性是周一良和韋君宜。二十世紀八〇年代末，周一良開始動筆回憶前半生，對自己在特殊年代的行為進行了剖析和反思，結集為《畢竟是書生》出版。韋君宜從一九七六年便開始寫《思痛錄》，回憶了自己在特殊年代的遭遇和反思。周啟博最後總結說：「希望幾十年內中國新一代歷史學人也能有類似的研究成果問世，非如此難以提高民族素質和防止下一次災難。」可見，反思是十分可貴的，反思是一個人走向新生的希望，同樣會給整個民族帶來曙光。

在那樣的時代裡，我們不能忘卻徐幹生的魄力，他自稱為「犬儒」，卻用筆記錄了當年發生的一切，為後人留下了寶貴的研究資料，實在是一個令人敬佩的人。蔡克蒙筆下的父親蔡定劍是一位有良知的學者，早年的坎坷經歷使他明白了遭遇不公平待遇的痛苦，也使他毅然走上了反歧視的道路。二〇〇九年九月七日，蔡定劍在送孩子去法國留學時，說：「克蒙，你要記得，知識分子要有對國家和社會的責任，你要有毅力，要細心。」

卡內蒂說：「寫作是焦慮和抗拒的產物。」我想，他們留給後人的這種精神遺產，無疑是我們做人的精神資源。從他們身上，我們可以學到儒雅寬厚的品性，以及正義、獨立、自由、博愛的精神。

那一代人的怕和愛

　　身處異地，到年末，常常想起親人。祖父去世的時候，我還在讀小學，不是很懂事，現在想起，不禁有些懊悔。我對祖父的點滴記憶，至今都珍藏在心裡。

一

　　不知是什麼時候，祖父已經駝背了，他樂呵呵地背起我，在家裡轉來轉去。我趴在祖父背上，有一股濃郁的煙香沁入心脾，至今難以忘懷。

　　祖父是抽煙的。冬天的時候，他坐在太陽下，從身上摸出了一根布滿黑色的煙桿，再放上一小撮煙草，緩緩地將煙桿送到嘴理，用一雙有點發抖的手慢慢地點燃。

　　後來，他也抽香煙。這香煙有些是家人或親戚買的，有些是別人送的。祖父晚年的時候，常給人家擇日、寫符、寫對聯，所以人家經常送點香煙給他。

　　祖父沒有煙癮，總省著抽，把煙省起來，分給兒子。有一次，祖父拿著好幾包煙親自送給我父親。我還記得他是這麼對我父親說的：「××（省去父親名字），這幾包煙給你。」

　　「爺，你自己抽，我還有，我買給你煙都沒有啊。你藏著，自己抽。」我父親連忙用手推著，沒敢收下。

　　可是，祖父一直堅決要把煙給我父親，還說道：「我老了，

抽不了多少，人家送了不少給我，我抽不掉。」父親只好很難為情地收下了煙。後來，我還記得有好多次，祖父又把好多煙給了我父親。聽父親說，祖父經常把差的煙留給自己。

二

　　祖父晚年不怎麼抽煙，跟他的病很有關係。

　　祖父患有慢性氣管炎。在現在看來，這不算什麼大病。但在當時，對一個老年人來說，這病可是一種折磨。

　　聽父親說，祖父的病很早就有了。土改後，祖父家的田地和房屋都被公家拿走，還被列為地主。

　　集體化後，祖父和平常人一樣參加集體勞動，所不同的是祖父在勞動的時候，還要受氣。土改後，農民翻身了，作為地主自然要受到不公正待遇，挨罵和扣除工分都是常有的事情。

　　為了撐起了整個家庭，祖父學著做粗活。他年輕的時候，都在讀書，沒做過粗活。聽父親說，祖父憑藉自己的毅力，學會了砍柴，還帶著我父親一起上山砍柴。

　　祖父上學的時候，沒挑過東西。即便祖父在回浦中學讀書的那段時日，吃的、用的，都是他的堂兄弟翻山越嶺送過去的，用不著祖父自己挑。可時代變了，祖父不得不學著挑東西，不僅去水庫挑泥土，還在家挑水、挑糧食、挑柴……聽母親說，全家人用的水都是祖父和我父親挑的。每天早晨，總有他和我父親挑水的腳步聲。

　　白天，不論多麼寒冷和炎熱，祖父總要去生產隊幹活掙工分。漸漸地，他的身體也累壞了。尤其在寒冷的冬天，他迎著呼呼的北風，起早摸黑地幹活，再說又穿不暖、吃不好，即便一個身強力壯的年輕人，怎麼抵擋得住那冰冷的世界！

這些打擊還算不了什麼，真正對祖父的病產生影響的怕是文革時期的批鬥。在我的記憶，家裡人很少談及這些事情。祖母在去世前幾個月，曾拉著我坐在門前，跟我說起祖父的事情，意思是讓我記住上一代親人的歷史。

祖母曾這樣對我說：「我們上代人都很好。你太公賺了錢，送你爺爺去橫渡讀書，後來去臨海回浦讀書。你爺爺結婚時，他的同學送了很多東西，有兩個很大的花瓶。後來文化革命，這些東西都被人拿走了。當年，你爺爺同學叫他去聚會喝酒，準備去臺灣。恰好你爺爺生病在家，我又捨不得他去。就這樣，你爺爺沒去成。那幾個去聚會的同學不知道誰告密，都被抓去槍斃了。」

時間已是二十一世紀，我沒法想像文革當年，祖父是如何熬過來的？當他被拉去批鬥的時候，他想到了什麼？當他被眾人唾棄的時候，他作何感想？當他因為自己而連累家人的時候，他又是怎麼埋怨自己？當漆黑的夜晚，紅衛兵衝進家門，拿走他心愛的東西時候，他的神情又會是怎樣的？……祖父有個心愛的硯臺，曾被一個教書的紅衛兵（陳邦根）拿走，至今毫無下落。

心靈的打擊和摧殘比起身體的折磨更容易傷害人。在當時情況下，即使祖父生了病，咳嗽不止，哪裡有人願意為他治病？聽父親說，當時祖父為不讓親戚受到牽連，還與很多親戚斷絕了往來。在如此荒唐不堪的年代裡，人人都想從地主家裡獲得好東西，都想踩一腳地主。甚至，有些人見到地主就像撞見瘟疫一樣，遠遠地看著祖父被抓去批鬥。

是的，人的善良和溫情在那樣的時代裡，一文不值。我想，祖父的病不是天生的，是被時代逼的。祖父也不是天生就是駝背的，這背是被時代壓彎的。或許，一個荒唐的時代的確能夠毀掉一個人，而且在他們看來理由是十足的正確。

三

至今，我依然清晰地記得祖父那令人撕心裂肺的咳嗽聲。

叔叔搬進新房後，祖父不肯搬走，一個人住在叔叔的老屋裡，似乎他一直在留戀什麼。一到冬天，祖父就穿上厚厚的棉襖，但行走一直非常利索。

每到夜幕降臨的時候，祖父早早就著床休息。夜很黑，他一個人縮在屋子裡。我們要上樓休息了，我父親總忘不了這樣和祖父說：「爺，我們睏覺去了，你早點睡。」

「啊？……好。」祖父的聲音很低。

鬼哭狼嚎似的北風席捲著整個村莊，屋子裡不斷傳出祖父的咳嗽聲，一聲比一聲響，彷彿要把整個肺都要咳出來似的。每當聽到這咳嗽聲，我要屏住呼吸。這冷夜寒風裡的咳嗽聲，牽動著每個親人的心。

北風呼嘯而過，停了下來，夜靜悄悄的，屋子裡傳來祖父那呼呼的喘氣聲。我們知道，祖父每喘一氣，就代表呼吸一次，而喘氣聲越重，則表示他呼吸越困難。每當祖父的喘氣聲越來越重的時候，咳嗽又開始發作了。

時間在無聲無息地流淌，祖父的咳嗽並沒有因此減弱。我不知道，祖父是怎麼熬過他的夜晚？在如此冰冷的黑夜裡，他竟拿自己的生命與咳嗽搏鬥，最後弄得精疲力盡，只剩瘦弱的身軀。

四

祖父很早就掉了牙齒。

老人掉牙齒跟常年勞累很有關係。前半生勞累過度的人，一到五六十歲就可能掉光了牙齒，有些人可能更早。

祖父這一生都在勤勞耕作，即便晚年可以休息了，他依然閒不住。祖父祖母都和叔叔住在一起，叔叔家還有一些田地，他就經常幫忙照料。

重活，祖父也做不了，但除草之類的活，他還能做，而且做得非常快。聽父親說，祖父經常扛著一把鋤頭去地裡除草，把草除得一根都不留。除完草之後，祖父就把草弄成一堆，用火柴點燃乾燥的草，一起燒成灰燼。有時，他把稍微長一點的草曬起來，等草枯黃乾燥了，拿回家當作柴火。

父親說，有一年夏天，天很熱，祖父仍在長壇這塊地裡除草，滿頭大汗，全身都濕透了。父親很心疼地說：「爺，天熱起來了，可以回家了。」

祖父抬頭說：「快了，我把這些弄弄完。你先回去。」

父親知道祖父任性，也就沒怎麼催促，但祖父這任性不再是孩子般的天真，而是對事情的認真和負責。這一點，怕是我們都難以企及了。

五

說到祖父的任性，還有很多往事可以說，祖父給人家寫對聯就是其中一例。

上小學的時候，我在好幾篇作文裡提到這件事情。祖父是大好人，有求必應。每年，村裡都有人要辦喜事，總有人要他前去寫對聯。

祖父的字是花力氣寫的，更是用心寫的。有一次，鄰居家辦喜

事，祖父坐在屋簷下寫對聯，我站在旁邊看。他小心翼翼地鋪開紅紙，用那雙有點發抖的手將紅紙鋪起來，然後用刀緩慢地將紅紙裁剪開來。

祖父在書寫之前，總是很認真地看著書上的字，等到他快要落筆的時候，他常常用手將字在桌子上比劃一下，生怕寫得不美觀。直到他覺得比較滿意了，便蘸了蘸墨水，一手平放在桌子上，一手握著大筆很小心地寫起來，那隻握筆手總在搖晃中前進，他的喉嚨裡時常發出呼呼的喘氣聲，但祖父所寫的字卻一點兒都不東倒西彎，卻是那樣遒勁有力。

不論寒暑，還是颱風下雨，即便自己有病在身，祖父都會爽快地答應別人的請求。有好多次，祖母看不下去，就嘟囔道：「我佬，你現在就別去寫了，自己身體都不好。」

祖父聽後，總會很無奈地搖搖頭，似乎想辯解什麼，又似乎沒什麼話可說。只要他認定要做的事情，他從不會輕易放過。

現在想想，祖父的字為什麼那麼好，怕是和他那份任性是分不開的。他的任性是一種磨練，也是一種人格。

六

祖父愛吃糖，特愛吃家裡做的炒米糖。

祖父牙齒掉了之後，一張口，嘴巴是一個大空洞，說起話來很吃力。儘管如此，祖父吃起糖來，一點都不費力。

每到農曆十月半的時候，番薯成熟，家人忙完小麥耕種之後，剩下的時間就稍微空閒一些，母親可以在家熬糖。以前，村民們時常用麥牙和番薯熬糖，熬出來的是又紅又黏稠的糖，吃起來非常清口。

有了糖之後，我們家做的基本上都是糯米糖，將糯米蒸熟，放在太陽底下曬乾，等到做糖的時候，將曬乾的米飯炒起來，然後黏上糖，做成清脆爽口的「米乾糖」。

祖父很愛吃這糖。他到我們家玩的時候，我父母總把糖送到他手中。母親常對我：「你爺爺吃糖很快，嘴巴一磨一磨的，一下子就吃下了一塊糖。」

祖父過世後，我們家也漸漸地沒在熬糖，不再做糖了。只是到年底的時候，父母從街上買些米泡糖和花生糖，作為年貨，給我們和祖母吃。

祖父因為咳嗽，還吃冰糖。那時，冰糖對我們來說，是新鮮貨。這冰糖是叔叔從縣城等地方買的，是專門買給祖父吃的。人們常說，冰糖能治咳嗽，所以祖父平常閒時，便吃點冰糖，鎮一鎮咳嗽。

有時候，祖父在吃糖的時候，眼睛瞇成一條縫，開心得像個年輕人。

七

祖父的腳一到冬天就開裂。

祖父坐在太陽底下，他的腳後跟開成一條條的裂縫，有粗有細，有長有短。一走起路來，肯定非常疼痛，但我從來沒見到過祖父因此搖搖晃晃，他的行走依然非常利索。

其實，腳開裂跟沒做好腳部保暖工作很有關係。那時，祖父穿的是冰冷的「解放鞋」，即使有襪子穿，也都是不成樣子的，沒有任何保暖效果。

到春天之後，祖父的腳不再開裂，會慢慢好起來。但他總是閒

不住，時常給家人搓繩子。我還記得，祖父搓得繩子粗細均勻，非常光滑。

我搓繩子，就是跟祖父學的。

那天下午，天降大雨，祖父坐在門檻上搓繩子，看到我和堂哥在玩耍，便把我們叫到身邊，說：「來，爺爺教你們搓繩子。」

我們都覺得好玩，便滿口答應。祖父給我們示範了一下。然後，我們各自拿了一把稻草，自己搓了起來。等到天黑的時候，家裡準備吃飯，祖父對我們說：「現在好了，搓得夠長了。」我把搓的繩子拿給了父親。從此，我就能自己搓繩子了。

這是祖父唯一教過的東西，但我一直牢記在心裡。

八

祖父是一個地道的讀書人，他一直期望後人能夠好好讀書。

當年，我大哥考上大學，祖父不知道有多高興，有一種重見光明的感覺。那年寒假，祖父路過我們家，我正在樓上門口看一本剛買的《小學應用題解題大全》。祖父走進房門，為我大哥題寫了一副對聯。我記得，這副對聯是這樣寫的：「與善人交如入芝蘭，打得破難關才是英雄。」這是祖父唯一留給我們的東西。

有一次，我去叔叔家玩，和堂哥跑來跑去。祖父一直蹲坐在叔叔家水泥地上曬太陽，一直看著我們玩，他忍不住說了句：「少玩玩啊……」你不知道他的心是何等地焦急不安！等到我要回家吃飯了，祖父瞪著大眼睛，搖著頭說：「少玩玩，書多看看，你聰明快進，像你大哥那樣就好了。」

我抬頭看了一眼祖父，心裡多少有點不服，一點兒都不懂祖父所說這句話的意思。直到祖父離開人世後，我時常想起祖父的這句

話，內心懊悔至極。

我還記得，有一年夏天放暑假，我去叔叔家玩。祖父坐在凳子上看管曬在地上的稻穀，生怕雞鴨把稻穀吃掉。閒暇時候，他一手拿著香煙紙，一手拿著筆，在紙上寫著數字，在計算著什麼。

看得出祖父心裡一直藏著一個讀書夢，但這樣的夢想被時代耽擱了，成了他心中永遠的夢想，而期望後人好好讀書，則是他的夢想的自然延續。

作為後人，也唯有好好讀書，才能告慰老人家。

九

記憶中，祖父沒幾件衣服，常年穿在身上就那麼幾件黑色的對襟衣。

土改之前，祖父家的生活還算可以。聽父親回憶，我們老祖宗原先住在西里。太祖父買了些田地，靠做米生意賺了些錢。等到選址下莊造房子的時候，太祖父賣掉了一些田地。

祖父在臺州府城讀書時，正值抗日戰爭時期，一九三八年，為躲避敵機轟炸，他就回老家了。太祖父擔心兒子在外讀書不安全，便沒再讓他回去就讀。從此，祖父擔當起家庭重擔，又買回了一些田地。

可惜誰都不曾料到，時代變得如此迅速，「城頭變幻大王旗」（魯迅），民國政府退守臺灣，轟轟烈烈的土改開始了。誰都不曾想到，土改之後，祖父家的田地一夜之間被收歸集體所有。

對靠土地生存的人來說，失去了土地，就等於沒了生存之基。我不知道失去田地的那一刻，祖父是怎樣地揪心和不安！他似乎日夜盤算著怎樣才能使家裡寬裕起來。

　　好在祖父識字，後跟一位風水先生學過擇日、寫符，這便是祖父的手藝。這兩樣古已有之，都屬傳統文化，現在港臺地區也很盛行。只不過在那時，這兩樣東西被標為「迷信」，凡是誰碰了它們，誰便是「四舊分子」。不知道從什麼時候開始，祖父便偷偷地給人家擇日子寫符。

　　尤其在「文革」剛剛結束的那幾年，告密者依然很多，即便是親人都有可能是他們的隊伍中的一員。我常想，難道祖父就不怕被人告密嗎？或許祖父想得更遠，已經不再顧及個人安危了。

　　剛開始的時候，祖父只為身邊的親戚朋友擇日寫符。不知道祖父第一次給人家擇日寫符的時候，他又是怎樣的心情？當落筆書寫的時候，他又想些什麼呢？當他寫完，用雙手將東西遞交給人家的時候，他又想些什麼呢？當他親自送人家出門的時候，他的心會不會變得緊張和焦慮起來呢？

　　改革開放以後，祖父的地主身分被平反了，他也可以正大光明地給人家擇日寫符了。記得小時候，祖父常常坐在叔叔家樓上為人家寫東西，還一邊寫一邊囑咐人家怎麼做，可見祖父非常細緻。人家為了感激他，常常塞點工夫費或送點煙之類的東西，這是祖父唯一的收入，但這樣的收入微乎甚微，祖父依然忘不了把這些工夫費攢起來，留做平時治病買藥用或在過年的時候，給孫輩分發壓歲錢。

　　小時候，我們這些孩子生病了，總免不了請祖父寫道符，燒起來吃吃。這符有「驅邪除病」之意，有一定的功效。說真的，這符還真神奇，我每次吃後，沒過幾天，病就好了。

　　後來，祖父的身體一直不好，家人就勸阻他在家休養，只是偶爾為親戚朋友寫寫東西。

十

　　祖父非常重視禮節禮貌，這是老一輩人的傳統。

　　印象最深的是，祖父經常教我們雙手遞接東西。祖父在家的時候，總要拿出香煙分給兒子抽。有一次，祖父把我叫到跟前，遞給我一支香煙，讓我送給父親。對於這樣的好事，我非常樂意做，便急匆匆地送到父親面前，可祖父總忘不了在後面提醒：「要雙手遞啊，雙手啊……」

　　有時候，我一不小心忘了雙手送東西，一想起祖父的話，便覺得慚愧。讀小學的時候，經常要去講臺上領試卷或作業，我總用雙手接老師給的東西。

　　漸漸地，我也就學會了雙手遞東西。只怪自己向來靦腆，小時候不敢喊「伯父」、「伯母」、「大大（大哥）」……，即便家裡來了客人，我都不敢喊「姑姑」、「舅舅」、「姨丈」……每當這個時候，祖父又在後邊不斷地提醒，哪怕我輕輕地喊一聲也好。可是，我就是喊不出來，想必非常讓他傷心。但是，祖父從不會強制要求我們做一件事情，他總用循循善誘的方式讓我們自願去做。

　　小時候，祖父一直教我叫一聲「大哥」，我卻一直沒叫。至今，我想起來這件事，萬分慚愧，只是習慣了，一直改不了叫大哥的名字。相反，堂哥堂姐都不在兄弟姐妹間稱呼名字，這是祖父教育的結果。

　　每逢節日，祖父都要親自參加祭祀，這種對天地的敬畏和對祖先的孝敬，一直讓人感動。每年清明節，祖父總帶領兒孫去西莊掃墓。西莊的山路崎嶇，稍有點陡峭，祖父總一步一步非常艱難地挪動著腳步，喘著粗氣爬上山腰。即使遇到颱風下雨，他也要身披蓑

衣去掃墓。有一年清明節下大雨，家裡人沒讓我跟去，但祖父仍舊和家人一起上山去了。等他回來的時候，雨已經淋濕了他的衣服。

祖父就是這樣一個懂「禮」的人，他的心永遠都是那樣明亮和豐富。

十一

打從我記憶開始，祖父的腦袋總是光光的，從沒留過長髮。

天氣熱的時候，祖父戴著草帽，牽著一頭剽悍的水牛，到田裡放牛。這頭牛原本是小牛，是祖父養的。

小牛漸漸地長大，變得高大威猛，而祖父卻一天天衰老，他的背越來越彎，時常喘著粗氣。

人們常說，水牛的力氣大，脾氣也怪，好在這頭牛非常溫順。每次牽出牛欄，祖父放開繩子，拿著一根竹枝條，跟在牛的後頭。這頭牛十分通人性，常常放慢腳步，要和祖父並行。

有時候，牛走得太慢了，祖父用竹枝條趕牠一下，牠會加快腳步，但從不生氣地跳起來，更不會一跑了之。

後來，祖父老了，行動不方便，大家就不讓祖父放牛了。牛終歸給賣掉了，兒孫輩的都分到了一些錢。

祖父冬天的時候，照樣把頭理得光光的，應該是戴帽子的，但我一直記不起來了。

十二

祖父是在一個夏日離我們而去。那年，他才七十六歲。

祖父去世的時候，我還是一個不怎麼懂事的孩子。那年初夏，

父親告訴我們，祖父出事了，他在叔叔家院子裡摔了一跤。從此，祖父總感覺沒氣力，也就不大出門了。我跑去看他的時候，他的身上有好幾處傷痕，膝蓋上青一塊紫一塊的。

　　後來，我才漸漸知道，很多身體健康的老人，一摔倒就麻煩了。我去叔叔家的時候，祖母心疼地告訴我：「你爺爺不小心摔了一跤，照鏡子時，又摔倒了，你看這腳……」看著祖父摔傷的腳，我似乎感到祖父真的走不動，要坐著休息了。有時，他連坐下來的力氣都不足，大概躺著休息是最好的方式。

　　祖父摔倒後，飯量大減，每天吃不了多少飯，只能靠喝粥維持生命。很多老人都很貪生，但祖父彷彿對生命看得非常淡，他總跟我們說：「都七十六了，也該走了……」每每聽到這樣的話，我的心裡總有一股寒意。

　　祖父摔倒後，我的內心自然增添了許多傷感。有一次週末，我和堂哥在水庫腳下水坑裡捉魚。大概是運氣好，我一下水就捉到了一條手掌大的鯽魚，肥肥的。臨近中午的時候，我們拿著這條魚去了祖父家裡。

　　我們到的時候，祖母剛好在燒飯，我把魚交給祖母說：「這條魚給爺爺吃。」祖母連忙說：「你拿回家吃，你爺爺吃的有。」最後，我放下魚就跑回家了。我想，這是我唯一能為祖父做的事情。

　　祖父走得太早太快了，似乎還有很多事情沒完成。

附　你走了……

何賢超

（此文係作者兄長紀念祖父去世二週年所作）

你走了，你走了多遠，我不知道，我只知道你離我已有兩個年頭。我真希望有所謂的天堂，在那裡，不再有人間煉獄，有所謂的牛鬼蛇神。

你走了，你走了多遠，我不知道，我只知道你的音容笑貌時時浮現在我的眼前，揮不去，抹不掉。兒時的教誨，壯時的善誘，無不凝聚你的心血，你的那一顆熾熱的心。

你走了，你走了多遠，我不知道，我只知道那悲壯的壹生。十歲離家，就讀回浦；十八歲回鄉，力主教育。可你壯志未酬，處處受打擊，處處受迫害，終於熬成一身的病體。

你走了，你走了多遠，我不知道，我只知道你那勤奮的一生。回鄉的路上，險惡而坎坷，可你依然脫下長衫，投筆從農。那其間，有多艱辛；那其間，有多毅力。你可知道：那時，你是一個沒學過農事的地主少爺。

你走了，你走了多遠，我不知道，我只知道你時常替人家寫對聯，不顧自己病弱的身體，也不顧家人的極力反對，自行其道。

你走了，你走了多遠，我不知道，我只知道你把生命看得很淡，時常把自己比作一盞將滅的油燈，走時很輕鬆，僅給我留下幾個大字：「與善人交如入芝蘭，打得破難關才是英雄」。

　　你走了，你走了多遠，我不知道，我只知道在臨海曾夢見與你訣別，好可怕，好憂傷。殊不知，這是真的。暑假回鄉，不忍看到你那日見憔悴的面容，可你安慰道：「爺爺今年七十六，該走了。」

　　你走了，你走了多遠，我不知道，我只知道你彌留之際那一幕幕動人的情景，你緊握三兒的手，問：「你負債到底多少？」

　　你走了，你走了多遠，我不知道，我只知道你已確確實實、實實在在不在我身邊了，我真希望有所謂的來生，讓我們在來世相會。

誰的鄉村不再淪陷

　　劉亮程最早出現於文壇上是在二十世紀末，他的那些關於鄉村的散文不斷湧現在報刊上。十多年來，他的那本散文集《一個人的村莊》被出版印刷多次，個別文章還被編入學生課本，幾乎成了文學經典。

　　《一個人的村莊》是劉亮程多年鄉村體驗的結晶。他生活在一個叫黃沙梁的地方，「黃沙梁，我會慢慢悟知你對我的全部教育。這一生中，我最應該把那條老死窩中的黑狗稱師傅。將那隻愛藏蛋的母雞叫老師。牠們教給我的，到現在我才用了十分之一。」在他的成長過程中，放牛的時間、背柴火種地的時間、在村人中閒待的時間，遠遠超過了他在學校的時間。對於一個作家來說，生活本身是一本大書，生活的體驗也就成了他寫作的主要源泉。這是他不幸中的大幸。

　　鄉村養育了他，也教會了他如何生存與思考。劉亮程曾這樣對記者說：「《一個人的村莊》所描寫的生活背景大致是我童年、青年時的生活……我童年的生活就是這樣一種境況，對於過去來講它是真實的，對於現在來講它可能不再是一個現實世界的村莊，但它絕不是虛假的『世外桃源』。」劉亮程筆下的鄉村是一種靜謐、閒逸與生命的原始狀態。所有的東西在他面前都是那樣地活潑自然，富有生命。

　　在鄉村，人與地、人與牲畜、人與花草樹木，構成了天然純樸的關係。這種關係毫無功利的利益關係，維繫它的是最真實的

感情，這是世界上最為簡單而崇高的關係。在鄉村的大地上，任
何生命似乎都有一種天然的血緣關係，生命與生命之間毫無怨恨
與殘忍，有的是相互偎依和照顧。作家在〈鳥叫〉一文中寫道：
「我們到黃沙梁時，這片土地上的東西已經不多了：樹、牲畜、野
動物、人、草地，少一個我便能覺察出。我知道有些東西不能再少
下去。……在這個村莊裡，人可以再少幾個，再走掉一些。那些樹
卻不能再少了。那些鳥叫與蟲鳴再不能沒有。」這些生命一旦進入
人的生命，他們必將會成為人生命中的一部分。有時，作家會在草
叢間躺下，任由蟲子爬來爬去；有時，作家會在一個荒野上，對著
一株並不起眼的花微笑；有時，作家會在深更半夜的時候，不知不
覺地關心起一隻鳥來；有時，作家會由一棵樹的死亡聯想起人的死
亡，因此而黯然憂傷。

　　但作為一個有良知的作家，他對大地上黑暗不會視而不見
的，而是會逼近大地最真實的部分，會用一種憐憫的目光去撫慰
大地的滄桑。不錯，劉亮程筆下的鄉村也有它的不幸、苦痛與哀
愁，自有它的廣度和深度。〈狗這一輩子〉、〈城市牛哞〉、
〈逃跑的馬〉，是我認為寫得含蓄而深刻的文章，這樣的文章的
確是浸透淚水和充滿悲憫之情的好文章。在鄉村裡，「一條狗能
活到老，真是件不容易的事。太厲害不行，太懦弱不行，不解人
意、太解人意了均不行。總之，稍一馬虎便會被人燉了肉剝了
皮。狗本是看家守院的，更多時候卻連自己都看守不住」。一頭
驢也一樣。一匹鄉村裡的馬，會無緣無故地奔跑遠去。一群膘肥
體壯的牛會被人眼睜睜地運往城市，而牠們對自己的命運卻一無
所知。

　　作家在〈城市牛哞〉一文中這樣感歎道：「牛只是作為肉和
皮子被運到城市。他們為了牛肉的新鮮才把活牛運到城裡。一頭牛

從宰殺到骨肉被分食，這段時間體現了一個城市的胃口和消化速度。早晨還活蹦亂跳的一頭牛，中午已擺上市民的餐桌，進入腸胃轉化成熱量和情欲。」這是一篇充滿血淚的文字，當我讀完最後一個字時，我感到一種生命的窒息，彷彿聽到了遠處的牛哞漸漸向我逼近。林賢治先生說：「這是狂哞，是撕心裂肺的聲音。驚恐、憤怒、決絕，整個文壇聽不到這種聲音。沒有一個來自鄉土的作家，能夠如此看待自己的出身、處境和命運。」這是絕望的呼叫，生命在黃昏的昏暗中顫慄。

　　鄉村中的人也一樣。卡夫卡說：「無論什麼人，只要你在活著的時候應付不了生活，就應該用一隻手擋開點籠罩著你的命運的絕望……但同時，你可以用另一隻手草草記下你在廢墟中看到的一切，因為你和別人看到的不同，而且更多；總之，你在自己的有生之年就已經死了，但你卻是真正的獲救者。」劉亮程做到了，他不是一個戴著面紗的作家。在現代社會裡，個體人的孤獨是在所難免的，它幾乎成現代人的通病。

　　在城市化的鐵蹄下，大片的村莊正在逐漸消失，往日的鄉村詩意正被城市的繁華喧鬧所取代。《一個人的村莊》是我們閱讀中國鄉村的窗口，在這個窗口裡，我們看到了鄉村的綠洲與歡樂，也看到了鄉村的荒漠與哀愁，不禁讓人感慨：誰的鄉村不再淪陷呢？

靈魂你們能交回嗎

一、語言

　　語言的匱乏在於精神的匱乏。一個精神匱乏的人，一定是他的想像力出現了問題。

　　想像力代表著一個人的語言高度。

　　語言也是有思想、有人格和有尊嚴的。英國小說家奧威爾在〈政治與英語〉一文中說道：「語言是表達思想而不是掩蓋思想的工具。」

　　讀奧威爾的作品，我們無不感到他的語言的力度與深度。

二、英雄

　　所謂英雄，他應當是具有強大的生命力，一種肉體與精神上的雙重強大；他應當是最大限度地在張揚自己的生命力，最大限度地擔負起悲憫與拯救世間一切受難生命的重責。生命力的強大與高度的負責，使得他在庸眾面前具有無與倫比的崇高感。這樣的英雄，如貞德、華盛頓、林則徐……但當一個人的精神生命力的生長超過他的肉體生命力的生長，精神的光芒穿越整個肉體的漆黑，即使他是一個平庸弱小的人，他也是一個英雄，一個形而上的道德英雄。一個道德上的英雄，也一定是一個道德上的楷模。這樣的英雄，如

普羅米修斯、耶穌、釋迦牟尼⋯⋯

英雄是被逼出來的。一個英雄的出現，一定是這個時代出現了大問題而造成了某種缺失；一個道德英雄的出現，一定是這個時代的道德出現了大問題而造成了這種道德上的缺失。

但英雄也有汙點。馬丁‧路德‧金是美國黑人民權領袖，可謂響噹噹的英雄，但這個英雄的私德卻很不好，比如性醜聞、抄襲醜聞等。這是非常值得深思的問題。

三、靈魂的難度

選擇的兩難，在於靈魂的難度；在靈魂的難度的背後，是一顆哭泣的靈魂。

魯迅是，錢理群也是。

《野草》是魯迅的靈魂世界，《心靈的探尋》是錢理群的靈魂世界。

讀《野草》，我們會讀到魯迅靈魂的難度；讀《心靈的探尋》，我們會讀到錢理群靈魂的難度。

書，是一個人靈魂最好的表達。

四、武俠文學的力度

從某種意義上說，人的生命中都有一種被囚禁被壓抑的情緒，而正因為這種情緒的存在，所以也就有了一種生命中的暴力傾向。當人在現實中得不到這種補償的時候，有人發明了文學，武俠文學就是一種對暴力的補償。

武俠文學中有暴力，但傳達的卻是生命的聲音，它更接近生命

文學；武俠文學中有黑暗，但更多地是在黑暗的廢墟上煉就光明。

　　武俠文學的力度，就在於張揚生命力，在於在張揚生命力中使人的肉體與靈魂得到平衡，在於言說人類中的愛與光明。

　　從這種意義上說，古龍小說比金庸小說更有人性、更有生命感。

五、囚禁

　　盧梭說：「人生而自由，但無往不在枷鎖中。」

　　大地給了人更多的生存空間，但人卻毀滅這種空間，縮小這種自由。

　　對我而言，一隻鳥比一個人更自由。

　　人，一道生而自由而又毀滅自由的閃光，一種建造自由而又囚禁自由的動物。

　　在自由與囚禁面前，人更嚮往自由，但更在自由的幌子下設置囚禁。

　　所以，人類永遠都有民主與專制的糾纏，人類永遠在民主與專制之間輪迴著。尼采與哲學家們常糾纏的「永恆輪迴」話題將永遠是人類生存的話題。

六、文明

　　文明是人的欲望發展的一種使然，誕生在生命的原動力之中。

　　人開始在文明中尋求欲望的噴發，規則也開始在文明中誕生。

　　文明，一種壓抑的人類發展史。

　　文明，最大的禍害就是使人的自然本性淪喪。

　　文明中更多的是一種創痛，因為規則而壓抑，人在規則的壓抑

中受傷。

文明是無止境的，就如夜空深不可測。

七、政治

政治，一種人的本能的關注。

亞里斯多德說：「人是政治的動物。」政治之於人，一如麵包之於人。

二十世紀九〇年代的中國，是一個混亂迷惘的時代。富人們會趾高氣揚地說：「只有財富與權力才是真的，其餘的一切都是一場春夢，讓我們盡情享受吧！」那些從文革的廢墟中爬過來的人們則說：「只有忘卻才是真的，其餘的一切都是癡人夢話，讓我們痛快地忘卻吧！」窮苦的經受壓抑打擊的底層人們則說：「你們都在說謊，只有不幸與屈辱才是真的，其餘一切都是假的，讓我們咒罵死去吧！」

政治不是一塊泡泡糖，可以用嘴吹起來的。

政治被理解得越是簡單，政治的功能便越小。在專制時代，政治就被理解為一種權力，政治的功能就是為權力而服務。

八、暴力

每個人的心裡都有一種暴力的因子，暴力因為人而存在。

心理學家弗洛姆說：「如果人的侵略性不甚於黑猩猩，就不用再為戰爭問題擔憂了。人認為狼是最具有侵略性的，當形容一個惡人時常說他『像狼一般兇惡』。但是不要忘記，狼在吃羊的時候才是兇惡的，而在自己的社會中卻是很友好，很溫和。」

人制止不了暴力，以暴易暴只會造成更大的暴力。暴力的爆發或許源於某種情緒，在情緒中宣洩被壓抑的東西。

人嚮往那種武俠與槍戰，實際上就是人需要在此中得到某種暴力的滿足。

九、專制

專制，一種人的本能欲望發展的瘋癲。

專制時代，觀點是一種遮蔽，一種障礙。言說觀點，被說成是一種瘋子的行為。

謊言彌漫的時候，也即獨裁者猖狂之時。

在專制時代，粉飾，多少人不願意幹？——只為活命；叛逆，多少人願意幹？——只為活命。

專制開始於暴力，也結束於暴力。

十、代價

一種動物要想與人建立一種默契友好的關係，牠將閹割掉自己的野性，完成人對牠的規訓與懲罰。

酒神與日神的對立關係，終於在希臘人的調和之下達成了默契：酒神受制於日神，日神規範著酒神。人類的藝術就由此而誕生而延續下去。

藝術是人類的第二次生命狀態。所有的欲望、夢想都可以因此達成，所有的壓抑、苦悶都可以在此宣洩，所有的悲傷、不幸都在此解脫。

藝術，總比現實世界幸運得多。

十一、樊籠

理不清的是綿綿不斷的情思，衝不出的是暗無天日的樊籠。

理清了情思，也便沒有了情；衝出了樊籠，也便沒有了人。

人的意義，不是為自己設置樊籠，而是不斷地衝出樊籠。

魯迅是人，因為他在鐵屋裡吶喊，處處在與樊籠搗亂。

十二、惡

善誕生於惡，正如美誕生於醜。

善是一種偶然，一種惡的偶然。

統治囚禁人的不是善而是惡，為人立約的不是惡而是善。

人類的第一次謀殺始於嫉妒，即人的惡。上帝曾告誡該隱：「要小心！心懷惡意的時候，罪惡就潛伏在你面前。」

但是，惡的氾濫膨脹使得該隱喪失了理智，忘記了上帝的教導，最終用石頭砸死了亞伯。

（莊王）二十年，圍宋，以殺楚使也。圍宋五月，城中食盡，易子而食。析骨而飲。宋華元出告以情，莊王曰：「君子哉！」遂罷兵去。（《史記・楚世家第十》）

（趙襄子四年）三過攻晉陽，歲餘，引汾水灌其城，城不浸者三版。城中釜而飲，易子而食。（《史記・趙世家第十三》）

佛洛伊德曾言：人類無法擺脫內心的邪惡。那種深埋於人類陰暗處的最古老的邪念，沒有人能夠預知它將在什麼爆發。

易子相食就是人在極端環境中的一種求生本能。

由易子相食到後來高級點的以牙還牙的互相殘殺行為，實際上

是異曲同工的。那種以怨報怨相互廝殺實際上比相食更陰險，更殘酷，更卑鄙，更醜惡。

我們有理由批判這種殘忍的行為，但我們無法根除掉它。所以，有人在目睹這種殘忍時感到了虛無與絕望，發明了自殺。

只有毀滅，才是真的。

在我們萌發愛的意識的時候，卻被現實無情地塞進惡的意識；在我們需要愛的時候，我們迎來的卻是惡。生不逢時，這只是一個推卻責任的藉口。

一個相貌殘暴的人並不讓我們害怕，但一個思想殘暴的人會讓我們害怕。這是因為一個思想殘暴的人比一個相貌殘暴的更陰險，更狠毒，更容不得我們思想的正常。

十三、聲音

沒有聲音的時候，大地是一片沉寂，沉寂得令人心寒恐怖；聲音紛雜的時候，大地是一片汪洋，紛雜得令人驚肉跳。

心的恐懼來自於聲音，聲音也是一種恐怖話語。

十四、話語

沒有什麼比話語更能深入人心，沒有什麼比話語更能統制人心。

當一種話語成為一種意識，話語便是一種暴力。中世紀時，歐洲大地上流行著痲瘋病。起初，它只是一種病，病人與正常人的差異只是體能的不同。當這種病蔓延奪走眾多人的生命時，人們開始恐懼，開始對病人採取了隔離。正常人用自己的話語給痲瘋病人標了籤，從此產生了兩種不同的話語。

哲學家傅柯就此說道：「痲瘋病消失了，痲瘋病人也幾乎從人們的記憶中消失了。但是這些結構卻保留下來。兩三個世紀之病，往往在同樣的地方，人們將會使用驚人相似的排斥方法。貧苦流民、罪犯和『精神錯亂者』將接替痲瘋病人的角色。」

每一種話語都充滿著強制與血腥。只有當它時回歸常識時，我們才能感到話語的溫和與親切。

話語就是一種權力。

十五、完美

米達斯王，這位希臘傳說中能點物成金的王，在森林中苦苦地追逐著智慧的森林之神西勒若斯。當西勒若斯落在了國王的手裡時，國王這樣問祂：「人類最大的善是什麼？」西勒若斯默然不動。最後在國王的再三催促下，祂發出一聲尖脆的笑聲說：「啊！可憐的朝生暮死的人類，命運的不幸產兒，你們為什麼一定要我說出那些你們最好不要聽的話呢？對你們來說，最好的事情是永遠達不到的；那就是根本不要出生，不要存在；要歸於無物，而次好的事則是早點去死。」

金無足赤，人無完人。世上本無完美，只有缺陷之美。獨裁者喜歡用崇高與偉大裝飾自己，因為他相信自己是完美的象徵。

《國王的新衣》中的那個愚蠢的國王以為自己穿著世界上最華麗的衣服，大搖大擺地穿梭於人群中毫無羞恥之感。其實他是一絲不掛，在做裸體表演而已。

獨裁者的完美往往用謊言來包裝起來，用暴力做為他最完美的後盾。

完美了，也就不完美了。

十六、宿命

德國影片《羅拉快跑》，講述的是羅拉為拯救男友的性命，在極短的時間內嘗試了種種拯救辦法。

羅拉一直處於奔跑之中，直到男友獲救。

人都如此。

宿命，時間本身是人的一種宿命。人們總相信人掌握了時間，但沒有想到人永遠處於時間的奴役中。

時間的誕生，意味著人類奔跑的加速。

有時真的很羨慕古人，對著朝霞，對著落日，對著星空，對著披著霧靄的藍天……目光緩緩地流向遠方。

時間是條奔流不息的長河，人並沒有制服它，永遠地。

十七、生存

有人曾向我說過他（她）為什麼活著，但沒有一個人能說得清楚他（她）為什麼活著。在他們的回答聲中，我看到了一顆被黑夜撕裂的心，他們的目光充滿著困惑與迷惘。

生存本就是一大哲學，每一個人都有一本難念的經。

生存本就是為了創造愛與光明，一如上帝賦予我們的責任；生存本就是抑制人性的惡與拯救人的罪，一如上帝對我們的告誡。

倘若眾人都有羊的溫存、老鼠的眼光、狼的兇殘，那麼人類就已經處於毀滅的邊緣。

長頸鹿為求生存，伸長了脖子；人為求生存縮短了身軀，最後最好是抱住主人的腿子。

安於現狀，終將被現狀埋沒掉；非人的現狀埋沒掉的是人的尊嚴、人的品格、人的價值、人的善性。

十八、孤獨

哲學家克爾凱郭爾說：「衡量一個人的標準是：在多長的時間裡，以及在怎樣的層次上，他能夠甘於寂寞無須得到他人的理解。能夠畢生忍受孤獨的人，能夠在孤獨中決定永恆之意義的人，距離孩提時代以及代表人類動物性的社會最遠。」

在孤獨中，人往往會體驗到虛無與絕望，往往會體會到自我的存在、自我的價值，往往因此而走向一個超驗世界。對思想者而言，孤獨是他的路，孤獨是他的燈，孤獨也是他的墳墓。

人是脆弱的，亦是孤獨的，思想者更脆弱更孤獨。

但他們的孤獨已成為哲學上的永恆，他們也是最能接近上帝的大地寵兒。

十九、十字架

人類前行的歷史，都充滿著荊棘與殘暴、野蠻與血腥。每一個時代，都需要有悲憫與拯救意識的英雄。

耶穌為背負眾人之罪毅然走向了十字架，普羅米修斯為人間的光明而盜火受罪，布魯諾為捍衛人類的真理而被活活地燒死在十字架上……

在歐洲，總有人在背負十字架，總有背不完的十字架。

十字架流淌著英雄的鮮血，它是英雄受難的恥辱標誌。

時代需要英雄，正如時代需要信仰。

二十、荒誕

人誕生於荒誕，亦自絕於荒誕。

荒誕無處不在，它先於人誕生。

西諺云：人一思考，上帝就發笑。上帝因為人類荒謬的思考而發笑。

闡釋，很多現象並不都可以闡釋的。人一闡釋，就離本源越遠。荒誕，在人們沒有闡釋它的時候，它只是一種形態、一種現象。人一旦意識到荒誕的存在，並將它闡釋為一種無聊、一種噁心、一種虛無、一種生命中不能承受之輕、一種尚未體驗的經驗的時候，自殺體驗誕生了。

二十一、真理

一顆珍珠的產生折磨消耗掉了整個貝殼，一種思想的橫空出世亦如此。

如果真理可以像泡泡糖那樣好吃、好流行，那麼這還算什麼真理？

真理誕生於庸眾世界，誕生於漆黑的夜晚，誕生於先行者的探求與靈魂的拷問中。

一個真理被流行的時代，也是一個真理被閹割、被奴化的時代。

漆黑在降臨，先行者在受難。

一個時代最悲哀的莫不是沒有真人，一個人最悲哀的莫不是不能思想。

真理難求，真人更難求！

二十二、哲學

西塞羅在《論辯》中說：「哲學是靈魂的醫生，它卸去虛無的煩惱，把我們從欲望中解放出來，並消除了恐懼。」

哲學的座標應當而且必然是人。

哲學探討的是人的奧祕及人的生存境遇，並對當下的生存境遇提出質疑和重新建構。所以，每一場哲學變革都意味著破壞與建設；每一次對人的問題的解決都意味著人的開竅與完善。

哲學既擔當了記憶，又擔當了未來。它擔當起每一個個體生命的進化。

哲學家的任務便在於此。

將一種哲學捧起來，使之大眾化，哲學本身的生命力便開始衰弱。

二十三、哲學家

很少有人會去當哲學家，因為哲學的彼岸遠在天邊，因為人尚在昏睡之中。

哲學家可以有詩人般的細膩、敏感、憂鬱、哀愁、多情。尼采是詩人，但卻是一位公認的大哲學家。而詩人也可以有哲學家般的孤獨、瘋狂、痛苦、不幸、無助，但不會像哲學家理智、豁達、追求永恆。

詩人與哲學家的分野就在於此。

哲學家可以成為詩人，但絕對是一位大詩人。

正因為如此，哲學家選擇了永恆，詩人則選擇了短暫。

哲學家是孤獨的，或許他們的時代尚未到來。在眾人的眼中，他們是澈底的瘋子。

二十四、文學

幾乎所有的文學都與人的世界相聯繫，都與人相關。文學即人學。文學以形象表達人表達這個世界，將人血肉化，將世界多彩化。文學擔當的是審美、悲憫與拯救。

文學是人的目的，是人的終極。

文學應當而且必然是以人為座標，一如哲學。

只要文學還在直面和暴露醜惡百態荒誕無聊的人世界，只要文學還在憐惜和敬畏每一個生來脆弱、孤獨無助、痛苦不幸的個體生命，只要文學還在悲憫和拯救每一個被仇殺咬噬、被罪惡吞噬、被制度桎梏的個體生命，只要文學還在破壞和建構一個「人的世界」，這樣的文學還是好文學，還是有生命的味道。

在這樣一個時代裡，文學早已被人們驅逐出境，人們早已將文學遺忘在昏暗的角落裡。

在如今的時代，人一談起文學，人們就發笑。

我一直抱著一種美好的夢想，多想讓人在文學中沐浴，就如在陽光下沐浴一樣，癡癡地望著迷人的黎明小徑……

至於怎樣才算是文學的最高境界，每個人都有自己的理解，這與個人的體驗和性情都相關。

我認為，這種最高的文學境界，乃是一種宗教境界，也即我們平常所說人的終極關懷的境界。

當然，這其中應當是審美的，應當是一種詩意的述說。

二十五、文學家

文學可以表達一種現實，亦可以表達一種可能，一如所有的藝術。

真正的文學家也是哲學家，一如薩特。

二十六、文學的變形

文學有三種變形：由真文學變為偽文學，由偽文學變為非文學，再由非文學變為「無文學」。

文學的掘墓者往往是作家，是人自身。文學的沉淪首先在於人的沉淪，在於人精神的沉淪。

文學的貶值預示著社會良知的貶值，預示著人文精神的失落。二十世紀九〇年代的那場由王曉明發起的人文精神大討論就已經預示著文學在貶值、在沉淪，討論無非是想挽救日益成為廢墟的文學世界。

二十七、中古文學家

文學誕生於政治，文學家誕生於政治失意後的自救自慰。

中國古代所謂的文學家其實都是政治家，所謂的文學其實都是官場上憤懣的宣洩，是人生不得意的哀怨。幾乎所有的文學家自小都有安邦治天下的宏偉大志，幾乎所有的文學家都要去碰碰官場的運氣，幾乎所有的文學家遭遇了官場的冷眼與不幸之後都要以文學作為自己發洩的工具去治療心理的毒瘤，又幾乎所有的文學家在發

洩自己苦悶失意、哀怨憂鬱的同時在向官場迎合，也即所謂的「窮
則獨善其身，達則兼濟天下」。

中國有孔子，西方有蘇格拉底；中國有發達的官文學，西方有
自覺的人文學。一種有人的意識，一種無人的意識。這是中西方兩
種不同文學的發源模式。

二十八、藝術

藝術是真，傳達的是一種真感情；藝術是血，流淌的是藝術家
的心血。

藝術的消亡，也即真的消亡，也即人的死亡；捍衛藝術，也即
捍衛真，也即捍衛人。

勃蘭兌斯在《流亡文學》中說：「文學史，就其最深刻的意義
來說，是一種心理學，研究人的靈魂，是靈魂的歷史。」

藝術史何嘗不是如此。

藝術家，本質上是流亡與漂泊的。

文藝介入政治，不是文藝歸順於政治，成為政治的工具，而是
要反叛政治，成為政治的清淨器。

文藝為的是什麼？文藝為的是人類集體記憶的再現，為的是人
類願望的達成。

文藝發展中常出現眾多的「主義」，如「現實主義」、「浪漫
主義」、「唯美主義」……主義並非什麼，一個口號而已。

文藝一旦成為政治的奴役，文藝一旦成為功利的奴役，文藝就
不再是人的藝術。

文藝作為一種精神，它是自由的；文藝作為一種先知，它是孤
獨的。

藝術家因為精神而被放逐，藝術家因為超前而被扼殺。

二十九、魯迅之死

魯迅死得寂寞，死得冷漠，死得悲痛，死得淒涼，死得不得其所。

他死於非命。

他有一顆心，一顆敏感的心。他用這顆心來窺探世人的靈魂，也用這顆心來戕害自己。這顆心成就了他的偉大，這顆心也殺死了他的肉身。

三十、孤獨者

魏連殳的命運，也即一個孤獨者的命運，也即魯迅的命運。

〈孤獨者〉是一篇寫給他自己看的小說，完筆後並沒有發表，直到後來收集在小說集《彷徨》中。

魯迅最好的小說不是《阿Q正傳》，而是〈孤獨者〉。

最真實的東西也是最有血氣、最感人、最能直面世間的惡、最能審視自我的作品，〈孤獨者〉就是魯迅這顆孤獨痛苦靈魂的最真實的寫照。

三十一、野草

「我自愛我的野草，但憎惡這以野草作為裝飾的地面。」

魯迅是一位詩人，《野草》便是他最好的詩集；魯迅是一位哲人，《野草》便是他最好的哲學王國。

《野草》是他生命的結晶，亦是他生命的影射。

是生命之詩，也是靈魂之曲。

是詩魂，也是歌魂。

這樣的東西，誰能不愛？誰能丟之棄之？

魯迅不能。我們能？

三十二、人

魯迅一生中探討的就是人的問題，因為他生活在一個非人的世界裡。

魯迅言，真正智識者是不顧利害的。

我認為，真正的人是敢於直面黑暗的；真正的世界是由黑暗推動光明，由光明驅散黑暗，最終讓被誕生在黑夜裡的人都生活在陽光下。

三十三、屈原

天真的詩人。天真的死法。

三十四、盧照鄰

生於悲痛，死於悲痛。

在沒有發明長途電話的年代裡，他斷絕了與天堂的對話，所有的苦痛訴求、抱負陳詞都只能是喃喃自語。

生命如草，無霜也枯；生命如煙，無風也散。

任何一個生命都偶在地被誕生，但卻應然地生存成長著。

生命脆弱，一如玻璃一捅就破。

生命的脆弱，是因為它內在的堅硬，堅硬得一如玻璃。

詩人的生命更脆弱、更容易破碎。

三十五、丹東的控告

法國大革命雅各賓派專政時期，人民法庭對「人民叛徒」丹東進行了審判。在法庭上，丹東以獨有的冷靜和激情控告了革命領導人羅伯斯比爾的罪行：「他們使自由的每一個足音都變成一座墳墓，這種情況要繼續到什麼時候？你們要麵包，他們卻擲給你們人頭！你們口乾欲裂，他們卻讓你們舔斷頭臺上流下的鮮血！」

這是一顆覺醒的靈魂的最後諦唱，雖然眼前是荒漠是曠野，無人傾聽。丹東的意義就在於他在眾人皆昏睡充當著革命政府的幫閒與幫凶的時候，他以一個先知者的身分對人民民主的「自由」提出了質疑。

丹東之死，並不亞於蘇格拉底之死。

他是法國的蘇格拉底。

三十六、沉重時代

任何一個沉重時代，每一個生命都會變得壓抑苦悶、愁苦沉重，每一個生命都在變小，變謹慎，變空虛。

只有他們的代言人在變高，變大，變得瘋狂，變得肆無忌憚。

希特勒時代是，史達林時代是，文革時代也是。

三十七、模糊與清晰

當你衷情於一個人時，他（她）是那樣地模糊；當你懷疑起一個人，他（她）是那樣地清晰。

三十八、記憶

記憶是沉痛的，所以人們常常學會了遺忘；精神是苦痛的，所以人們常常遠離了精神。

記憶來自情緒，最好的記憶是對情緒的敘述。

三十九、歷史

歷史是人類心靈的歷程，歷史也是人類血淚堆積的墳。

沉重的歷史，野蠻的歷史，永遠是「壓在心上的墳」。

「讀史使人明智」，但勿讀正史。

修史是什麼？很少見得「修史」後的歷史更接近事實。

專制時代，我們隨處可見到獨裁者的歷史，因為那是光榮史；我們很少見到底層人的歷史，因為那是屈辱史。

御史不是帝王的傑作，而是奴才的傑作。正如正史不是人民的傑作，而是御用文人的傑作。

一部中國的歷史，也即一部奴隸的歷史。

人被人愚弄了，法學家無動於衷，史學家添油加醋。——這還是人的社會嗎？

寫史，為的是人的尊嚴與自由；讀史，為的是人的權利與幸福。

歷史，本質上是一部生命的紀錄與宣言。做為生命的紀錄，它應當如實地還原生命的狀態；作為生命的宣言，它應當不斷地反省生命發展中所出現的阻礙生命發展的東西。

將歷史賦予生命的尊嚴意識，這樣做無非是正常人對不正常社會的正常反應。

中國很少有史學家，更多的是考古者或闡釋者，這些都不具備作為歷史學家所應當有的素質。這些所謂的史學家在考古或闡釋中又要顧及統治者的利益，寫出來的東西不是歷史，而是政治教唆的語錄。

這應當是這個民族的一大不幸。

讀史需要勇氣，需要懷疑的勇氣；讀史需要份量，需要生命的份量；讀史需要選擇，需要言論的選擇；讀史需要良知，需要啟蒙的良知；讀史需要懺悔，需要生命的懺悔。

讀一部史，也即讀一部生命史，也即讀一部懺悔史。

四十、教育

克爾凱郭爾在《恐懼與顫慄》中說：「什麼是教育呢？我相信，它就是個人通過它而把握自己的過程，不經過這一過程的人，即便生在最輝煌的時代也並無助益。」

教育可以拯救一個人，亦可以殺掉一個人。就看我們辦的是什麼樣的教育。

無疑，中國是一個考試的王國，也是一個文憑滿天飛的王國。

中國人大都猶如同一個模子造出來的，說同一種方式的話，做同一種方式的事。我們的話語權更多的是在考試中喪失掉。

考試制度越是發達的地方，越見人的殘酷性，越見人缺乏想

像力，越見這個民族的愚昧無知。中國人的愚昧，中國人的殘酷無情，中國人的冷漠，中國人的勢利，中國人的奴性十足，中國知識分子的軟弱無個體人格，或許就是在考試薰陶中煉成的。

據對大陸部分地區小學生的調查，因為考試不好或因為所謂調皮搗蛋而挨過父母打罵的不在少數，因為望子成龍、恨鐵不成鋼而導致的違法犯罪現象在全國各地接二連三地出現。寧夏、武漢、瀋陽、山東、山西、浙江、北京等地發生了一起又一起的毒打孩子事件，或因孩子考試成績不佳，或因孩子逃學，甚至僅僅因為孩子沒有背出唐詩。大陸孩子的所有天性也就被這種粗暴的教育扼殺掉。

一位年輕的母親這樣說道：「我總以為，望子成龍的願望中有著隱約的自私與專制，渴望以孩子的成就往自己臉上貼金，這不是自私嗎？強制他完成你自己也達不到的高度，這不是專制嗎？」

什麼是大學？

北大校長蔣夢麟說：「如果問辦大學是為什麼？我要說辦大學為的是學術，為的是青年，為的是中國和世界的文化，這中間不包括工具主義，所以大學才有他的自尊性。這中間是學術真理，不包括利用大學作為人擠人的工具。」

我以為大學應是：一、人之獨立，精神之自由；二、學術自由，每一種思想都有存在的理由；三、教授治校，遠離政治；四、學生怪誕，個性鮮明。

四十一、死亡

現代醫學將人死亡的標誌定為腦死亡。

真人的死亡則是思想的死亡。

四十二、個體

個體誕生於群體。真正的個體是以獨立之心，行合群之事，但不諂媚。

四十三、平等

人本身就是一個不平等體，世界本沒有什麼平等。
身體的不平等是第一個不平等。

四十四、監獄

小說家尤鳳偉在《中國‧1957》中寫道：「人無論如何不能『犯事』進監獄，進去就不是個人了。特別『牢頭兒』，狗仗勢更蠍虎。」這就是中國的監獄。
所以，魯迅早就感慨道：外國的監獄比中國好蹲。

四十五、孩子

中國的孩子，要麼被視為「皇帝」，在溺愛中度過；要麼被視為孽種，在棒喝中熬過。但是，很少有人將他們視為一個孩子，一個平等的人看待。
或許這就是中國少有民主，少有博愛，少有自由，少有叛逆勇士的一大祕密。

四十六、啟蒙

覺醒是啟蒙的第一聲吶喊。

啟蒙的意義就是：揭開古老而神祕的面紗，回歸常識。

一個啟蒙者，一個孤獨者。

啟蒙者誕生於民眾，即便是是蒙昧的時代蒙昧的民眾也會有幾個啟蒙者。

啟蒙者往往死於民眾，被民眾親手殺死。

這就是啟蒙者的不幸，民眾的悲哀。

二十世紀八〇年代，我們思想著，啟蒙著，堅守著；二十世紀九〇年代，我們蒙睡著，自珍著，後退著。可怕的是，很多人都不再啟蒙。

四十七、悲劇的誕生

個人的悲劇往往在他呱呱落地時就已經誕生。

當那位教授（朱學勤）大呼：「我們需要一場靈魂的拷問。」的時候；

當那位青年（摩羅）宣告：「我們都是非人。」的時候；

當那位哲學家（尼采）撲向一匹拉著馬車的馬痛哭的時候；

我們是否捫心自問過；「我們活得心安理得嗎？」

我們是否拷問過自己的靈魂：「我們是怎樣被囚禁閹割的？」

我們是否探索過：「我們的悲劇源頭在哪裡？」

人被囚禁被閹割了，人麻木無知了，悲劇誕生了。

四十八、面紗

當我們揭開波佩的面紗時，我們所見到的她也不過如此；當我們揭開獨裁者的面紗，我們所見到的他並不比他人強大。

面紗是一堵黑牆，隔開著你與他的真面目。

聖人的面紗是庸眾蓋的，獨裁者的面紗是謊言蓋的，唯有真人不需要面紗。

當真人遇見這些戴面紗的人時，他會痛苦地說：「人啊，你為何這般虛偽地生活在面紗裡？面紗，可是你心的墳墓啊！」

一個戴面紗的人，是一個虛弱的人；一個戴面紗的時代，是一個恐怖的時代。

人類的童年，我們不曾有面紗，也不曾需要什麼面紗，所以童年時代的人類是一個純真的時代。此後，我們戴上了面紗，在面紗中製造惡。

一種真，一種摘去面紗的美，正是我們所缺少的。

四十九、激情與寫作

激情是寫作者的動力，寫作應是某種激情的使然，思想的寫作者更需要激情，譬如思想家盧梭。

一個人無激情，便成了枯木老朽；一個人無靈魂，便成了行屍走肉者。

寫作者需要激情，以便使文章不至於乾癟；寫作者需要靈魂，以便使文章不成為垃圾。

李敖曾說，妓女不能靠性欲接客，還應當有些性靈的東西。

作家寫作亦如此。

五十、罪

人一生下來，就有罪。這是不變的真理。

因為有罪，所以你必須懺悔；因為有罪，所以你必須節制本能的欲望；因為有罪，所以你要有尊嚴意識；因為有罪，所以你必須知恥知辱。

五十一、兩間

地獄與人間是什麼？一條河的兩岸而已，人則常徘徊於此間。

五十二、人的問題

人是被誕生的。毫無疑問，人是無數次被誕生才有今日。

人不知道自己是誰，直到被告知他是他，她是她。人不過是偶在的機緣而成為人，人不過是偶在地被命運寵愛而成為強者。

生命哲學的一大錯誤就是誇大了人的能耐，寓意著人是世間最強者。人的強大也意味著上帝的無能與懦弱，所以上帝被人驅逐出境：彼岸離人類越來越遠，彼岸的光漸漸離人類遠去，此岸的光並沒有因為人類的強大而光芒萬丈。

基督教哲學講，人因為脫離上帝而有罪，人因為脫離人間的情感而誕生惡，人因為面對世間的惡而犯罪，人因為面對虛無而瘋狂，最後的瘋狂也是最後的死亡。

人本身是一個悲劇的核體。古希臘的人既充滿英雄色彩，也充

滿悲劇色彩。古希臘的悲劇作家常把人的命運制於神的手中，人的最後要靠神去拯救。因此而將人與神自然地聯繫在一起，人在此岸所犯的錯，會在彼岸的世界中被救。俄狄浦斯王在被誕生之時，他的父母就被神告知誕生他將會是一大錯誤。所以他一被誕生就被父母扔掉，不幸的是他僥倖活了下來，並且成為鄰國的王。命運就這樣在引導他犯罪，直到他知道是自己親手殺了父親，是自己娶了母親並與她生下了兒女，他才感到世間的荒謬、人心的險惡。為了逃避這一個可怕的世間，他選擇了毀滅，親手刺瞎了自己的雙眼。

命運的荒誕，讓他認清了世間的荒謬。走向天堂，靠近神，是他最後的選擇。

在李爾王身上，我們同樣看到了這樣一個命運：人無法自己拯救自己，自己拯救自己的結果帶來是「永恆輪迴」。

法國哲學家博洛爾認為：「沒有宗教或哲學的信仰，人類就會變成不仁愛、惡毒和兇殘的動物。」

哲學家海德格爾稱詩人荷爾德林是貧困時代最偉大的詩人，荷爾德林給精神高度貧困的人們帶來了一線希望，他在《返鄉》中為人類指明了一條道路：走向上帝。

五十三、人與制度

制度是人自己靈與肉相撞的結果。

制度既是人作為自我拯救的假說，也是人享受自我的方式。所以，制度一開始就並非聖潔之物。

人可以將制度變為一部殺人的機器，也可以將制度變為一個愛的海洋；人可以通過制度去犯罪，也可以通過制度去創造愛。

一個桎梏人的制度，多少是一個畸形的制度；一個壓抑人的統

治者，多少是一個缺乏愛的人。

　　人制於一個畸形的制度下，就像一隻鳥制於鳥籠。

　　用恨建立起來的制度終究會被恨毀滅，用愛建立起來的制度終究會因為愛而走向神國。

五十四、選擇

　　選擇是一種個體感覺偏好，選擇是一根繫於靈於肉並能使之發生共鳴的線，選擇是一杯酒，使人激情飛揚。

　　一個毫無選擇自由的社會，多少是一個畸形病態的社會；一個毫無選擇自由的人，多少是一個不正常的人。

　　選擇就是一種尊嚴，一種價值。

五十五、缺陷

　　在一個缺陷的社會裡，缺陷會成為一種美德。人不會因為自己自身的缺陷而感到恥辱，人倒會因為缺陷而飄然起來。

　　缺陷，一種人正常感覺的失落；缺陷文化，一種正常的人文化的缺失。

　　正因為缺陷鑄就了一種缺陷文化，使得缺陷成為一種時髦。

　　言說缺陷是一種缺陷，反叛缺陷更是一種缺陷。這是一個缺陷社會裡人的邏輯。

　　實際上，瘋子的歇斯底里發作卻是對一個缺陷社會的正常反應。

五十六、心丟了

工具丟了，我們還可以用錢重新買回；心丟了，我們用什麼買回呢？

五十七、遊戲

遊戲本身並不可怕，據說遊戲還可以增強人的想像力，還能開發人的潛能。但讓我害怕的是，遊戲會成為愚弄人、禁錮人思想的工具。

「焚書坑儒」是一種遊戲，「文字獄」更是一種遊戲；「白色恐怖」是一場遊戲，「紅色恐怖」更是一場遊戲。

遊戲過後則是一片沉默、一片廢墟。

遊戲之於人，有如鴉片之於人。

五十八、自然

自然比裝飾好，因為裝飾掩蓋了自然，造成了一種不自然。

五十九、挖掘者

五四一代是家的挖掘者，文革一代亦是家的挖掘者。

但兩者不可同日而語，五四一代是破壞的建設，文革一代是破壞的破壞。

六十、批判

批判是力量，是啟蒙的力量。啟蒙正是從懷疑從批判開始的。

批判，正是我們缺失的精神。

知識分子的任務是批判，知識分子的價值是批判，知識分子的存在還在於批判。

沒有批判精神的知識分子，是可悲的；沒有知識分子的批判，社會是不幸的。

魯迅是批判者，但他首先是懷疑者。

懷疑是批判的開端。

批判，同樣是可怕的。蘇聯史達林時代的批判，中國文革的批判，使多少知識分子被圍困在牢籠裡而喪失掉獨立人格與批判精神。

沒有立場的批判，只是情感的宣洩與內心欲念的大爆發。

我們需要的是有「人」根底的批判。

六十一、反叛

反叛是一種抗爭，它抗爭的是世俗與卑汙；反叛是一種消解，它有著消解後的迷惘與恐懼。

年輕貌美不曾出遠門靠人保護撫養的娜拉走了，如同一個憐弱瘦小的嬰孩斷然離開了母親的臍帶。

娜拉走了，她的出走是一種反叛。

五四時期，那一代集體出走的娜拉們，有的歸來，有的沉沒，有的流浪，有的犧牲……但走總比不走好。不走，永遠不會長大。

六十二、石頭與腦袋

石頭雖硬，卻抵擋不住金鋼鑽，再硬的磐石也會被金鋼鑽征服；腦袋雖多，卻逃不出屠刀，再多的腦袋也會被屠刀砍掉。

一個文字森嚴的時代，往往是一個腦袋橫七豎八爬滿地的時代。

六十三、洪水

《聖經‧創世紀》講道，上帝為了拯救汙濁的人類世界，讓聖潔的諾亞造了一艘方舟，躲避那場上帝用來懲罰人類的洪水。

結果人類保存了下來，又開始了新一輪的繁衍。但是，世間並沒有因為上帝洪水的洗滌而永遠聖潔，也並沒有因為天主的懲罰而永遠善良和睦。

上帝太不暸解人類了。

六十四、先知耶穌

耶穌在受難之時，他不斷地喊著：「天父啊，你為什麼拋棄了我！」

其實，天父並沒有拋棄他，拋棄他的是以色列民眾，釘死他的也是以色列民眾！

先知來自民眾，但總被民眾拋棄，被民眾親手殺死。

六十五、天才小說家勃列日涅夫

　　勃列日涅夫在擔任蘇共最高官職時就相繼問世了中篇小說《小地》、《星荒地》、《復興》，並被作協提名為蘇聯文學最高獎「列寧獎」的候選人。

　　但是，蘇聯著名學者阿爾巴托夫在《耽誤了的痊癒——當代人的見證》一書中一針見血地指出：「大概所有人包括最笨的、最不懂事的人在內，無不例外地都說這幾部『文藝傑作』中沒有一頁是勃列日涅夫親手動筆的。」這幾部書不過是一些有才華的筆桿子根據他口述的故事編寫而成，以此來提高他的聲望而已。

　　對於他的小說，阿爾巴托夫毫不客氣地評論道：「聲名狼藉！」阿爾巴托夫像《國王的新衣》中的那個小孩，一語道破：「全民演了一齣荒誕可恥的戲，不論是演員還是觀眾都並信以為真。這大大地加深了人們對政權的不信任感，加強了不關心政治和玩世不恭的消極風氣，腐蝕了人們的思想和靈魂。」

　　在蘇聯集權統治時期，誰的官越大，誰就越具有才能。史達林時代，史達林就稱為「人類最偉大的天才」、「隨後各個時期的哲學泰斗」；赫魯雪夫時代，他因發明「兩全論」而被推崇為「傑出的思想家、理論家」。

六十六、赫魯雪夫的憤怒

　　一九六二年十二月，赫魯雪夫參觀了蘇聯畫家和雕塑家們的作品展。在參觀時，他把抽象派美術作品斥責為：「這是誨淫，而不是作品。」把抽象派雕塑家涅伊茲維斯的作品說得一文不值，認

為「一頭毛驢用尾巴也能比這畫得好」。涅伊茲維斯的尊嚴受到了侵犯，立即直言相問：「您不是藝術家也不是評論家，您有什麼根據說這樣的話？」赫魯雪夫非常憤怒反駁道：「我當礦工那會兒是不懂，我當基層幹部時也不懂，在我逐步升遷的每一臺階上我都不懂。可我現在是部長會議主席和黨領袖了，難道我還不懂嗎？」

他似乎很有理由，但他其實什麼都不懂。一個對藝術和文學的感受力，不是隨著他官位的升遷而不斷增強的，這種文藝的感受力是一個不斷經過文藝薰陶積澱的過程。

六十七、汪孟鄒的無奈

一九五二年初冬的上海亞東圖書館。

這天，兩個軍人走進圖書館的房門，告知亞東圖書館的老闆汪孟鄒：「亞東圖書館已有很多的歷史了，五四運動時，也曾印過不少進步書刊，但是，後來你們卻印了托派和他們的頭子陳獨秀的書。這可是犯罪呀！對於這個問題，你們必須要認真地檢查。」

汪孟鄒深深地歎了一口氣，自言自語道：「仲甫啊，仲甫，和你結識，福兮，福兮？」

一個沒有民主與自由氣息的大地，對知識分子永遠是禍。

六十八、道德淪喪時代

謝泳先生在〈限制官員的婚外性關係〉一文中指出：「從陳希同到王保森，從成克傑到胡長清等一大串大大小小的貪官汙吏，沒有一個例外，彌漫著一種淫蕩的空氣。……中國官員中存在著較為普遍的婚外性關係，這是一個不爭的事實。」

　　之所以出現這樣的情況，這是因為沒有將權力關進牢籠。在缺乏監督的環境裡，一個人一旦大權在握，他就有可能為所欲為。

六十九、孔子的體驗

　　孔子的思想來自於體驗。

　　孔子風塵僕僕，周遊列國，像一個高雅的乞丐拉唱要飯：「苟有用我者，朞月而已，三年有成。」

　　他不過想要口飯吃，可常常是空著肚子，掩面而泣。

　　後來孔子生病了，子貢來見他。「孔子方負杖逍遙於門，曰：『賜，汝來何其晚也？』孔子因歎，歌曰：『太山壞乎！樑柱摧乎！哲人萎乎！』因以涕下。謂子貢曰：『天下無道久矣，莫能宗乎。夏人殯於東階，周人於西階，殷人兩柱見。昨暮予夢坐奠兩柱之間，予（殆）（始）殷人也。』」（《史記》）

　　七天後，孔子就含恨「餓」死於人間。

　　孔子自愛《春秋》，那是他體驗與滿腹怨憤的集結。孔子曰：「後世知丘者以《春秋》，而罪丘者亦以《春秋》。」

　　思想來自於體驗，來自於怨憤；思想來自於絕望，來自絕望後的精神出走。

　　思想是一種行為，亦是一種情緒。

七十、靈魂你們能交回來嗎？

　　一九二二年，蘇聯歌唱家、歌劇演員夏利亞賓離開蘇聯定居法國。蘇聯官方一方面稱他是人民的公敵，戴上資產階級的罪名；另一方面又積極邀請他回國，並答應歸還他的被國有化了的房屋和別

墅。史達林還特意讓給他帶去口信：「讓他來嘛！我們給他房子，給他別墅，給他原來的好十倍！」夏利亞賓聽完後十分氣憤地說：「誰會把死人從墳墓裡抬出來？你們要歸還房子嗎？你們要歸還別墅嗎？……可是，靈魂呢？靈魂你們能交回來嗎？」

靈魂是個體的，靈魂的生長是一個精神掙扎的過程。史達林能給夏利亞賓提供最好的物質生活，但史達林能給他一個自由思考的空間嗎？史達林能給他一個精神世界來安放他的靈魂嗎？史達林能給他一片個體的土地來培育他的靈魂嗎？高爾基在給羅爾·羅蘭的信中說：「有時候我感到非常遺憾，在消滅文化人的事情上，我是不贊同他們的，而且永遠也不會在這個問題上表示贊同。」

專制是自由的死敵，也是靈魂生長的死敵。一個專制的大地，不會誕生一個高貴的靈魂；靈魂，在專制的大地上受難。

一個藝術家的創作首先要面對的就是靈魂問題，一個藝術家的創作是一個靈魂掙扎的過程。夏利亞賓可以說是靈魂的歌唱家。

七十一、要從救一個人開始

俄羅斯作家赫爾岑說：「不要一舉拯救全人類，要從救一個人開始，這要難多了……」

諾貝爾和平得主德蕾莎修女深有體會地說：「在我看來，個人才是最重要的。假如我們一定要湊足一定人數才開始工作，我們就會在數目中迷失，無法全面照顧和尊重個人。每一次只從一個人開始，一個一個地開始。我只會看到個別的人，我只能在同一時間內將聖餐分給一個人。我扶起一個人——假若我不扶起這個人，我就不會幫助過四二千個人。也許整個工作只是汪洋中的一滴水，但若我不把這滴水放進海裡，這海裡將會缺少一滴水。」

　　拯救一個人就應當將他的生命放入你的生命裡，就應當給予他
生命中所必需的東西，就應當給予他一個靈魂生長的空間。

　　那些宣稱要拯救全人類的言論往往忽視的是一個個體的人，往
往在群體的幌子下忽視個體的生存空間，一個個體人的靈魂往往被
擠壓、被黑暗吞噬掉。

　　電影《拯救大兵瑞恩》中八個美國士兵為拯救一個大兵換來的
是什麼？拯救一個人比拯救全人類要難得多！

七十二、我們有兩個皇帝

　　一八八七年十二月二十七日，沙皇當局在搜查莫斯科大學學士
諾沃謝洛夫的住所的時候，搜出了他翻印托爾斯泰的「違禁」文章
〈尼古拉‧帕爾金〉。文章揭露了沙皇的祖父尼古拉一世的專橫殘
暴。在當時環境下，寫這樣的文章如不被判死刑，至少也得去服苦
役。沙皇當局因此逮捕了翻印者諾沃謝洛夫。托爾斯泰知道這個消
息後，便去找莫斯科的憲兵頭目，向他宣稱：如果進行刑事追究，
那麼首先應該由他本人負責。那個憲兵將軍聽完後說道：「伯爵，
您的名聲是那樣之大，我們的所有監獄也容納不下啊。」

　　後來有一個叫做蘇沃林的反動文人在他的日記裡寫道：「我們
有兩個皇帝，一個是尼古拉，一個是列夫‧托爾斯泰。他們兩個中
間誰更有力呢？尼古拉二世也拿托爾斯泰毫無辦法，不能動搖他的
寶座一下，而托爾斯泰，毫無疑問，卻一直在動搖尼古拉的寶座和
他的皇朝。」

　　在一個專制社會裡，是容納不下一個具有高度生命意識的作家
的，因為這是一個政治家完全掌權的社會。

　　真正懂人類的不是政治家，而是作家；真正能給予人類關懷的

不是政治的承諾，而是作家的人文關懷。

　　作家，是人類的靈魂；他比政治家更重要。

第七輯　未來的猜想

像梭羅那樣思考

　　題記：每一個早晨都是一個愉快的邀請，使得我的生活跟大
自然自己同樣地簡單，也許我可以說，同樣地純潔無瑕。

——梭羅

　　一百多年前的美國獨立日，一個叫梭羅的美國人住進了一個叫
瓦爾登湖的地方。這一住就是兩年零二個月，也就在那些日子裡，
梭羅開始了他的《瓦爾登湖》一書的寫作。與這個叫瓦爾登湖的地
方一樣，他的寫作是美麗而睿智的。這個瘦小的美國人，居然在一
個湖邊，悟出了生命的真諦；也就在那個湖邊，他開始嘗試一種新
的生活方式。他的這一舉動，也許只有像他那樣的人才能做到，也
許只有那些有著深厚宗教情結的人才能體驗到生命與時光之間的變
奏，思索起工業時代人們的生存方式問題。

一

　　瓦爾登湖在美麗的康科特城大森林裡。梭羅曾在小的時候去
過這個叫「瓦爾登湖」地方，那時他驚呆了——泛著迷霧的柔和的
線條在他眼前流動。記憶將瓦爾登湖深深地鐫刻在了梭羅的心裡。
直至一八四五年三月底，梭羅帶著一把借來的斧頭，走進了瓦爾登
湖。與瓦爾登湖相依為伴的生活由此揭開了序幕，這個叫「梭羅」
的人也就成為了瓦爾登湖的伴侶。在瓦爾登湖，「我在大自然裡以

奇異的自由姿態來去，成了她自己的一部分」（《瓦爾登湖》）。
梭羅終身未娶，或許是為了這聖潔的瓦爾登湖？

西諺說：「湖泊是大地的眼睛。」眼睛永遠是明亮清澈而溫柔
神祕的，它又是心靈的窗口。一切大自然都因為湖泊而變得溫柔和
神祕，瓦爾登湖帶給梭羅的不僅是那美麗的視覺，而且是神祕的遐
想。如夢似的生活，正如濃霧般地向梭羅湧來。梭羅情不自禁地寫
道：「一個湖是風景中最美、最有表情的姿容。它是大地的眼睛；
望著它的人可以測出他自己的天性的深淺。湖所產生的湖邊的樹木
是睫毛一樣的鑲邊，而四周森林蓊鬱的群山和山崖是它的濃密突出
的眉毛。」（《瓦爾登湖》）在那樣的環境下，不將自己融入大自
然是一種虛假的生活；人唯有與大自然一道歡欣，一道憂愁，才是
一種真正的生活，你大可以將自己的生命燃燒進去。俄國作家普里
什文在《大地的眼睛》一書中說：「我的朋友，你不要去聽這惡毒
的悄聲耳語，為生活而高興吧，為了生活而表示你的謝意吧，也像
我這樣，和所有的霞光一起燃燒吧！」勇氣與智慧將與這自然一起
生長，生命也將會在此中獲得重生。梭羅在這短短的兩年生活中親
眼目睹了瓦爾登湖的春、夏、秋、冬，也從中感悟到生命的流動。
如此寧靜的瓦爾登湖居然是那樣優雅大方地接納了他，而將美、智
和愛饋贈給他。

梭羅在這大地的眼睛裡讀懂了什麼叫做生活。「生活」是一
個永恆的話題，人一出生便有了這樣的問題。從古至今，人類一直
在尋找生活的意義。哲人們便將自己的思索寫進了書裡，於是就有
《太陽城》、《理想國》、《烏托邦》、《瓦爾登湖》等著作。他
們的思索至今都帶有野草的芬芳，它們都是人類前行道路中的一盞
明燈。與其他哲人相比，梭羅的思索更具有自然的原始性：他所
走的是一條「返鄉」的道路，即返回人類原始時代的純真生活。

最初的生活總是粗糙的，甚至是十分簡單的。而這樣生活恰恰是最親近自然的，最能讓人感受到生命的存在。「原始人生活得簡簡單單，赤身露體，至少有這樣的好處，他還只是大自然之中的一個過客。當他吃飽睡夠，神清氣爽便可以再考慮他的行程。」（《瓦爾登湖》）所以在梭羅看來，生活是一種簡單的旅途，人則是大自然中不斷向前行的過客。生活就是與日月星辰同在，享受大自然的美好；生活也就是重新確立自己在大地上的位置，任何遠離大自然的做法都是對人本性的違背。

梭羅的確做到了。他以自己的實際行動證明了這種生活的可行性：「在目前時代，在我們國內，根據我自己的經驗，我覺得只要有少數工具就足夠生活了，一把刀，一柄斧頭，一把鑊子，一輛手推車，如此而已；對於勤學的人，還要燈火和文具，再加上幾本書，這些已是次要的必需品，只要少數費用就能購得。」在瓦爾登湖的兩年多時間裡，梭羅靠著自己的一雙手，過上舒適的生活，正如他在書中寫道：「我僅僅依靠雙手勞動，養活了我自己，已不止五年了，我發現，每年之內我只須工作六個星期，就足夠支付我一切生活的開銷了。整個冬天和大部分夏天，我自由而爽快地讀點兒書。」（《瓦爾登湖》）這樣看來，如此簡單的生活是完全可以實現的。假如所有的人都能像梭羅那樣生活，像梭羅那樣與大自然一起生活，人類將會與大自然一起生長，也將會生長得像大自然那樣純潔無瑕。人類的形體將會與大自然一樣健壯而光滑，人類的心靈也將會像瓦爾登湖的湖水那樣純潔美好。「我確實相信，如果所有的人都生活得跟我一樣簡單，偷竊和搶劫便不會發生了。發生這樣的事，原因是社會上有的人得到的多於足夠，而另一些人得到的卻又少於足夠。」（《瓦爾登湖》）在這個時候，占據人類心靈深處的不再是「欲望」這個惡魔，而將是「愛、美與智」的結合體。在

這個時候，人類才具有真正意義上的神性，他將與諸神一道共同守衛人類的家園。

顯然，梭羅是一位哲人，他的生活充滿哲人的色彩。一八五三年，梭羅在日記中說：「……有兩種單純——一種與愚笨近似，另一種則與智慧同類。」梭羅的單純當然是後一種。「一個人若能穿得這樣簡單，以至在黑暗中能摸到自己，而且他在各方面都能生活得周密，有備無恐。那麼，即使敵人占領了城市，他也能像古代哲學家一樣，空手徒步出城，不用擔心什麼心思。」（《瓦爾登湖》）在瓦爾登湖，他與大自然同起同睡，像一位高古的哲人漫步在森林的小徑上。大地是如此的神奇，到處都有鮮花和嫩草，散發著芳香；蟲吟蟬鳴，是大自然中天然的歌手；而哲人高貴的思索則是人類歷史上最美的豎琴。梭羅清晰地記得，一切的生活都因為自然的影響而變得灑脫和超凡脫俗，他的心就如大海般寬廣，他的神思則像冰山上的雪蓮那樣無瑕。「當我享受著四季的友愛時，我相信，任什麼也不能使生活成為我沉重的負擔。今天佳雨灑在我的豆子上，使我在屋裡待了整天，這雨既不使我沮喪，也不使我憂鬱，對於我可是好得很呢。雖然它使我不能鋤地，但比我鋤地更有價值。如果雨下得太久，使地裡的種子，低地的土豆爛掉，它對高地的草還是有好處的，既然它對高地的草很好，它對我也是很好的了。」（《瓦爾登湖》）哲人畢竟是哲人，有著如此豁達的心態，他的思想會像大地一樣深邃。

二

一八三七年夏天，梭羅從哈佛大學畢業，回到了自己的故鄉康科特。也就在那年，他開始了真正意義上的日記寫作。那年十月二

十二日，梭羅這樣思索著他的人生道路：「為了獨處，我發現有必要逃避現有的一切——我逃避自己。我怎麼能在羅馬皇帝裝滿鏡子的居室裡獨處呢？我要找一個閣樓。一定不要去打擾那裡的蜘蛛，根本不用打掃地板，也不用歸置裡面的破爛東西。」一個二十多歲的年輕人為什麼會有這種想法呢？難道他天生就是一個喜歡獨處的人？到底是什麼原因讓這個年輕人變得那樣厭世呢？

我們可以看到，梭羅生活的時代正好是一個充滿競爭的工業時代。科學技術的進步，使許多工廠主獲得現實的利益。西方社會的人們開始走出農場的小屋，邁向城市的高樓。鏟車開進了田野，綠油油的田地上築起堅硬的廠房。人們開始紛紛遠離田野，人的生存開始與大地分裂。人類賴以生存的家園，都因為技術的擴張而變得醜陋不堪。技術的弊端在於使人類成了無家可歸的人，人類的精神狀況也日益惡化。整個地球上，生存著一群有病的生物。盲人俄狄浦斯王的隱喻正好說明：人類正因為自己的造惡而被迫脫離大地，脫離感情的內核，自己的家園正遭受難以置信的荒蕪。欲望吞噬了一切美好的事物，心靈的粗糙讓人雙眼失明，浪跡他鄉是人最後的信念。那些來自大地上的美麗豎琴，正被「隆隆」的機器聲所取代，龐大的工廠正以前所未有的速度向柔軟的大地蔓延，同時像一把利刀刺入了人類的心臟。畫家孟克的《吶喊》正是人類在做最後的逃亡，但這逃亡的呼聲卻是迷糊不清的。

神志清醒的梭羅早已感覺到這個世界的不正常，他根本不相信技術的發展能給世界帶來前所未有的進步，相反他感到了技術的可怕性：

　　我不相信我們的工廠制度是使人們得到衣服穿的最好的辦法，技工們的情形是一天一天地更像英國工廠裡的樣子了，

> 這是不足為奇的，因為據我聽到或觀察到的，原來那主要的
> 目標，並不是為了使人類可以穿得更好更老實，而無疑是的，
> 只是為了公司賺錢。（《瓦爾登湖》）

在他看來，技術並沒有給人們帶來真正意義上的實惠，技術進步所帶來的物質上的繁榮，並沒有使人類的心靈有一個長足的發展，而使人類的精神愈加空虛和病態。表面上的繁榮，誘使人類的欲望不斷膨脹蔓延。欲望的膨脹使人類脫離大地，懸浮在半空，成為十足的怪物。家園被毀了，我們所能接觸到的是人性的惡，冷冰冰的情感讓整個世界頓時成為一座冰山。沒有了美麗而神祕的大自然，人類的生存將如何可能？在梭羅離開瓦爾登湖之後，人們開始對湖周邊的森林大砍大伐，梭羅痛心地寫道：

> 可是，自從我離開這湖岸之後，砍伐木材的人竟大砍大伐起
> 來了。……森林已被砍伐，怎能希望鳴禽歌唱？（《瓦爾登
> 湖》）

梭羅的焦慮並非沒有理由，他完全有理由焦慮的。這種焦慮並非只是對個體生命的關心，更是對整個人類社會生存問題的焦慮。這讓人想起大哲人克爾凱郭爾第一次去妓院時的悲憤：「人啊，你不能墮落到這種地步。」哲人的焦慮並非是多餘，至少在提示著人們：人啊，你千萬別再這樣放縱下去，我們已經離萬丈深淵不遠了！

這樣的時代的確讓人擔憂。一八四五年，梭羅在日記中寫道：「在神的時代消逝之時，別的神的代理人和具有神性的人將幫助人類提升到大大超過其現有狀態的高度。」正如二十世紀的大哲人海

德格爾所認為的：諸神的引退，意味著「貧困」時代的到來。這
種精神的高度貧困正是人類社會所面臨的最大問題，最終意味著人
類自身的道路是否還可以繼續下去？那個被海德格爾稱為貧困時代
「詩人之詩人」的荷爾德林在〈萊茵頌〉中唱道：「……阿爾卑斯
山巒鬼斧神工，／那是遠古傳說中天使的城寨，／但何處是人類／
莫測高深的歸宿？」那麼，人類的路到底何在呢？

　　卡夫卡曾在他的隨筆中說：「人類有兩大主罪，所有其他罪惡
均和其有關，那就是：缺乏耐心和漫不經心。由於缺乏耐心，他們
被逐出天堂；由於漫不經心，他們無法回去。也許只有一個主罪：
缺乏耐心。由於缺乏耐心，他們被驅逐；由於缺乏耐心，他們回不
去。」一切的道路都似乎與人類無緣，這也正好證明了造成人類無
家可歸的主謀正是人類自己。「缺乏耐心」與「漫不經心」是人類
自大自傲，缺乏必要的謙卑之情感的結果。在我們看來，人類由於
沒有必要的謙卑和虔誠，前途是難以明瞭的。

　　梭羅所走的道路，是在尋求人類的耐心。耐心是伴隨著謙卑與
虔誠而出現的，它的誕生需要一個寧靜而神祕的環境，誘使人類產
生敬畏之感；而在梭羅看來，大自然恰恰是它最好的誕生地。梭羅
曾在愛默森家住過些日子，並成了他的助手。愛默森是一個自然主
義者，他對梭羅的影響也是可以理解的。愛默森曾在一次關於「美
國哲人」的演講中說：「大自然對於精神上的影響，以時間來說是
最先，以地方來說是最重要。」大自然是上帝最完美的傑作，有著
數不清的美麗和神祕。在西方，哲人們知道有兩種方式可以接近上
帝：一種是研究《聖經》，一種是研究自然。許多科學家通過研究
自然而直抵上帝的故里，譬如伽利略、牛頓、萊布尼茨……這些偉
大的科學家又是傑出的哲學家，至死都在尋找上帝的蹤跡。梭羅清
晰地認識到：「自然，在永恆中是有著真理和崇高的。」（《瓦爾

登湖》）自然是清新而簡單的，任何人在自然面前都是渺小和卑微的。在自然面前，一切貪婪和兇狠都是多餘的。人唯有懷著虔誠和謙卑的心理，才可以真正讀懂自然，才可以找回日益沉淪的「耐心」，返回人類自身的家園。

這是一條幽深的小徑，一路上鋪滿鮮花和黃葉。在這條小徑上，人類將重新喚醒謙卑和愛。愛默森說：「人的敬畏與人的愛，將是一層保衛的牆壁、一只喜悅的花圈，圍繞著一切。一個『人的國家』將初次存在，因為每一個人都相信他自己是被神賦以靈感的，而那神靈也將靈感賦予一切的。」一八五一年，已經從瓦爾登湖回來多年的梭羅在日記中這樣寫道：

> 啊，我會帶著固有的虔誠走、坐和睡！假如我能大聲祈禱或喃喃自語，我就會沿著小溪邊走邊像鳥兒一樣歡樂地祈禱！

祈禱是一種虔誠的行為，為的是淨化人類自身的罪惡，是人的神性得以重新被喚醒。

> 自知身體之內的獸性在一天天地消失，而神性一天天地生長的人是有福的，當人和劣等的獸性結合時，便只有羞辱。我擔心往往我們只是農牧之神和森林之神那樣的神或牛神與獸的妖怪，饕餮好色的動物。我擔心，在一定程度上，我們的一生就是我們的恥辱。（《瓦爾登湖》）

神性的恢復，也就使得人類能夠將自身扎根於大地，謙卑地對待大地上的每一種生物，懷著敬畏之情對待每一個個體生命。

返回大地的人類將會重新確定他們在宇宙中的位置。技術發

展的突飛猛進擾亂了人與上帝之間的關係。所以，我們有必要重新
確定人與上帝之間的關係。哲人馬克斯・舍勒重新梳理十九世紀以
來，人與上帝之間關係的變化，認為有必要重新建立愛的秩序。他
說：「誰把握了一個人的愛的秩序，誰就理解了這個人。」「每種
愛都是一種尚未完成的、常常休眠會思索著的、彷彿在其路途上稍
事小憩的對上帝的愛。」這種愛的秩序也即人在宇宙中的位置，以
及人與上帝之間的位置關係。這種關係的重新確定標誌著人類返鄉
的完成，人類開始擁有自身的精神家園。

三

　　《瓦爾登湖》翻譯者徐遲先生稱：「本書是本靜靜的書，極
靜極靜的書，並不是熱熱鬧鬧的書。」我們能理解這是一本帶有宗
教性的書，它會讓你找回丟失的耐心，返回精神的家園。在我們這
個時代，我們有必要讓自己的心靈多一份平靜，有必要使自己的精
神有個皈依。在《瓦爾登湖》裡，我們看到了大自然的魅力。梭羅
說：「陽光如此溫暖，壞人也會回頭。由於我們自己恢復了純潔，
我們也發現了鄰人的純潔。」（《瓦爾登湖》）這是大自然的功
勞，同時是《瓦爾登湖》給予我們最好的啟示。

　　「瓦爾登湖」正如它的名字那樣美麗，它將是人類精神家園的
隱語，梭羅也將因此成為一個人類的精神師友。梭羅的朋友愛默森
說：「他的靈魂是應當和最高貴的靈魂作伴的；他在短短的一生中
學完了這世界上一切的才技；無論在什麼地方，只要有學問，有道
德的，愛美的人，一定都是他的忠實讀者。」

　　在未來的世界裡，我們有必要像梭羅那樣思考我們的生存方式。

像卡夫卡那樣思索人類未來

題記：就作家與其所處的時代關係而論，當代能與但丁、莎士比亞和歌德相提並論的第一人是卡夫卡……，卡夫卡對我們至關重要，因為他的困境就是現代人的困境。

——美國作家 W.H. 奧登

一九二四年六月三日，作家弗蘭茲‧卡夫卡像普通人一樣在奧地利基爾林的一家小小的私人療養所悄然病逝，年僅四十一歲。直至一九五三年，他的知己馬克思‧布勞德寫作了《卡夫卡傳》，卡夫卡的睿智形象才開始漸漸走進人們的視野。對大多數讀者而言，卡夫卡是現代社會的絕望者和虛無主義者，這個瘦小病弱的猶太作家，居然用他的雙眼窺探了現代社會的祕密，也以他獨特的視野洞悉了現代人的生存困境。

一

卡夫卡是一位具有高貴詩人氣質的作家。據他的朋友雅諾斯回憶：卡夫卡是一個「又高又瘦的男子」，「他一頭黑髮向後背著，大鼻子，窄窄的前額下長著一雙漂亮的灰藍色眼睛，嘴唇微微苦笑著」（雅諾斯：《卡夫卡口述》以下相同）。他那纖細的雙手、微弱的嗓音和善良而憂傷的表情，牽動著每一位讀者的心；特別是他那溫和而憂鬱的眼神，近乎孩童般的天真，似乎時時洞察著世界的

一舉一動。難以想像，卡夫卡正是用這雙眼睛窺視了人類的悲劇，也用這雙眼睛預知了世界性的災難。

一八八三年七月三日，卡夫卡誕生於布拉格的一個猶太商人家庭。雖是長子，卻受到父親嚴格管教，父親的粗暴教育方式讓幼小的卡夫卡感受不到家庭的溫情，甚至有窒息之感。一九一九年十一月，卡夫卡給他的父親寫了一封信，信中不無憂慮地說：「可是您偏偏是父親，而就我而言，您做父親太堅強有力了。特別是我的兄弟們幼年夭折，妹妹們又是多年以後才出世，於是我一個人就首當其衝。而我又太虛弱，大有不堪消受之感。」父親的強大給虛弱的卡夫卡帶來了恐懼，使得他在這陰影中變得更加敏感和虛弱。對大多數人而言，家庭是溫暖的港灣，但在卡夫卡眼裡，這一切都成了陰影，他就像一個陌路人行走在熟悉的港灣，用異樣的眼光打量周遭的一切。

一九〇八年七月，卡夫卡供職於布拉格的一家半官方的工傷保險公司，就一做就是十四年，直到一九二二年七月因病離職。卡夫卡進入這家商業公司，並非他所願，而是為了遵循他父親的意志。但從那時起，卡夫卡開始了辦公室生活，這也是現代人的基本生活方式。在那十四年中，卡夫卡並沒有因為工作的繁忙而放棄思考；相反，他開始了前所未有的思考，寫下了《變形記》、《美國》、《審判》、《城堡》……等小說，以此來觀照現代人的心靈世界。

辦公室生活為卡夫卡的思考打開了另一扇大門。辦公室生活是工業時代的產物，這種辦公室生活除了每天所必須的六至八個小時工作外，有時還得根據需要加班。卡夫卡對此頗有微詞。有一次，他的朋友雅諾斯與他聊起公務員的生存問題，卡夫卡認為：「不僅僅在這裡的辦公室，而是到處都是籠子。我身上始終背著鐵柵欄。」世界已經變了，變得如此昏暗不堪，身體屢弱的他當然承受

不起鐵柵欄的冰寒堅硬。一個星期後，雅諾斯從辦公室陪卡夫卡回家，卡夫卡依然沉重，似乎並沒有從辦公室生活中解脫出來，他依然感慨說：「每個人都生活在自己背負的鐵柵欄後面……」他神情淒迷，一臉迷惘，令人想起哈姆雷特那句經典的臺詞：是生存還是毀滅，這是一個問題。

　　卡夫卡並不喜歡僵硬的辦公室。辦公室生活的平靜並沒有真正給卡夫卡帶來內心的安逸，而給他的心靈帶來了不安。一九一○年，剛剛工作兩年的卡夫卡在日記中寫道：「睡覺，醒來，睡覺，醒來，可憐的生活。」辦公室之於現代人，猶如「一個籠子在尋找一隻鳥」（卡夫卡語）。雅諾斯是在一九二○年三月底的一天認識卡夫卡的，這年十月的一個陰雨綿綿的日子，他看見卡夫卡埋頭於昏暗的辦公室裡，「卡夫卡博士的辦公室像一個幽暗的洞穴。他躬身著身坐在辦公室桌前面」。卡夫卡有時也會幾乎發呆地坐著，人們不會理解他在幹什麼，但他並沒有被辦公室的生活嚇跑，而是堅強地活著，這可能與他的「韌性」相關。

　　卡夫卡在十四年的辦公室生活中，讀懂了現代人生活的真諦。辦公室生活疏離了人與人之間的關係，甚至囚禁了人的心靈，所以孤獨是在所難免的。卡夫卡曾在日記中這樣描述自己：「我現在就像是石頭人……」有一次，卡夫卡與朋友雅諾斯談起現代人的生活，他不無悲觀地說：「這是精確設計好的生活，像在公事房裡一樣。沒有奇蹟，只有使用說明、表格和規章制度。」這是一種典型的現代人生活景況。長期生活於此種環境中的人們，很容易陷入其中，即人被異化掉。卡夫卡在他的小說《變形記》中寫道：「一天早晨，格里高爾‧薩姆沙從不安的睡夢中醒來，發現自己躺在床上變成了一隻巨大的甲蟲。」一個人在瞬間變成了一隻甲蟲，多少使人詫異，但卻合乎常理，至少給人以啟示：現代社會中的人，

處於肉體和精神的雙重壓迫,已經被異化為非人,迷失了做為人的自我。難怪卡夫卡滿臉憤懣憀地對雅諾斯說:「這不是工作,而是腐爛。……而我在做什麼?我坐在辦公室裡。這是個冒著臭氣、折磨人的工場,裡頭沒有一點幸福感。……其實,我就是這樣一個被判刑的人。」他似乎覺得從工作的那一刻起,他就是一個現代犯人,並在囚禁中不停地勞作,使感到身心疲憊,寢食不安。這不僅僅是卡夫卡的悲劇,也是現代人的共同悲劇。

人類歷史的腳步在馬不停蹄地前進,卻始終走不出自設的迷宮。卡夫卡看到了歷史輪迴的可怕性和人類在此中的無奈,他在給女友密倫娜的一封信中說:「我們以為一直在往前奔跑,越跑越興奮,直到光線明亮的瞬間才發現,我們並沒有跑,還是在原來的迷宮裡亂轉,只是比平時跑得更激動、更迷亂而已。」這讓人想起,哲人尼采在《善與惡的彼岸》一書中所說:「他進入了一個迷宮,生活本身所固有的危險一下子增大了千百倍,其中有一個不小的危險,即:誰也沒有看到他是在哪裡迷路的,也不知道他是怎樣迷路的。他的良智變成了一個既不像人也不像牛的怪物,把他撕成了一塊塊。」現代人貌似在用技術之劍開闢了生活的道路,建造了越來越多的房子和工廠,但卻感覺不到家園的溫暖,尚在勞作中憂心忡忡,或許他們在前行中突然發覺自身還是身陷於原地,這又是什麼樣的悲慘境地呢?既然如此,人類是否還有生存的可能性呢?這又是一個令人深思的問題。

二

二十世紀以來,人類經歷各種各樣的悲劇,戰爭、瘟疫、疾病……一直困擾著人類的生存。單是戰爭,就發生了兩次世界性

的大戰。而卡夫卡就親眼目睹了第一次世界大戰的所造成的巨大
災難，這不是人自身的問題又是什麼？所以，卡夫卡說：「在我看
來，戰爭、俄國革命以及全世界的貧困就像惡的洪流。那是一場洪
水。戰爭打開了混亂的閘門。人類生活的一切外部援救機構都崩潰
了。」戰爭之後又是什麼呢？人類在感慨廢墟的同時，難免會染上
憂傷的情緒，但這只是僅此而已。有一次，他的朋友雅諾斯的父親
告訴卡夫卡，人類不可能再發生世界大戰。卡夫卡在桌面上交叉起
瘦骨嶙峋的手指，深深歎了一口氣，他沮喪地說道：「多數人不做
決定。他們總是做人家命令他們做的事情。起作用的是逆流而上的
某個個人。」「戰爭和革命沒有消逝。相反，由於我們的感情僵化
冷漠，戰爭和革命之火更加熾熱強烈了。」若干年之後，人類果真
爆發了第二次世界大戰。這就是卡夫卡的預言，他的預言一直迴蕩
在我們的周圍。

　　觸動卡夫卡心靈的是人類的生存困境。人類在昏暗中消耗自己
的軀體，人類的全部生活「是沉淪，也許是罪」。卡夫卡感歎道：
「我們生活在一個惡的時代。……我們看見，這是由人自己建造的
迷宮，冰冷的機器世界，這個世界的舒適和表面上的各得其所越
來越剝奪了我們的權利和尊嚴。」在這個冰寒的世界裡，人無法得
到真正的溫暖，即使是令人振奮的歷史前進馬蹄也無法使人熱血沸
騰。充斥現代社會的是財富、權力和欲望，這是一個棄神的時代。
卡夫卡早已發覺隱藏在繁榮的社會表象後面的悲劇性祕密：「奇蹟
與暴力只是無信仰的兩極。人們消極地期待出現指路福音，為此耗
盡了他的精力，而福音永遠不會到來，因為恰恰由於期待太高，我
們把福音拒之門外；或者人們急不可耐地拋棄一切期待，在罪惡的
殺戮中度過他的一生。兩者都是錯誤的。」誠然，人類由於缺乏足
夠的耐心，而倉促地了走上了迷惘之路；亦是那自以為是的心態，

造就了人類道路的悲劇性。這一點，卡夫卡比我們看得更遠。

人類真正的生存困境是棲居的困境。現代哲人海德格爾認為：「上帝的缺席意味著，不再有上帝顯明而確實地把人和物聚集在他周圍，並且由於這種聚集，把世界歷史和人在其中的棲留合為一體。」「這是一個貧困的時代，因為它處於一個雙重的匱乏和雙重的不中：在已逃遁的諸神之不再和正在到來的神之尚未中。」人類掌握了盡可能多而先進的技術開闢現代社會的物質生活天地，而捨棄了上帝和自身的靈魂，人類在浩浩蕩蕩的歷史潮流中變得瘋狂庸俗，不再將棲居的「詩意」作為生活的本質。狡黠的現代人，甚至在棲居的道路上迷失自己，拋棄「棲居」的本質，最終淪落為「無家可歸」的漂泊者。人類用自身的智慧設計了棲居的建築，裝扮了整個世界的面目，甚至無限度地滿足自身的欲望，但人類卻一直面臨「一無所有」的尷尬，這是人類生存的困境。

造惡者並非他者，而是人類自身。卡夫卡身處其中，當然亦身陷這惡的世界，只不過他比別人多長了一隻眼睛，窺探了造惡者的種種劣跡。卡夫卡非常清楚：「我們是秩序與和平的破壞者。這是我們的原罪。……我們巨大無比的貪欲和虛榮，我們的權力意志的罪孽。我們爭奪並沒有真實價值的價值，結果，我們漫不經心地毀壞了我們整個人類生活所繫的事物。這是醜化我們、殺害我們的迷惘。」大哲人尼采曾借用「查拉斯圖拉」的口吻預言說：「真的，人是一條不潔的河。」在這條不潔的河流中，湧動的是人類無盡的欲望，不斷蔓延開去，直至腐爛死亡。尼采曾云：「人是一個繩索，架於超人和禽獸之間。」人類終究是不完美的，徘徊於這「禽獸」與「超人」之間。詩人T.S.艾略特在《四個四重奏》中非常形象地描述道：「啊 黑暗 黑暗 黑暗。他們都走進了黑暗，／空虛的星際之間的空間，空虛進入空虛，／上校們，銀行家們，知名

的文學家們，／慷慨大度的藝術贊助人、政治家和統治者，／顯要的文官們，形形色色的委員主席們，／工業鉅子和卑微的承包商們都走進了黑暗……」在上帝缺席的時代裡，人類的生存狀況格外令人擔憂，因為這裡沒有光，只有荒漠和黑夜。所以，卡夫卡認為：「人無法通觀自己。他處在黑暗中。」

卡夫卡似乎早已看透人類的伎倆：「人們很難對付自我。……人們只在悲劇的模糊鏡子裡發現自己。」但人類往往又在這模糊的鏡子裡迷失了自己，被光怪陸離的歷史假象沖昏了腦袋。卡夫卡不無擔憂地指出：「人們以正義的名義做了多少不公正的事情？多少使人愚昧的事情在啟蒙的旗幟下向前航行？沒落多少次喬裝成躍進？」卡夫卡這一詰問不無道理，他是在憂慮人類的前途。在卡夫卡在看，人類的所作所為是在借用虛假的表象迷惑彼此，亦在這表象中徘徊不前，多少人因為這表象而喪失了知覺，迷失前行的方向。霧靄迷糊人類的雙眼，處於迷途中的人類該如何找到歸路呢？這不能不讓擔憂。

三

人類似乎已經病得不輕，其前途的確撲朔迷離。二〇〇八年，英國倫敦大學學院地球物理學教授比爾・麥克古爾在其新書《七年拯救地球》中提出：從現在開始到二〇一五年，人類只剩七年時間來拯救地球和人類自己。這聽起來有點讓人覺得杞人憂天，但的確給我們人類敲響了警鐘。詩人荷爾德林說：「哪裡有危險，哪裡也生救渡。」既然如此，那執迷不悟的人類該如何拯救自己呢？

卡夫卡雖然對人類的未來甚為擔憂，但他依然對人類的生存懷有美好的期望。一九二〇年的某一天，朋友雅斯諾拜訪卡夫卡，與

其聊起生活處境問題。卡夫卡曾談起他的夢想,到巴勒斯坦當農業工人或手工工人。他認為:「那些工作都比辦公室的徭役美好、有價值。表面看來,辦公室裡的人要高貴一些,幸運一些,但這只是假象。實際上,人們更孤獨,更不幸。事情就是這樣,智力勞動把人推出了人的群體。相反,手工藝把人引向人群。」人回歸農莊時代的生活,或許是一種出路,至少會使人變得悠閒、平靜、友善⋯⋯

顯然,人類該如何棲居於大地是我們首先要解決的問題。海德格爾認為,人類的生存困境其實早已出現,只不過到了技術時代才顯現得更加厲害,乃至像卡夫卡那樣的現代人出現了焦慮。他認為:「棲居的真正困境並不僅僅在於住房匱乏。真正的居住困境甚至比世界戰爭和毀滅事件更古老,比地球上的人口增加和工人狀況更古老。真正的棲居困境乃在於:終有一死的人總是重新尋找棲居的本質,他們首先必須學會棲居。」何謂「棲居」呢?海德格爾這樣解釋道:「棲居,即帶來和平,意味著:始終處於自由之中。棲居的基本特徵就是這種保護。它貫通棲居的整個範圍。」這是人類真正意義上的棲居,能幫助人類重新找回安身立命之根,重獲生存之尊嚴。

人類的棲居其實很簡單。詩人荷爾德林說:「充滿勞績,但人詩意地棲居在這片大地上。」人類所尋找的無非是一種詩意的棲居。這棲居不在別處,而在大地上,大地的棲居彰顯詩意。海德格爾對荷爾德林的詩如此解釋道:「作詩並不飛躍和超出大地,以便離棄大地,懸浮於大地之上,毋寧說,作詩首先把人帶向大地,使人歸屬於大地,從而使人進入棲居之中。」真正的棲居,必將是「從一種原始的統一性而來,天、地、神、人四方歸於一體」。因此,人類在棲居之中不能捨棄神性,信仰是必不可少的。人類也只

有這樣才可能真正找到棲居的詩意，否則，即使棲居在美麗幽靜的大地上也無法真正找到詩意的所在。

　　卡夫卡所尋找的棲居之路，與海德格爾有異曲同工之處。卡夫卡並沒有忽略信仰在棲居中重要位置，他認為：「人要生活，就一定要有信仰。」「信仰什麼？相信一切事物和一切時刻的合理的內在聯繫，相信生活作為整體將永遠延續下去，相信最近的東西和最遠的東西。」卡夫卡在人類的悲劇中看到了人類自身的缺憾。現代人由於自身欲望的膨脹，逐漸遠離了神的足跡，不再謙卑和溫和，並忽略自身的「罪」，經受不起現世「惡」的誘惑。惡的對立面是善，善是絕望的表現。人類往往因為缺乏足夠的耐心和自身的漫不經心，而導致了惡的產生。由此引發的種種悲劇，讓人類難以真正棲居在大地上。

　　在人類棲居的道路上，愛也是必需的。人類由信仰確定人與神之間的關係，也在某種程度上幫助人成長耐心、謙卑和愛。人類可以借助上帝的「神性」度量自身的行為，把握棲居的詩意。但是，卡夫卡也看到老人類的「惡」無時無刻都存在，他認為：「澈底消滅惡只能是荒唐的夢想，非但不能消弱惡，相反只能增強惡的力量，使它更快地發生作用，因為有了這種幻想，人們就會看不見惡的真實存在，把現實編織成自己的、充滿迷惑人的願望的想像。」那人類又該如何抑制「惡」呢？我想，愛是一帖良藥。能夠抑制惡的不是以暴抑暴，恰恰需要愛的輸出。這種愛不僅是親人之間的愛，而且是所有鄰人之間的愛。甘地、馬丁·路德·金、德蕾莎修女……他們用愛喚醒了罪惡的人，用愛撫慰了悲傷的人，用愛救助了貧困的人，也用愛包容了整個世界乃至宇宙。愛是連接人與神的紐帶，也確立了人與人之間的倫理關係。人類擁有愛，才是真正的棲居出路。充滿愛，人詩意地棲居在大地上。

　　卡夫卡曾抱怨人類由於漫不經心而被逐出了伊甸園。人類的漫不經心不是別的，是人類自身的自大，而由於人類自身的高傲割裂人與神、人與人、人與大地、人與宇宙之間的關聯，使人類在造就技術時代繁華表象之背後，掩藏著無家可歸的孤獨形象。所以，詩意地棲居同樣需要謙卑。卡夫卡曾在隨筆中寫道：「謙卑給予每個人（包括孤獨的絕望者）以最堅固的人際關係，而且立即生效，當然唯一的前提是，謙卑必須是澈底而持久的。」可以想像，人類終究會因為謙卑而找回自身的存在，因為謙卑而自身變得有耐心，從而有信心面對不斷變化的世界，而不會在孤獨之中迷失自身的道路。

　　當然，作為現世中的人類，彼此的信任是必不可少的，維繫彼此之間情感的往往是這「信任」。所以，卡夫卡如此告誡人們：「由於全球技術進步，越來越多的單個人集成了一個巨大的人群。……因此，我們要給予每個人以信任，以此調動他們的積極性。我們必須給他自信心和希望，從而真正給他自由。只有這樣，我們才能工作、生活，才不會感到保衛我們的法律機器是侮辱人格的畜圈。」我想，在一個擁有愛、謙卑和詩意的棲居地上，也必然會產生信任，生長起更強大的信任。

四

　　人類的前途是福還是禍，關鍵在於人類自身的內省。《卡夫卡口述》無疑為我們裝上了另一隻眼睛，正如卡夫卡的朋友雅諾斯所說的：「對我來說，弗蘭茲·卡夫卡是最後的，也許是最偉大的——因為離我們最近——人類信仰與思想的宣告者之一。」卡夫卡在其短暫的生涯中，用心靈捕捉了人類的種種病症，這是需要

多麼大的勇氣和智慧。更為重要的是，卡夫卡在觀照人類前途的同時，為人類指明了一條可尋可走的道路。在這條道路上，人類是該重新建立起愛、謙卑、耐心和信心，在水泥鋼筋的建築中詩意地棲居。

大霧迷茫，人類依然在霧靄中穿梭前行，這使我們想卡夫卡所說的：「生活太不可測，深不可測，就像我們頭上的星空。人只能從他自己的生活這個小窺孔像裡窺望。而他感覺到的要比看見的多。因此，他首先必須保持窺視孔的清潔純淨。」我想，有一定反省能力的人類，當然會在反省中檢討自身的錯誤和缺失，也會給人類帶來真正的詩意棲居。

因此，我們是應該像卡夫卡那樣反思自己的行為，思索人類的未來。

在災難反省中審視未來

　　早在二〇〇八年初，世界著名自然災難專家、英國倫敦大學地球物理學教授比爾‧麥克古爾在其著作《七年拯救地球》中就曾預言，人類若在這七年內無法控制溫室氣體、戰爭、瘟疫、乾旱、洪水、饑荒、颶風，那麼各種災禍將在二〇一五年席捲地球，人類將遭遇「末日式劫難」。同時，世界上很多智者都對未來世界提出了種種猜想。這些作家的預言並非杞人憂天，而是實實在在對未來世界的憂慮。

未來世界的猜想

　　英國作家杰西卡‧威廉姆斯在其著作《大事件——決定人類未來的五十件事》中，列舉了影響世界和決定人類未來的五十件事，諸如飢餓、戰爭、環境汙染、全球變暖、資源分配、毒品、貧困等，這些都是影響當代世界穩定和安全的重要問題。作者認為，不管是世界上的發達國家還是發展中國家都存在問題。全球普遍存在環境汙染、氣候變暖、資源匱乏、家庭暴力、腐敗犯罪等大問題，這些問題都直接影響了未來世界的發展。比如家庭暴力，是全球的普遍性問題。作者在書中介紹說，美國在二〇〇〇年有一千兩百四十七名婦女被她們的親密伴侶殺死。家庭和睦是社會穩定的基礎，也是人類得以繁衍生存的基礎。但目前的世界情況卻不容樂觀，這將會直接影響未來世界的發展。

　　發達國家人們過量飲食導致很多人患上了肥胖症。此外一些發達國家還存在毒品氾濫、自殺率增高、食品添加劑危害健康、「少女媽媽」等諸多問題。可以說，科技的進步並未使人變得更加健康和文明，相反，一些國家的人們不知道節制自己的欲望，進而忽視了真正的身心健康。書中還提到發展中國家的生活狀態，人們還在為生存奮鬥。非洲國家有很多人每天僅依靠不到一美元生活，掙扎在死亡的邊緣。許多非洲國家還被疾病和戰爭困擾，大量的嬰兒死於戰爭和疾病。在當代，愛滋病病毒正以前所未有的速度吞噬一些非洲人的生命。這是發展中國家的悲劇，也是全人類的悲劇。

　　因此，在杰西卡・威廉姆斯看來，我們的未來世界將充滿飢餓、暴力、疾病、汙染和混亂。

在歷史災難中反省

　　既然我們的未來世界充滿了災難，那麼這些災難是否已經出現過呢？我們又該如何反省歷史？美國作家洛蘭・格倫農在其主編的《二十世紀人類全紀錄：黑色敘事》一書中，回顧了二十世紀以來人類世界所發生的各種災難。可以說，二十世紀是人類的黑色，全球發生了很多自然災害和人為災難。地震、颶風、暴風雪等自然災害，是人類所不可避免的。但是，戰爭、飢餓、疾病、毒品、犯罪、空難等，則是人類能夠避免的。問題就在於，人類並沒有很好地阻止這些人為災難的發生。

　　在二十世紀短短的一百年內，世界就發生了兩次世界大戰。在整個二十世紀，科技的發展給人類帶來了諸多進步，出現了飛機、太空船、電視、電腦、網際網路等革命性的發明。而科技也是把雙刃劍，人類為了滿足自己的私欲，運用進步的科技將武器從步槍變

成坦克,然後變成原子彈,使這個世紀成為戰爭與災難最慘重的世紀。所以,人類在未來世界能否生存下去,取決於人類能否節制自己的私欲,能否以人道、寬厚之心保護環境,發展自身。

二十世紀也出現了諸多悲劇。毒品的出現,暴露出人類自身的私欲是何等強烈。人類為了發展,不擇手段地破壞環境。工業的發展汙染了大氣、水和土壤,使全球出現了糟糕的「溫室效應」。環境的持續惡化也越來越直接地影響到人類的生存與生活狀況。同時,霍亂、鼠疫、惡性流感等瘟疫也為人類敲響了警鐘,愛滋病這一世紀絕症的流傳更是讓人談之色變。

理性對待未來世界

人們希望能夠預知未來,但世界的發展有太多的隨機性,我們無法對未來世界妄下結論。不論世界如何發展,我們都應該理性地看待未來。

美國作家納西姆.尼古拉斯.塔勒在其著作《黑天鵝》一書中詳盡地探討了世界發展的隨機性問題。歐洲人在發現澳大利亞的黑天鵝之前,認為天鵝都是白色的。後來,「黑天鵝」成為他們言談與寫作中的慣用語,指不可預測的重大事件。生活中「黑天鵝」無處不在。從次貸危機到東南亞海嘯,從「鐵達尼號」的沉沒到「九一一」事件,「黑天鵝」存在於各個領域,無論金融市場、商業、經濟還是個人生活領域,都可以看到它影子。因此,作者認為歷史的發展「不會爬行,只會跳躍」。

「黑天鵝」的衝擊力如此巨大,可人們卻因為它的不可預測,往往對它視而不見。當「黑天鵝」來臨時,我們應該怎麼辦?其實每一次「黑天鵝」來的時候,都給我們提供了反省自身的機會,也

為我們打開了窺探未來世界的窗口。我們不能將「黑天鵝」看作是一場意外災難，而要將它看作是一次教訓。它的到來不僅會打亂我們的生活狀態，也會改變我們對未來的預測，因此我們要在「黑天鵝」的基礎上尋找防範未來災難的方法。

對於人類而言，地球只有一個，生命只有一次，災難可能隨時發生。我們所能做的也就是汲取前人的智慧，珍惜每一個生命，節制私欲，愛護腳下的土地。

通往希望之路

　　塞繆爾・斯邁爾斯是十九世紀著名的人文主義作家。即使到了二十一世紀的今天，他的作品依然對世界產生了巨大的影響。美國的《時代》（週刊）曾這樣評價《品格的力量》：「在當今這個追求器物的時代，我們絕不能忽略了思想的價值。在給年輕一代傳授技術信息的同時，絕不應該忘記：還應當教育他們成為有高貴思想的、誠實而敢說真話的男女；在培養他們的能力的同時，絕不應該忘：還應當培養他們高貴的人格品性……這是一本能給人們的身心健康帶來益處的有價值的書。「對於一個國家而言，最缺的並非是經濟的繁榮和軍事上的強大，最關鍵的是取決於這個國家的國民擁有良好的道德素養。

　　品格是一個民族的標誌，觸及到一個民族的靈魂。斯邁爾斯認為：「每一個民族和每一個個人一樣，要維護自己的品格。……如果一個民族的品格不是心胸寬闊、忠貞、誠實、善良和勇敢，那麼它就會被其他民族所輕視，在世界民族之林中無足輕重。」良好的品格可以戰勝邪惡，可以讓敵人尊重你。法國的路易十四統治時期的法國是歐洲大陸上龐大而強大的國家，但這樣的一個國家卻無力征服一個像荷蘭這樣的小國。國王百思不得其解，就問大臣科爾伯特為何會這種奇怪的現象，這位大臣一本正經地回答道：「陛下，這是因為一個國家是否偉大這並不取決與它的疆域的大小，而是取決於它的人民的品格。因為荷蘭人民勤勞、正直和充滿活力，所以陛下您感到它是如此難以征服。」是啊，像荷蘭這樣一個弱小的國

家居然能戰勝法國這個龐然大物，靠的就是這個民族品格的力量。荷蘭人民勤勞、正直和充滿活力這種品格讓法國都為此肅然起敬，這是真正意義上的戰爭勝利。

在這些品格中，我更喜歡用「溫柔」來形容這些品格。因為真正善良、仁慈、正直的人都是很溫柔的，一如母性的溫柔。溫柔的品格來自於母性的關懷。愛默生說：「對文明的唯一的衡量標準就是善良的女人的影響。」在斯邁爾斯看來，女人對人類心靈的塑造和品格的培養起到了不可磨滅的作用。一個母親對孩子的教育就在於人性的教育，通過她們的情感來使孩子獲得人類的美德。一個人在成為偉大人物的時候，總會時不時地講起他的母親。母親溫柔的品格，更會使孩子的心靈更加的善良。大作家歌德曾說：「我從父親處繼承了體格，／和初涉人世的感覺；／我從母親處繼承了快樂的天性，／和對快樂的想像力。」他對母親的感情極其深厚，是母親讓我形成了良好的志趣愛好和品格，讓他日後成為一個偉大的作家。一位熱心的旅行家曾親自找到歌德的母親，在與她一番暢談後，旅行家說道：「現在我明白了歌德是怎樣成為歌德的。」

有時，溫柔的品格是一把利劍。英國的愛德華王子在波伊克爾戰爭中大獲全勝，並俘擄了法國國王和王子。愛德華王子並沒有因此而虐待他的俘虜，他卻親自在餐桌上服侍他們父子倆。愛德華王子的寬宏大度，他的謙恭舉止贏得了他的俘虜的心。這不僅是一種在武力上征服敵人，更是在心靈上戰勝了敵人。一七八一年十月十九日，高昂著頭、目光炯炯英軍司令康華里，帶著七千名著身穿紅色軍服的英軍士兵來向華盛頓投降。在受降儀式上，軍人出身的華盛頓拉起了他的手：「親愛的洛德，我誠摯地邀請您及您部所有的官兵與格拉斯將軍及官兵，共赴我們停戰的酒宴。」華盛頓立即下令部下準備酒宴，整個被戰爭的炮火犁平了的約克敦頓時沸騰了起來。華盛

頓拉起康華里的手，來到了一堆簧火旁暢飲。此時的康華里不知如何是好，搶先起身敬酒，向著全體的將士高聲地說：「讓我們為華盛頓將軍的堅貞不屈、艱苦奮戰的精神乾杯！」華盛頓端起酒杯回敬道：「我也得謝謝我們的娘家英國。在雙方長達六年半的戰爭期間，感謝英國銀行每年仍然按時付給我這個叛軍首領及我的部下入股的紅利。來，讓我們為停戰、為雙方勇敢的士兵們，乾杯！」這一場酒宴，讓美英兩國結下了深厚的感情，這是良心戰勝了暴力，是溫柔的品格贏得了敵人的尊重，它比任何的武力征服都強大。

有時，一個偉人的品格力量是無窮的。一個偉人的溫柔目光，便足以挽救一個人的靈魂。斯邁爾斯說：「善行的魅力和感染力是極其巨大的。被善行所鼓舞的人是人類真正的國王，他會領導人類的靈魂。」作家夏多布里昂在有生之年，僅僅與華盛頓見過一面。但是，這一面卻照亮了他的一生：「華盛頓進入墳墓時，我還是個默默無聞的人。我作為一個陌生人，從他面前走過。當時他是個聲名顯赫的人——而我卻前途未卜。或許我的名字在他的記憶中不會持續一天。然而，我卻非常高興，因為他的目光打量著我。我的一生都感到溫暖。一個偉人的目光裡也有奇特的力量。」對一個默默無聞的作家夏多布里昂而言，華盛頓的一個溫柔的目光便是一種激勵，是一線希望之光。

斯邁爾斯非常看重人的溫柔的品格，他認為：「一個人的幸福在很大程度上就取決於這些善良、寬容和體貼人的品格。」理髮匠出身的神學家傑勒米・泰勒曾經歷過一場災難，他的房屋被人侵占，他的家人被人趕出家門，全家顛沛流離，他並沒有因此而失去信心：「現在只剩下了什麼呢？讓我仔細搜尋一下。他們留給了我可愛的太陽和月亮，我的溫柔賢淑的妻子仍在我的身邊，我還有許多給我排憂解難的患難朋友，除了這些東西之外，我還有愉快

的心、歡樂的笑臉，他們無法剝奪我對上帝的敬仰，無法剝奪我對美好天堂的嚮往以及我對他們的罪惡之舉的仁慈和寬厚；我照樣吃飯、喝酒，照樣睡覺和消化，我照樣讀書和思考⋯⋯」歡樂和愉快的性格使我們的心靈滋長仁慈、寬厚和善良的品格。相反，一個脾氣暴躁的人更容易滋生仇恨，使人的心胸更加狹窄。

仁慈、善良的品格是人的希望之光，會使人生之路充滿愛、陽光和溫柔。一八三一年，一位年輕的俄羅斯軍官奉命去搜捕一個莊園主，他的罪名是同波蘭革命政府有聯繫。軍官帶著憲兵在莊園裡到處搜尋，房子空空的，沒有一個人。然而，敏銳的軍官不放過一點蛛絲馬跡，他知道房裡肯定有人，就讓憲兵待在樓下，自己再次爬到頂樓上去搜尋。當他用腳踢開那扇通往暗房的小門時，他愣住了：一家人正躲在裡面的角落裡，驚恐地看著他。年輕的軍官因自己的魯莽舉動，馬上向這一家人道歉。面對這些無辜的生命，軍官有些不知所措——儘管他照例說了些執行公事的話，但這些話不起任何作用，他就絕望地問自己：「我該怎麼辦呢？」良心上的譴責在折磨著他。軍官明白自己在做什麼，扭頭就離開了這個莊園。幾個小時後，正當他在別處搜捕，才得知這一家人已在偷越國境。

為此，在流放地「居住」過的赫爾岑在傳記中這樣寫道：「大多數軍官都是善良的人⋯⋯他們極力設法給我一些小方便，減輕我的苦痛，我完全沒有理由講他們的壞話。」還有叫哈斯的流放地醫生，長得又小又瘦，臉色蠟黃，是一個弱不禁風的老人。一天中午，有一個病人來找他治病。哈斯給他檢查過後，就到書房去開藥方了。回來時，病人已消失得無影無蹤，桌上的銀餐具也不見了。哈斯知道是病人偷的，便讓守門人將病人找了回來，但哈斯卻不知道該怎麼懲罰他。待他打發守門人去找警察後，屋裡只剩下他們兩個人，哈斯就對病人說：「你是個虛偽的人，你騙我的東西，上帝

會審判你……現在趁兵還沒有來,趕快從後門跑掉……不過,等一
下,也許你一個錢也沒有,——這兒有半個盧布;可是你要努力改
變好你的靈魂……」哈斯非常清楚:「偷竊是大壞事;不過我知道
警察,我知道他們怎樣拷問小偷,他們要審問他,要打他;把別人
送去挨打,這是壞得多的事;而且誰知道——也許我這樣做倒會打
動他的心!」一個不知名的軍官因為同情心放走了一個罪犯,一個
平凡的醫生因為慈悲心放走了小偷,他們有如此強大的生命意識與
憐憫之情,實在讓人震撼。

　　誠然,真正意義上的謙恭是一種力量;同樣,真正意義上的
仁慈更是一種行為的榜樣。有了這些高貴的品格,我們的人類也就
會沐浴在愛的春風裡。斯邁爾斯說:「謙恭並不等於膽怯,心平氣
和絕不是怯懦的代名詞。真正的善良和仁慈並不表示消極、被動,
而是表示積極和主動。一個善良、仁慈的人必定是一個極富同情心
的人,那種心冷如鐵、麻木不仁的人絕不可能與人友善,友愛他
人。」無論是謙恭還是仁慈,它的骨子裡透露的是一種對人類深情
的愛。因為有了這一種深情的愛,這種溫柔的品格也就具有強大的
力量。我們完全理解,這種心靈上的強大只有那些謙恭、仁慈、善
良的人才具有。

　　《聖經》上說:「溫柔的人有福了。」人類的希望在哪裡?
也就在這些溫柔的品格裡。歷史上偉大的亞歷山大大帝登上馬其
頓王國的國王寶座後,把父親遺留給他的大部分家產都饋贈給了
他的朋友。當有人問他給自己留下什麼的時候,亞歷山大回答說:
「我擁有極其珍貴的東西——希望。」其實,只要我們擁有了善
良、仁慈、正義、寬容等品格後,即使是一無所有,我們仍然是有
希望的。

　　希望在哪裡?希望就在這裡:溫柔的人有福了。

用想像力創造生活的詩意

　　桑德拉在《藝術地生活》中指出，現代人之所以感到生活的乏味，是因為他們缺乏生活的藝術。生活就是一件藝術品，我們每個人都可以是藝術家。

　　生活於現代社會，尤其是生活於這樣一個物質時代，我們每天的生活都在為物質而奔波勞碌，重複著相同的生活節奏。每當我們沉思的時候，時常會感受到生活的乏味，遺憾也會悄然而生。但在美國作家桑德拉看來，生活是一門藝術，現代人之所以感到生活的乏味，是因為他們缺乏生活的藝術。

　　這不是一本道德說教的書，而是一本用自己心靈寫作的書。桑德拉，一位享譽美國的作家、藝術家、心理治療師和成功的商業奇才，她用溫和的言語，向人們講述了一個個自己的、朋友的、親人的甚至陌生人的生活小故事。桑德拉的生活感悟，道出了現代人的生活困境，也為現代人的生活指明了一條道路。

　　不管我們承認與否，生活本是一件藝術品。桑德拉在《藝術地生活》序言中告訴我們：「生活就是一件藝術品，我們就是藝術家，而且創造的工具與生俱來——那就是我們內心的想像力、好奇心和愛玩的天性，要把我們能夠想像出來的東西都創造出來。藝術地生活就是通過你創造的這些作品和時光來表達你是一個什麼樣的人。藝術地生活就是要帶著讓生活更美好的目的生活得充實、有意義。」可以說，是作家桑德拉幫助現代人重新發現了生活的樂趣，樹立起了生活的信心。有了這樣的生活觀念，現代人完全有信心憑

藉自身的創造力，創造屬自己的詩意生活，尋找到生活的樂趣。

　　生活是一件藝術品，作為藝術家的現代人就該具備生活的想像力。有了生活的想像力，我們就不怕無法創造出富有詩意的生活，更不怕感受不到生活的美麗和歡樂。桑德拉像一個耐心的導師，慢慢地教我們如何來創造生活，她在書中介紹了十二條創造詩意生活的原則，這些原則足以觸及我們的靈魂，喚起我們自由而充滿創造的想像力。她指出，「每天都是藝術」—— 在每天生活當中應去發現一個特別的地方；「家是心靈之所」—— 要用你的想像去盡情地打扮它；「慶賀自己的生活」—— 可為自己一點小小的進步去獎勵自己；「開心假日」—— 應把已經固定化的節日換一種過法。正是這些小小的生活創意，給我們的生活帶來了明亮的色彩，同時也帶來了生活的樂趣。

　　即使是生活中最普通的一個微笑、一份關懷、一個問候、一件小禮物，都會讓平常的日子變得與眾不同。我想，我們在生活中，可以缺乏物質，但卻不能缺乏生活的藝術細胞。一個缺乏生活藝術細胞的人，比一個缺乏物質的人更加醜陋不堪。

　　誠然，現實生活的重負有時遠遠超過了我們的心靈承受能力。時下我們生活在一個被技術四面環繞的世界中，技術成了生活世界最重要的部分。在技術世界裡，人們除了追求物質和享受物質，大多無暇再用大腦去思考生活的詩意。很多生活樂趣都逐漸消失在忙碌的工作中，很多富有詩意的想像被繁瑣的物質生活所打斷，還有很多創意十足的願望在生活的不經意中夭折……因此，現代社會中的人成了歷史上最孤獨的人，這種孤獨讓人的想像力逐漸退化，使得原本就已經很枯燥乏味的生活更加煩悶無趣。我們日益增多的是生活的虛華，而日漸減少的卻是生活的本真。

　　「棲居」也即生活。作家桑德拉在書中也同樣談及了如何生

活的問題，她說：「構築一個鳥巢就是造一個家。建設一個家，幾乎是所有動物都具備的一種普遍本能、一種需求……人更會這麼做。」「家」不僅是身體的棲居地，更是心靈的棲居地。心靈上有了「家」，才算是找到了真正的精神寄託，方能撫慰和滋養我們的心靈。有「家」的人生是健全的人生，可以驅散人生旅途中的陰影，不會在寂寞和孤獨中煎熬。

　　詩人荷爾德林曾深情地說：「充滿勞績，但人詩意地棲居在大地上。」在詩人那醉人的詩句中，我們感受到生活如清晨的太陽，每天都是新的。用自己的想像力去創造生活，用自己的耐心去迎接生活，也用自己的智慧去描繪每一天的生活，我們怎能不會有歡聲笑語呢？我們既然來到了這個世界，就應當設計好每一天的生活，用心去聆聽、觸摸、觀看和品味生活，用自己的歡笑、愛心和精神去包容世界，關愛世界的一草一木。

人生軌跡因為書而改變

　　《書的魔力：改變五十三個名人人生軌跡的經典佳作》是《心靈雞湯》的作者、勵志大師傑克・坎菲爾和蓋伊・亨迪克斯出版的勵志之作。此書彙集了約翰・格雷、史蒂芬・柯維、克莉斯汀・諾斯魯普等眾多名人因書改變人生軌跡的故事。此書既展示了書的魔力，也揭示了一些書的負面效應。作者希望每一位讀者能夠像書中的人一樣，站在書上舞蹈，找到能夠滋養自己心靈、改變自己人生軌跡的那本書。

揭開書籍魔力的面紗

　　一本書究竟有何種魔力呢？細細品味《書的魔力：改變五十三個名人人生軌跡的經典佳作》一書可以使我們領悟到許多道理。

　　在《書的魔力》中，著者收集了五十三個名人的故事。這五十三個名人的人生軌跡都因為書籍而改變。作家約翰・格雷年輕的時候，因為閱讀《存在的科學和生活的藝術》，通過冥想的方法開發了自己的潛能。心理醫生蓋伊・亨迪克斯因為一本《生活之書》，走出了悲傷的陰影，重新獲得了生活的希望。商界名人鮑勃・揚因《唐吉訶德》而獲得巨大的人生啟發，取得了商業上的成功。然而，阿道夫・希特勒寫的《我的奮鬥》對世界的影響卻是負面的。二戰期間納粹大屠殺的倖存者邁克斯・艾德曼忘不了那本書給他六十五年生活帶來的影響，他說：「希特勒《我的奮鬥》的負面作用

顯而易見。每當我想起他充滿仇恨的謊言讓我們忍受的那些恐怖事情時，我依然會義憤填膺。」顯然，這本書給邁克斯・艾德曼的青年時代蒙上了陰影。

綜合起來看，書籍有優劣善惡之分，對人的影響也有善惡之分。所以，書籍有善的魔力，也有惡的魔力：優秀的書籍激勵人生，教人一心向善；劣質的書籍毀壞人生，將人送進萬丈深淵。人們在讀書的時候，就好比結交朋友。讀好書，就如交到一個良師益友，使你一生受益；讀壞書，就如交到一個小人惡徒，使你終生悔恨。既然書籍有著如此的魔力，我們就應當時刻保持清醒的大腦，明辨是非善惡，慎重地對待身邊的每一本書。

理性看待書的魔力

書籍為何具有如此大魔力呢？我們又該如何對待書的魔力呢？很多人閱讀書籍，是為了消遣。在閱讀的過程中，讀者的心卻常常會被書籍深深吸引。所以，有人將作家稱為讀者的「偷心賊」。一本書能夠吸引讀者，大都是因為「共鳴」的緣故。這種「共鳴」有的是因為生活經歷的相似，有的是因為情感相投，也有的是因為思想火花的碰撞。蓋伊・亨迪克斯是著名的致力於研究改善人際關係和身心療護方面的專家，他認為：「多年以來，我發現生命之中如果要發生一些巨變，往往會有某本書在手邊。在我閱讀時，時常會停下來冥想，讓書中的思想和語言與我心靈進行碰擊，從而產生共鳴，讓自己身體的每個敏感細胞都能感受到那種衝擊。」他在讀研究生的時候，第一次讀到《生活之書》就產生了強烈的共鳴。當他心愛的孫女去世的時候，蓋伊・亨迪克斯一直處於悲痛之中，也正是《生活之書》讓他認識了生活的真諦，擺脫了這種糟糕的情緒。

可見，書能夠鑽進人的心靈深處，是在於「共鳴」。

好書讓人著魔畢竟不是壞事，但如果是壞書使人著魔呢？二十世紀三〇年代，阿道夫·希特勒寫的《我的奮鬥》風靡整個歐洲，其銷售量僅次於《聖經》。希特勒的書緣何如此暢銷呢？邁克斯·艾德曼結合自身的經歷，說出了其中的祕密：「希特勒精於算計，他明白要想讓更多的人投入他的『事業』中，就必須只找出一個問題來吸引他們的注意力（因為太多的理由反而會讓民眾感到無所適從），於是他選擇了自己的拿手好戲：反對猶太人。難怪我的那些反猶太人的鄰居會如此沉迷於這本書。」由此可見，負面的書籍抓住的是讀者的善心和激情，同時利用了讀者的善心和激情。因此，在書籍的選擇上，我們難免會陷入混亂之中。在這種情況下，我們更應當理性地看待書的魔力。

當眾多書籍魚目混珠的時候，我們應當閱讀一些經典之作，用長遠的眼光來看待書籍。一本充滿善意、仁愛、悲憫、寬容的書，是每一位讀者都值得一讀的書。而當一本書充滿暴力、血腥、仇恨、色情時，我們就不應該接觸它。

改變人生從書開始

人類離不開書籍，人生的改變從書開始。作家曹文軒曾說：「我在北大講過這樣一個事情，我說，如果有一些人不閱讀，造物主造出來的這個人質量其實是很差的。我見過許多先生，這些先生我對他們很崇敬，但是有時候我暗暗地一想，這個人如果不讀書，他將會怎麼樣？」書籍能讓人變得更加樂觀、幸福、寬容。《書的魔力》記載的五十三位名人的人生改變歷程，使我們看到了一本好書的真正魅力。

　　真正的好書關注的是人的健康成長。暢銷自傳《游泳的修道士》的作者麥拉奇・麥考爾特在年輕的時候有過一段墮落史，和大多數的同齡人一樣，滿腦子裡想的都是性。當他快三十歲時，成了一個黃金走私商。直到五十多歲，他都沒有回歸正途，繼續過著昏天黑地的日子。但是有一天他回想起十八歲時所讀甘地自傳：「原先讀甘地自傳種下的善因終於開花結果了。我下定決心要變成更好、更清醒的一個人。」此後，他很快成了一位頗有愛心的丈夫和父親。

　　好書培育高貴的精神世界，點亮心靈之燈。成長於二十世紀五〇年代德克薩斯州的暢銷書作家約翰・格雷，在十多歲時讀過一本書，書中講到的這個概念令他的人生開始改變。瑪哈瑞詩的作品《存在的科學和生活的藝術》令約翰・格雷陷入傳授先驗沉思的快樂之中，他說：「我們可以擁有開闊的思想、寬大的胸襟和健康的身體。」約翰・格雷開始建立自己的理論體系，成了溝通領域的專家。傑克・坎菲爾將生命的頭三十年用於「開發大腦」。在此期間，一位醫學博士雷蒙德・穆迪的《生命之後的生命》吸引了他，而這本書從此改變了他的人生，為他以後創作《心靈雞湯》奠定了基礎。傑克・坎菲爾回憶說：「這本意義深遠的書確實改變了我的人生軌跡。那個晚上之後，我開始深深地迷戀冥想、祈禱、閱讀、為他人服務等精神練習。我把自己的生活獻給了學習關愛和智慧的偉大事業，同時還教育別人也這麼去做。起初，我通過開辦有關人格尊嚴、人際關係和成功法則的研討班來幫助別人。後來，我開始搜集那些蘊含關愛與智慧的故事，通過它們激勵和啟迪他人。」由此可見，一本好書，不但可以啟迪智慧，點亮心燈，而且可以讓人生不再在黑暗中徘徊。

　　人生短暫，好書恰恰是我們人生之路的燈塔。在《書的魔力》

中，我們看到了許多真實的成長故事，這些名人所取得的成就都
與一本好書密不可分。在我們日常生活中，我們同樣需要書籍，
需要能夠啟迪人生的書籍，需要仁愛悲憫的書籍，需要善良溫暖的
書籍……

　　一本好書的確會讓人精神煥發、脫胎換骨。讓我們擦亮雙眼，
尋找能改變人生之書，在書的魔力下接受精神與情感的薰陶。

後記　我的閱讀歷程

　　童年時代，由於家境貧寒，買書是一件極其奢侈的事情。我所讀到的書是家裡僅存的幾本連環畫。這些小人書，不知道被我翻了多少次，都已汗漬斑斑，頁面泛黃。

　　我讀小學時，兄長已是中學生，他的課本成了我的閱讀對象。我看不懂其中的內容，但這些文字卻有形或無形地留在了我的腦海裡。

　　我的閱讀引路人不是老師，而是我的兄長。我在閱讀時，有一個壞毛病是從不查字典，常常用猜的方法去理解文章的內容，但這並不影響閱讀。現在的老師或父母經常提醒孩子要一邊看書一邊查字典，但我覺得這很浪費時間，對培養人的閱讀洞察力和整體把握能力或許不是很好。

　　兄長讀高中那會兒，經常從學校借來報紙雜誌，還有一些課外書。在鬧書荒的年代裡，這是最好的閱讀途徑。他看完之後，我也會拿來翻翻，儘管自己還是理解不了其中的不少文章。

　　我記得在某一個秋天的下午，偷偷地進了穀倉（存放稻穀的小房間），藉著微弱的手電筒燈光，找到了藏書的米桶，這裡面有許多兄長的課本及課外書。穀倉陰暗而悶熱，又有飛舞的蚊子，但心中卻有一種「偷看」的竊喜。

　　我讀初中的時候，發現家庭經濟條件稍好的同學經常帶課外書來學校，我便開始向他們借閱。我知道在家看課外書被父母發現，那是一件非常尷尬的事情。雖然父母一直很通情達理，但我依然不敢在他們面前看些課外讀物，生怕他們說我不用心讀書。於是，我

總是在家偷偷地看完書，然後開始寫作業。

後來，我發覺「偷看」的效果非常好，閱讀印象特深。比如一首古詩，我「偷偷」地看了一遍，就能當場背誦，那些文字深深地刻在了我的腦子裡。自己做老師的時候，經常發現有學生在課堂上偷偷地看課外書，我總裝作沒看見，怕驚擾他的那份閱讀喜悅。很多老師對我的做法不以為然，認為我在教壞學生，便經常到課堂上突擊檢查。有一次，我像往常一樣默許學生看書，他們的閱讀姿態令我肅然起敬。突然，教室的門開了，進來的是學校領導和他們的班主任，他們當場沒收了好幾本課外書。那些看書的學生彷彿從夢中驚醒，茫然地看著班主任。那一刻，我很尷尬，無言以對。

高中的時候，我在縣城讀書，學校裡有圖書館，城裡有許多書店，使我有機會接觸到更多的書。那時，我發現城裡的孩子在閱讀方面的確比鄉村的孩子要強，他們讀過的書，我連名字不曾知道。

可不知道為什麼，我對深奧的哲學發生了興趣。臨近高一期末的時候，我用積攢的飯錢買了一本尼采的《偶像的黃昏》。有一個學長看見後，便說了一句：「這是唯心的。」我不懂地問他什麼唯心，他搬出政治課本裡一大堆馬克思主義的東西，勸我最好別看那樣的書。問題是，我偏偏喜歡這類書。

一九九八年的中國大陸，在思想界出現了一群「黑馬」，他們是余杰、摩羅、王開嶺等人，由著名出版人賀雄飛先生挖掘包裝，北京大學教授錢理群先生親自為他們的作品作序推薦。我最初在《雜文選刊》上讀到他們的文字，被他們的「另類思想」所打動。用現在的話來說，我的閱讀也算是與時俱進吧。

在高中時代閱讀這些思想類的書籍，雖然啃起來有些生硬，但我卻感到有一種親切感。後來，我又遇到了卡夫卡、克爾凱郭爾和羅素，藉著昏黃的燈光打量起他們的精神世界。打從那時起，我模

糊地意識到什麼是哲學，什麼是生命的張揚，什麼是虛無和超越。有時，當我以自己的眼光來關照周圍的世界時，我驚呆了：我們「人」多麼像尼采筆下的那在鋼絲上走動的猴子啊！我曾絕望地發現，人生充滿了苦痛，而生命卻會在苦痛中煎熬。我要走的路是何等地狹窄和無意義。這種來自黑夜裡的虛無，就像是一根絕細的繩子牽動我的生命。整個高中的讀書生涯，是我思考這個世界的一個開端。

進入大學後，我憑著個人的閱讀興趣，繼續追尋西方哲人的思想軌跡。最初讀尼采的《查拉斯圖拉如是說》時，我被他那優美裡的深邃思想所打動，因為這不是一般的哲學著作。後來，我又讀到了亞里斯多德、費希特、黑格爾、薩特、舍勒、別爾嘉耶夫等人的作品；還有國內的劉小楓、李澤厚、張志揚等一大批年輕的思想者，都成了我的閱讀對象。我不敢說自己能真正讀懂他們的思想，但能在腦子留下大概的印象，從中瞭解到西方思想界的概況，以及他們對人類的深思和憂慮。每到冬天的時候，天氣漸漸地變冷，學校圖書館的借閱者也漸漸地變少，這些思想者變得更加的寂寞。我從發黃的書頁裡，打量起他們的精神面貌。在這個時候，閱讀不再是一種時髦的趕集，閱讀成了一種心靈的對話。

閱讀與買書有一定的聯繫，越是喜歡閱讀，越是不惜代價地買書，逛書店買書也成了我的一大樂趣。每當看到自己喜歡的書，我便衝動起來，一口氣買下了好幾本書。待到吃飯的時候，我才發現口袋裡的錢所剩無幾，只好咬緊牙關，省著點錢吃飯，這或許是很多讀書人的通病。

閱讀好比給我裝上了第三隻眼睛，看到了世界的另一面。二〇二〇年元旦之後，新冠病毒肺炎吞噬中國武漢，並逐漸向全國蔓延，我困在鄉下，每天都盯著發病的數據。此時，我重新讀起法國

作家加繆的小說《鼠疫》。小說敘述了一個發生鼠疫的小城,整座城市霎時處於恐慌狀態,並且被人封閉,成了一座孤城。恐懼來自死亡的數字,城裡的人們每天在恐懼中度過。今年,我為躲避新冠肺炎病毒禁足在家,又何嘗不是這樣呢?其實,《鼠疫》是一個很好的隱喻,猶如鼠疫般的恐懼在生活中時常發生。戰爭是一方面,因為這畢竟是短暫的,但比如戰爭更讓人備受煎熬的極權統治,對人的傷害可謂無孔不入。在一個生不起、住不起、養不起、活不起、死不起、沉默寡言的社會裡,這樣的恐懼足以讓人崩潰吧?

劉小楓說:「在二十世紀,人類面對種種殺人機器,技術化的殺人機器和意識形態話語的殺人機器,啞然失語,束手無策。」災難來自人類的欲望,來自人類的孤獨。在沒有神性的大地上,人類除了呢喃還是呢喃。

道路何在?道路在霧裡,我們所能看清的是背後的所走的路,對於前面的道路則是一片大霧彌漫的天地。醫生用技術治療人類的疾病,詩人靠詩歌來撫慰大地的創傷,神甫以祈禱來消除靈魂的骯髒……歷史一條不息的長河,人類則在這條長河裡漂移。拯救是必然的事。但拯救應從自我開始,從自我的靈魂開始。大地是具有母性的情懷,人類棲靠著大地,洗滌靈魂的骯髒。

現代社會的寫作,成了一種心靈的呢喃。我不敢說寫作能帶給我多大的歡欣,但它的確在幫助我成就一顆善良的心。我也不敢說自己的寫作能解決多少問題,但它的確在幫助我開闊視野。劉小楓說:「問題意識是學術思想的關鍵,這是一個過於私人化的事情,我想究明某種東西,澄清某種疑慮,與我的純屬個人性的在世體驗相關。但是,個人性的問題意識只有在與歷史中的諸多個人的問題意識的交流和碰撞中,才會變得日益明朗……問題意識的交往必須是超越時代和地域的。」我所能做到的,也就是多提出幾個問題。

　　從二○○八年開始，我把目光投向教育，關注起幼兒教育。二○一一年七月，百年老店商務印書館出版了我的第一本教育著作——《陪孩子一起快樂成長——父母與老師的溝通之道》，也是我對某些「教育問題」的總結。在書中，我寫到了臺灣的教育，認為臺灣的中小學教育是中西教育合璧的典範。二○一三年二月，第二本著作《父母與老師的最佳溝通》出版。這幾年，承蒙出版社和讀者的厚愛，這兩本又得以重新修訂出版。

　　寫到這裡，不禁想起我的父母和兄長，我怕一輩子都還不了他們的恩情。自從孩子出生後，他教我如何以兒童的眼光觀察世界，在此表達我的謝意。我要感謝錢理群先生對我無微不至的關懷。在我的生命中最痛苦的時期，錢先生向我伸出了溫暖的手，使我在思想的道路上得以繼續前進。人民大學的張鳴曾親自向多家出版社推薦這份書稿，但無緣在大陸出版，在此向他表示感謝。我還要感謝閻國忠先生的指點，使我在學術研究方面有所長進，幫助我走出了精神上的困境。我依然要感謝tiggor、fox、虛無兄和郭建利先生等朋友，在平常生活中給予我的幫助，特別是郭先生深知我的處境，曾多次推薦我到他所在的學校兼課，緩解了我的生活壓力。

　　最後，我要感謝臺灣秀威資訊科技股份有限公司老師們的提攜與鼓勵。杜國維先生為這部作品的合作出版做了許多細緻的工作，姚芳慈小姐為書稿的審核與校對花費了大量精力，在此表示一一感謝。其實，在臺灣出版著作是我一生中的最大心願。歡迎讀者朋友批評指教，可發郵件至zhjiangren@gmail.com。

何賢桂

西元二○二○年五月十日

語言文學類　PC0982　文學視界121

靈魂的拷問
——為中國文化做隻啄木鳥

作　　　者/何賢桂
責任編輯/姚芳慈
圖文排版/蔡忠翰
封面設計/劉肇昇

發 行 人/宋政坤
法律顧問/毛國樑　律師
出版發行/秀威資訊科技股份有限公司
　　　　　114台北市內湖區瑞光路76巷65號1樓
　　　　　電話：+886-2-2796-3638　傳真：+886-2-2796-1377
　　　　　http://www.showwe.com.tw
劃撥帳號/19563868　戶名：秀威資訊科技股份有限公司
　　　　　讀者服務信箱：service@showwe.com.tw
展售門市/國家書店（松江門市）
　　　　　104台北市中山區松江路209號1樓
　　　　　電話：+886-2-2518-0207　傳真：+886-2-2518-0778
網路訂購/秀威網路書店：https://store.showwe.tw
　　　　　國家網路書店：https://www.govbooks.com.tw

2020年12月　BOD一版
定價：420元
版權所有　翻印必究
本書如有缺頁、破損或裝訂錯誤，請寄回更換

國家圖書館出版品預行編目

靈魂的拷問:為中國文化做隻啄木鳥 / 何賢
桂著. -- 一版. -- 臺北市 :
秀威資訊科技, 2020.12
  面; 公分. -- (文學視界;121)
BOD版
ISBN 978-986-326-862-8(平裝)

1.文化評論 2.文集

541.2607   109015686

讀 者 回 函 卡

感謝您購買本書，為提升服務品質，請填妥以下資料，將讀者回函卡直接寄回或傳真本公司，收到您的寶貴意見後，我們會收藏記錄及檢討，謝謝！如您需要了解本公司最新出版書目、購書優惠或企劃活動，歡迎您上網查詢或下載相關資料：http:// www.showwe.com.tw

您購買的書名：＿＿＿＿＿＿＿＿＿＿＿＿＿＿＿＿＿＿＿＿＿＿＿

出生日期：＿＿＿＿＿年＿＿＿＿＿月＿＿＿＿＿日

學歷：□高中 (含) 以下　　□大專　　□研究所 (含) 以上

職業：□製造業　□金融業　□資訊業　□軍警　□傳播業　□自由業
　　　□服務業　□公務員　□教職　　□學生　□家管　□其它＿＿＿

購書地點：□網路書店　□實體書店　□書展　□郵購　□贈閱　□其他

您從何得知本書的消息？

　□網路書店　□實體書店　□網路搜尋　□電子報　□書訊　□雜誌

　□傳播媒體　□親友推薦　□網站推薦　□部落格　□其他＿＿＿＿＿

您對本書的評價：（請填代號　1.非常滿意　2.滿意　3.尚可　4.再改進）

　封面設計＿＿＿　版面編排＿＿＿　內容＿＿＿　文／譯筆＿＿＿　價格＿＿＿

讀完書後您覺得：

　□很有收穫　□有收穫　□收穫不多　□沒收穫

對我們的建議：＿＿＿＿＿＿＿＿＿＿＿＿＿＿＿＿＿＿＿＿＿＿＿

＿＿＿＿＿＿＿＿＿＿＿＿＿＿＿＿＿＿＿＿＿＿＿＿＿＿＿＿＿＿＿

＿＿＿＿＿＿＿＿＿＿＿＿＿＿＿＿＿＿＿＿＿＿＿＿＿＿＿＿＿＿＿

＿＿＿＿＿＿＿＿＿＿＿＿＿＿＿＿＿＿＿＿＿＿＿＿＿＿＿＿＿＿＿

11466
台北市內湖區瑞光路 76 巷 65 號 1 樓

秀威資訊科技股份有限公司　　　收

BOD 數位出版事業部

⋯⋯⋯⋯⋯⋯⋯⋯⋯⋯⋯⋯⋯⋯⋯⋯⋯⋯⋯⋯⋯⋯⋯⋯⋯⋯⋯⋯⋯⋯⋯⋯

（請沿線對折寄回，謝謝！）

姓　　名：＿＿＿＿＿＿＿＿　年齡：＿＿＿　性別：□女　□男

郵遞區號：□□□□□

地　　址：＿＿＿＿＿＿＿＿＿＿＿＿＿＿＿＿＿＿＿＿＿

聯絡電話：(日)＿＿＿＿＿＿＿＿　(夜)＿＿＿＿＿＿＿＿＿

E-mail：＿＿＿＿＿＿＿＿＿＿＿＿＿＿＿＿＿＿＿＿＿＿